윤보선과 1970년대 한국정치

AKS 사회총서 31

윤보선과 1970년대 한국정치

엮음 윤보선민주주의연구원
지음 김정회 · 김명구 · 서희경 · 윤왕희 · 정일준 · 안병욱 · 황병주 · 손승호 · 김정남

제1판 1쇄 발행일 2024년 8월 30일

발행인 김낙년
발행처 한국학중앙연구원 출판부

출판등록 제1979-000002호(1979년 3월 31일)
주소 경기도 성남시 분당구 하오개로 323
전화 031-730-8773
팩스 031-730-8775
전자우편 akspress@aks.ac.kr
홈페이지 www.aks.ac.kr

ⓒ (사)해위윤보선대통령기념사업회 2024

ISBN 979-11-5866-760-3 94340
      978-89-7105-771-1 (세트)

- 이 책 내용의 전부 또는 일부를 재사용하려면 반드시 (사)해위윤보선대통령기념사업회와 한국학중앙연구원 양측의 서면 동의를 받아야 합니다.
- 값은 뒤표지에 있습니다. 잘못된 책은 바꿔드립니다.

AKS
사회총서
31

윤보선과
1970년대 한국정치

윤보선민주주의연구원 엮음

한국학중앙연구원출판부

책머리에

　이 책은 2021년과 2023년 윤보선민주주의연구원이 주최한 학술회의에서 발표한 9편의 글을 정리한 것이다. 윤보선민주주의연구원은 2015년과 2021년에 각각 『윤보선과 1960년대 한국정치』와 『윤보선과 1950년대 한국정치』(2022년 세종도서 선정)를 출간한 데 이어, 이번에 세 번째로 윤보선의 정치 활동을 재조명하는 연구서를 출간하게 된 것이다.
　이번 책은 1970년대 윤보선이 전개한 민주화운동 관련 활동을 심층적으로 분석한 것으로 제1부와 제2부로 나뉘어 있다. 제1부는 다섯 편의 글로 구성되어 있는데, 주로 유신 반대 민주화운동에 대한 재평가로서 윤보선의 인권의식과 국가관, 당시 민주화운동에서 배우자 공덕귀 여사의 역할, 유신헌법 반대의 정치사적 의미, 유신시대 정당과 선거의 현재적 의미, 한미관계와 유신체제 붕괴 등을 다루고 있다.
　먼저, 1장에서 김정희는 윤보선이 유신시대에 민주화 투사로서 한 활동의 사상적 뿌리를 추적했다. 당시 윤보선은 유신정부의 조작과 고문, 억압과 탄압으로 희생되는 수많은 개인의 비극을 목격하면서 이를 개인의 파괴이자 파멸, 민주주의 국가 정체성의 유린으로 판단했다. 이러한 판단의 배경에는 그의 신부적(神賦的) 국가관이 있었는데, 이는 윤보선이 평생토록 고민했던, 인간이 인간답게 사는 '인간화'의 길을 찾는 과정에서 나온 것으로 개인의 일방적인 자유가 아닌 정의와 질서를 지향하고 추구하는 근본정신을 의미했다. 인간화는 자유의 쟁취만으로 이루어지지 않는 것이다. 자유를 얻은 개인이 정의와 도덕, 상식 안에서 행동할 수 있을 때, 비로소 인간화가 이루어진다. 인간화는 민주화 없이 불가능한데, 윤보선이 원한 민주화는 단순히 제도적인 것만을 의미하지 않았다. 그는 영국에서 발견했던 이상적인 민주사회의 모습, 즉 인권이 담보되고 엄격한 법치와 함께 상식과 질서가 있는 국가를 염원했다. 그의 신부적 국가관은 최근 한국사회가 겪고 있는 정치적 양극화를 극복하고, 양대 진영을 통합시킬 수 있는 정치적 가치를 제시한다.

2장에서 김명구는 민주화운동에서 공덕귀의 역할을 체계적으로 설명했다. 1974년 유신정부는 전국민주청년학생총연맹(약칭 민청학련)이 한국기독학생회총연맹(KSCF, Korea Student Christian Federation, 약칭 총연맹)과 유기적으로 연계되었다는 주장과 함께 이른바 '인혁당 재건위 사건'을 발표했다. 공덕귀는 인혁당 유족 등이 만든 '구속자가족협의회' 회장으로 추대되어 구속자들의 석방을 위해 쉴 사이 없이 노력했다. 이 단체가 1976년 '한국양심범가족협의회'로 이름을 바꾼 후, 오랫동안 '목요기도회'를 개최하면서 유신 반대운동의 가장 중심적인 조직이 되었다. 한편, 세계 기독교계 인사들은 공덕귀와 소통하며 한국의 민주화를 위해 동참했다. 많은 한국의 기독학생들이 체포되었을 때, 세계교회협의회(WCC, World Council of Churches)와 세계기독학생연맹(WSCF, World Student Christian Federation), 아시아기독교협의회(CCA, Christian Conference of Asia), 미국연합감리교회 등이 이들의 석방을 위해 한국 정부를 압박했다. 공덕귀의 이러한 민주화운동은 신학자이자 전도사로서 그가 가진 신앙에 기반을 두고 있었다. 그의 신학은 구원의 영역을 개인의 영혼에 그치지 않고, 국가까지 확장했다. 국가가 개인의 자유와 권리를 보장하고 보호해야 한다고 믿었다. 공덕귀에게 민주화운동은 신앙의 실천이었다.

3장에서 서희경은 유신헌법 작성과 유신헌법 반대운동을 헌정사적 시각에서 고찰했다. 한국 역사에서 민주공화주의는 수차례 분기점(epoch)을 거치면서 점진적으로 진화했는데, 1970년대에 새로운 위기를 맞았다. 당시 한국정치를 지배한 핵심 이슈는 유신헌법 반대와 독재 배격, '민주 회복'이었다. 이들 쟁점은 1960년 4·19혁명 시대와 1980·1987년 민주화 시대의 핵심 이슈와 거의 유사하다. 그렇지만 각 시대의 정치 상황과 핵심 리더들의 인식과 대응, 국민들의 참여 정도에 따라 상이한 특징을 띠었다. 1970년대 헌정 이슈는 자유민주주의를 표방하는 헌법체제하에서 '제대로 된 민주주의'를 하자는 주장이 대세였다. 그런데 당시 박정희 대통령은 "국가 없이 자유민주주의가 있을 수 없고, 민족의 생존권이 보장되지 않은 곳에 개인의 자유도 향유될 수 없다"라고 주장했다. 필자는 역사적 여건을 고려하면서 유신과 반유신의 논리 및 행동을 상호 비교하며 논쟁적으로 다루었다. 이러한 접근은 한국 민주주의 헌정의 과제, 즉 자유, 인권, 법치, 삼권분립 등의 민주적 가치와 동시에 경제·사회·안보적 조건을 고려하려는 것이다.

4장에서 윤왕희는 유신체제의 정당과 선거를 살펴보았는데, 먼저 유신 시대가 한국 정당 발전에 미친 영향을 세 가지 측면에서 분석했다. 첫째, 유신체제는 탈정치적 정향, 특히 강한 반정당적 정서를 정치적 유산으로 남겼다. 둘째, 정당 공천을 보면 유신시대는 사실상 당의 1인자에 의한 공천을 공식적으로 제도화한 시기였다. 셋째, 여당과 야당이 대중 정당으로 발전할 수 있는 기회를 박탈당하고, 정당정치가 당내 소수 엘리트 간 파벌 대립으로 치달았다. 필자는 오늘날 한국 정당이 여전히 유신시대의 이러한 정치적 유산에서 벗어나지 못하고 있다고 주장한다. 한편 이 글에서는 1978년 제10대 총선에 대해서 기존의 통념과는 다른 해석을 시도했다. 여야를 포함하여 제도권 정당에 대한 유권자의 실망이 표출된 선거라는 점을 강조하고 있다. 이 선거에서는 무소속 당선자가 22명이나 되었고, 무소속 득표율이 28.1%로, 1973년 9대 선거의 18.6%에서 약 10%p 증가했다. 결국 1978년 총선은 여야 모두를 심판한 선거라는 주장을 내놓았다.

제1부 마지막 글인 5장에서 정일준은 국내외 행위자의 권력관계에 초점을 맞추어 유신체제의 붕괴를 다면적이고도 동태적으로 설명했다. 필자는 한국의 정치 변동을 이해하고자 할 때, 방법론적 일국주의(methodological nationalism)에서 벗어나고, 몰역사주의를 극복해야 함을 강조했다. 특히 유신체제의 몰락을 불러온 10·26 박정희 대통령 시해 사건에 대해서는 그동안 이론의 빈곤과 해석의 과잉이 두드러졌다. 이를 극복하기 위해 필자는 정치권력 이론과 국제사회의 권력유형 이론을 개발하여 유신체제의 붕괴를 분석했다. 권력 이론의 경우 정치적 행위자의 의제 설정, 의사 결정, 정치적 선호 등을 중심으로 10·26사건에 관련된 권력자들의 행태를 설명했다. 그리고 국제사회에서 작동하는 네 가지 권력 유형(강제 권력, 제도 권력, 구조 권력, 생산 권력) 측면에서 당시 미국이 박정희 정부의 핵무기 개발 시도, 미 의회 로비, 국내정치 탄압과 인권 문제 등에 개입하여 정치적 영향력을 행사한 과정을 심층 분석했다. 한편 자료 면에서는 미국 정부의 공식문서를 활용해서 실증적으로 접근했다. 결론적으로 필자는 10·26사건을 대내외 권력관계가 맞물려 빚어낸 구조 전환적 사건으로 규정했다.

제2부는 네 편의 글로 구성되어 있는데, 주로 유신체제에 반대하는

1974년 민청학련 항쟁을 재조명한 것인바, 윤보선은 이 사건에 연루되어 재판을 받는 등 고초를 당했다. 여기에 실린 글들은 민청학련 항쟁의 전개 과정과 역사적 의의, 1970년대 재야 민주화운동세력의 형성 과정, 민청학련 사건을 비롯한 민주화운동 과정에서 기독교의 역할, 그리고 1970년대 민주화운동과 유신체제의 붕괴에 대한 회고 등을 다루고 있다.

6장에서 안병욱은 민청학련 항쟁의 전개와 역사적 의의를 살펴보았다. 민청학련은 유신정권을 타도하기 위해 대대적인 반독재 학생 봉기를 계획하고 주동했던 수백 명의 대학생과 민주인사를 일컫는다. 유신정부는 1974년 4월, 민청학련 조직이 반국가적 지하조직이라는 긴급담화를 발표하면서 '긴급조치 4호'를 발령하고 탄압에 나섰다. 공안기관들은 민청학련의 실체와는 무관하게 터무니없는 혐의를 날조하고 살인적 탄압을 자행했다. 비상보통군법회의는 긴급조치 1, 4호 위반으로 모두 203명(학생 114명, 일반인 89명)에게 유죄를 선고했는데, 14명에게 사형, 16명에게 무기징역, 나머지 173명에게 징역 20년에서 최하 5년까지를 선고했다. 사형이 선고된 14명 가운데 민청학련 관련자는 여정남 씨를 제외한 6명이 무기징역으로 감형되었다. 인혁당 관련자 8명은 끝내 형장에서 희생되었다. 민청학련 항쟁 이후 각계에서 거듭되는 반유신 항쟁이 일어나 수많은 새로운 반정부인사들이 배출되었다. 이렇게 축적된 운동권 인사들이 유신체제 말기에는 수만 명에 이르렀다. 이들은 서로 동지로서 전국적인 유대관계를 형성했으며 대단히 위협적인 반정부 세력으로 결집했고, 그 중심축이 곧 민청학련이었다. 이 세력이 유신체제 붕괴를 촉발했으며 부마항쟁, 나아가 1980년 봄, 5·18광주항쟁, 1987년 6월 항쟁의 역사적 기반이 되었다.

7장에서 황병주는 1970년대 한국사회가 '산업혁명'과 '시민혁명'이라는 이중혁명을 겪었다고 본다. 이런 과정에서 국가와 시민사회의 갈등이 심각했는데, 민청학련 사건은 이러한 갈등의 대표적 사례였다. 당시 민주화를 비롯한 시민운동의 선봉에 섰던 대학생들은 '재야'로 불리던 지식인, 종교인 등과의 연계를 적극적으로 모색했다. 반유신 저항운동이 활성화되면서 유신정권의 탄압은 전방위적으로 확대되었고, 대학생은 물론이고 대학교수, 언론인 등 수많은 사람들이 제도 밖으로 추방되었다. 따라서 저항운동 역시 제도 내 정치 활동보다 재야의 활동이 두드러졌다. 국가권력에 맞선 저항적 시민사회로 재야가 형성된 셈이었다. 윤보선도 제도권 정치 활동을 하는 대신 재야 민주화운동가로 거듭난다. 한편 민청학련과 재야의 민주화운동 사이에는 적지 않은 차이가 노정된다. 이를 잘 보여주는 것이 민청학련의 「민중·민족·민주 선언문」이다. 민족주의와 민주주의를 넘어 민중 개념을 맨 앞에 배치할 정도로 학생운동의 문제의식은 급진화했다. 민청학련 선언을 전후로 민중은 저항적 시민사회의 주체로 등장했다. 이렇듯 1970년대 민주화운동은 내부의 수많은 차이와 갈등에도 불구하고 실천과 이론 측면에서 다양한 연대를 통해 점차 영향력을 높여갈 수 있었다. 그러나 1980년대에 들어서서 재야의 분화는 1970년대 재야의 통합 정도가 그리 높지 않았으며 수많은 갈등 요소가 잠복된 상태였음을 보여주었다.

8장에서 손승호는 1970년대 민청학련 사건을 비롯한 민주화운동 과정에서 기독교의 활동을 심층적으로 분석했다. 한국기독학생회총연맹이 민청학련 투쟁에 적극적으로 참여하면서 이후 유신정부의 대대적인 탄압을 받았다. 또 기독교계의 자금이 한국기독학생회총연맹을 통해 제공되었기에 이후 윤보선 대통령을 비롯한 기독교 신자와 박형규 목사 등 여러 목회자가 구속되었다. 이후 한국기독교교회협의회(NCCK, National Council of Churches in Korea)가 구속된 기독청년과 목회자의 구명 활동을 위해 인권위원회를 설립한 것을 계기로 기독교 민주화운동이 본격적으로 전개되었다. 또 한국기독교교회협의회와 젊은 목회자들의 주도로 1974년부터 시작된 목요기도회는 민청학련과 인혁당 사건 등에 관련된 구속자 가족이 모일 수 있는 합법적인 공간을 제공했다. 한편 한국기독교의 국제적 네트워크는 세계교회의 지원과 호응을 이끌어내 유신정부의 폭력성을 국제사회에 알리는 데 중요한 역할을 했다.

부록으로 수록된 김정남의 회고에서는 당시 민주화운동의 핵심 역할을 했던 필자가 유신정권 탄생 직후의 분위기, 민청학련 사건, 긴급조치 4호, 신·구 교회의 참여, 구속자가족협의회의 출범, 민주회복국민회의의 발족과 활동, 원주선언, 3·1민주구국선언, 민주구국헌장 선언, 그리고 최종적으로 유신체제의 몰락 과정 등을 생생하게 증언한다.

끝으로, 이 책이 윤보선의 정치사상과 활동을 재조명하는 데 기여하고, 1970년대 한국정치를 이해하는 데 도움이 되기를 기대한다.

2024년 8월
윤보선민주주의연구원 원장
김 용 호

차례

책머리에 | 5

제1부 1970년대 민주화운동과 유신체제

1장   윤보선의 인권의식과 신부적(神賦的) 국가관 _ 김정회
      1 서론 · 17
      2 유신체제와 윤보선의 저항 · 19
      3 윤보선의 인권의식 · 35
      4 윤보선의 신부적 국가관 · 42
      5 결론: 신부적 국가관의 의미 · 53

2장   민주화운동에서 공덕귀의 역할 _ 김명구
      1 서론 · 57
      2 공덕귀 저항의 시대 상황 · 60
      3 공덕귀의 구속자가족협의회 회장 활동: 인권과 민주화의 문제 · 71
      4 공덕귀와 세계 기독교계 · 80
      5 공덕귀의 사상 · 84
      6 결론 · 87

3장 유신헌법 작성과 유신헌법 반대운동 _ 서희경

1 서론 · 92

2 1972년 유신헌법의 정치적 배경 · 96

3 10월 유신과 유신헌법 마련 · 106

4 유신헌법 반대운동과 긴급조치 · 123

5 1978년 12·12총선과 유신체제 붕괴 · 136

6 결론: 유신헌법 반대의 헌정사적 의미 · 143

4장 유신체제의 정당과 선거 _ 윤왕희

1 서론 · 152

2 기존 연구와 새로운 시각 · 155

3 유신의 탈정치적·반정당적 유산 · 158

4 유신체제의 정당 · 165

5 1978년 제10대 총선과 유신체제 붕괴 · 177

6 결론: 유신체제의 현재적 의미 · 183

5장 한미관계 변동과 유신체제의 붕괴 _ 정일준

1 서론: 한미관계에서 권력은 어떻게 작동하는가 · 188

2 유신체제 붕괴 연구의 쟁점 · 191

3 권력과 유신체제: 한미관계의 권력분석학 · 197

4 유신체제와 한미갈등의 전개: 내정간섭인가, 국제규범인가 · 206

5 결론: 권력관계로 본 10·26사건 · 219

제2부 민청학련 항쟁 재조명

6장 민청학련 항쟁의 전개와 역사적 의의 _ 안병욱

    1 서론 · 231

    2 민청학련의 출범 · 233

    3 유신독재체제와 계엄통치 · 234

    4 국가 폭력에 의한 고문 학살 · 239

    5 결론: 민청학련 항쟁의 의의 · 243

7장 민청학련 사건과 재야 민주화운동세력의 형성 _ 황병주

    1 서론 · 248

    2 유신체제 성립과 민청학련 사건 · 252

    3 재야 민주화운동세력의 형성: 윤보선을 중심으로 · 269

    4 결론: 재야 민주화운동에서 민청학련 사건의 의의 · 291

8장 한국기독교와 민청학련 사건 _ 손승호

    1 서론 · 296

    2 민청학련 조직과 기독교의 참여 · 300

    3 사건화 이후 기독교의 대응 · 310

    4 결론: 기독교 민주화운동에서 민청학련 사건의 의의 · 319

부록
회고, 1970년대 민주화운동과 유신체제의 붕괴 _ 김정남 · 323

찾아보기 | 331

1970년대 민주화운동과 유신체제

제 1 부

1장
윤보선의 인권의식과 신부적(神賦的) 국가관

김정희

1. 서론

내가 어떤 법에 의해서 징역 15년의 구형을 받았는지 모르겠으나 15년형뿐만이 아니라 사형장에 끌려가는 한이 있어도 민주주의를 성취시켜야 하겠다는 결심은 변할 수가 없다. 오직 이 나라에 진정한 반공과 함께 인권이 존중되고 자유가 보장되는 참된 민주주의가 성취되기를 바랄 뿐이다. 그리고 나는 앞으로도 남은 여생을 그러한 신념으로 살고 투쟁할 것이다.[1]

제2공화국의 대통령이었고 1960년대 야당을 대표하는 정치 지도자였던 윤보선이 1974년 민청학련 사건의 배후로 지목되어 군사재판을 받았다. 검찰로부터 15년형을 구형받은 윤보선은 비장한 모습으로 최후 진술을 이어나갔다. 그는 이 자리에서 앞으로 자신이 민주주의 성취

---

1 윤보선, '1974년 8월 9일 민청학련 사건 관련 비상군사재판의 법정 최후 진술', 『외로운 선택의 나날』(해위윤보선대통령기념사업회, 2012), 469쪽.

를 위해 투쟁해나갈 것임을 선언했다. 이는 1970년대 윤보선의 모습을 상징적으로 보여주는 장면이다.

이 진술에서 윤보선은 세 가지 성취를 주장했다. 반공, 인권, 자유의 보장이었다. 진정한 반공은 민주주의체제의 회복, 인권과 자유의 보장은 인간화를 의미했다. 유신체제 이후 윤보선을 비롯한 민주주의 회복 운동은 크게 인권과 자유의 쟁취로 요약할 수 있다.

윤보선에게 있어서 인권은 단순히 인간 존재에 대한 철학적 이해만을 의미하는 것이 아니었다. 그것은 그의 국가관의 기본 전제였고, '신부적(神賦的)[2] 국가관'의 발로였다. 한국 기독교가 추구했던 국가관이 윤보선에게서도 그대로 나타나고 있는 것이다. 그의 인권관(人權觀)은 이러한 신부적 국가관의 중요한 전제인 신부적 인간 이해에 기반한다.

신부적 인간론은 인간이 하나님의 형상으로 창조된 존재임을 전제로 한다. 피조된 인간은 피조된 인격체를 의미한다. 따라서 하나님에 의해 피조된 인격체가 피조된 또 다른 인격체를 함부로 대할 수 없다. 하나님의 형상으로 창조된 인간의 존엄성은 인간 자체에 의한 것이 아니라 하나님으로부터 부여된 것이다.[3]

인간이 하나님께로 향해 있다는 것은 인간을 하나님의 피조물로 여길 뿐만 아니라 창조주 하나님과의 관계 속에서 인식함을 의미한다. 따라서 인간이 인간을 억압하고 차별하는 것을 거부한다. 또한 하나님의 형상인 인간이 죄로 인해 타락해서 하나님의 형상을 잃었다고 보기 때문에 죄악과 죄의 근원이 되는 어떤 것도 거부한다. 인간의 자유는 무한

---

[2] '신부적(神賦的)'의 영어 표기는 'theocentrial'이다. 기독교 신학에서는 'theocentrism(신본주의)'이라는 용어에서 비롯된 개념이다. 여기서는 '천부적(天賦的, natural)'의 상대적인 개념으로 사용했다.
[3] Anthony A. Hoekema, *Created in God's Image* (Michigan: Wm. B. Erdmans Publishing Company, 1994), pp. 13-14.

한 것이 아니라 하나님의 통치 아래에서 유한하다. 자유로운 존재이지만 하나님의 질서 안에서 그 자유는 제한적이다. 천부적 인권관이 자유의 쟁취를 목표로 한다면, 신부적 인권에서는 자유가 정의와 질서를 향해 가는 인간화를 실현하는 것을 목표로 한다.[4]

유신체제를 전후로 윤보선과 한국기독교가 어떻게 결합되었는지를 보면 이것이 단지 세력의 결합이 아니라 신앙과 신학, 정치사상의 결합이라는 사실을 이해할 수 있다. 특히 그의 인권관과 국가관에는 자유방임주의적 민주주의와 사회민주주의, 공산주의와 같은 모든 체제를 아우르는 통합적인 요소들이 나타난다. 그가 민주주의 회복 운동의 구심점이었던 이유도 지향했던 사상의 폭이 넓었기 때문이었다.

2. 유신체제와 윤보선의 저항

1) 유신체제의 시작

1970년 10월 23일 윤보선은 국민당의 창당을 추진하면서 차기 대통령선거에 불출마하겠다고 선언했다.[5] 이 결정은 1960년대에 대통령과 야당의 당수로 정계를 이끌었던 윤보선이 한발 뒤로 물러설 것임을 공

---

[4] 자유주의적 인간관은 종교개혁을 통해 발현된 인간관(人間觀)을 토대로 발전했다. 종교개혁의 인간관은 신부적 인간을 강조했던 신학적 인간관과 자연으로서의 인간 이성을 중요시했던 자연주의적 인간관(천부적 인권)으로 분화되어 발전했다. 개인의 존엄성과 중요성을 바탕으로 하는 현상은 다르지 않았다. 그러나 인간을 최고의 존재로 인식하는 천부적 인권과 인간을 하나님의 형상으로 이해하는 신부적 인권은 자유에 대한 이해에서 차이를 갖는다. 이는 국가관에서 결정적인 차이를 갖는다.

[5] 『동아일보』, 1970년 10월 23일자.

개적으로 선언한 것이었다. 당시 윤보선은 1967년 대통령 선거의 패배와 1968년 3선개헌이 통과되면서 정계의 지도자로서 무력감을 느끼고 있었다. 신민당을 탈당하면서 사실상 정계 은퇴를 심각하게 고민하고 있었다.[6] 그런 윤보선을 설득했던 인물은 함석헌이었다. 함석헌은 민주 회복 운동에 있어 재야의 구심점으로 윤보선과 막역한 관계를 유지하고 있었다. 함석헌은 윤보선이 정치 일선을 이끄는 지도자라기보다는 선명 야당의 지도자로서 민주 회복 운동에 계속 참여해야 한다는 것이었다.[7]

윤보선은 자신이 정치 지도자로 최일선에서 박정희에 맞선다는 생각을 거두어들이고 민주 회복 운동이라는 분명한 목표를 설정하고 있었다. 그가 민주 회복 운동을 주장한 것은 1960년 4·19혁명으로 인해 집권한 제2공화국을 민주 정부의 원년으로 받아들였기 때문이었다.

윤보선은 자신의 마지막 정치적 선택을 해야 했다. 장준하, 박재우, 김상돈, 김선태 등 신민당 의원과 자신의 계보 인사들을 규합해 국민당을 창당했다. 제7대 대통령 선거를 염두에 두고 창당한 국민당은 윤보선을 제외하면 유력한 대통령 후보가 없다는 치명적인 약점이 있었다. 신민당이 김영삼과 김대중, 이철승의 40대 기수들을 내세워 야당 바람을 확산하고 있었던 것과는 대비되는 일이었다. 윤보선은 국민당 창당의 한계를 알고 있었다. 야당 후보 단일화를 명분으로 자당 박기출 후보의 사퇴를 요구했지만 박기출의 거부로 이조차도 뜻대로 이루어지지 않았다.

1973년 5월 29일 국민당이 해체되었다. 국민당 창당을 통해 선명 야당을 세우겠다는 윤보선의 민주 회복에 대한 염원은 실패로 돌아갔다.

---

6 윤보선(2012), 앞의 책, 442쪽.
7 윤보선(2012), 앞의 책, 443쪽.

이는 제도권 정당 안에서 윤보선의 활동이 끝났음을 보여주는 것이기도 했다. 하지만 윤보선은 민주 회복에 대한 염원을 국가에 대한 사명으로 인식했다. 이는 그가 제도권 정당 밖에서 보다 적극적으로 정치 활동을 전개할 것임을 의미했다.

3선 개헌을 통해 집권을 연장한 박정희 정권은 1972년 10월 17일 '대통령특별선언'을 통해 유신헌법을 전격적으로 추진했다. 유신헌법의 목표는 평화적 통일, 국력의 조직화, 민주주의의 토착화였다.[8] 유신헌법은 1972년 11월 국민투표를 거쳐 공포되었다. 국회는 해산되었고 대통령에게 절대 권한이 부여되었다. 언론은 국가의 통제를 받아야 했고, 시위는 금지되었다. 헌법에 대한 이의를 제기할 수 없었다. 행정과 사법, 입법의 통제권이 대통령에게 집중된 것이었다.

유신헌법은 국민투표의 절차 과정을 거쳤지만 그 내용은 국민의 기본권을 과도하게 침해하고 있었다. 구속적부심사제 조항을 삭제하고 자백의 증거능력 제한 규정을 폐지하는 등 신체의 자유 보장이 축소되었고, 언론·출판·집회·결사의 자유에 대한 허가나 검열을 금지한다는 헌법의 명문 규정이 삭제되었다. 공무원의 노동3권을 금지했고, 허용되는 노동3권의 주체와 범위는 대폭 제한되었다. 특히 질서유지와 공공복리를 이유로 기본권을 제한할 수 있는 항목에서는 '국가안전보장'의 목적이 추가되었고, 기본권 제한의 내용도 강화되었다.[9] 사실상 개인의 정치적 자유와 표현의 자유가 무력화된 것이었다.

윤보선은 이 상황을 "마구 휘두른 전가(傳家)의 보도(寶刀)"라고 표현

---

[8] "憲法改正案(헌법개정안)의 公告(공고)를 보고 平和的統一(평화적통일)·國力(국력)의 組織化(조직화)·民主主義(민주주의)의 土着化(토착화)를 위해",『경향신문』, 1972년 10월 27일자.
[9] 임지봉,「유신헌법과 한국 민주주의」,『공법학연구』13-1(2012), 186쪽.

했다. 유신헌법은 국가가 국민에게 검을 들이대고 휘두른 것과 다르지 않았다.[10] 이는 그에게 커다란 충격으로 다가왔다. 그의 국가관에서 개인은 언제나 중심을 이룬다. 그러나 유신헌법은 그 중심이 개인이 아닌 국가로 전환되었음을 선포하고 있었다. 이는 민주주의의 기본 개념인 개인의 자유가 무력화되었음을 의미했다. 정계를 떠나야 하는 시기에 그가 목도하고 있었던 것은 민주주의 국가의 정체가 위협받고 있는 것이었다.

> 나도 가만히 있을 수가 없었다. 이미 정치에서 떠난 몸이지만 한때 야당의 지도자로서 국민의 편에 서서 독재에 대항하여 투쟁을 벌여왔던 내가 잠자코 있는 건 국가와 국민에 대한 도리가 아님을 절실히 느꼈다.[11]

윤보선은 다시 제도권 정치 안으로 들어가지 않았다. 그렇다고 민주주의 회복이라는 목표를 멈출 수 없었다. 대한민국의 국가 정체성은 자유민주주의였다. 윤보선은 그 회복의 첫 번째 과제를 민주주의의 가장 중요한 기초인 개인의 자유로부터 찾고자 했다. 개인의 권리가 회복되지 않고서는 민주주의 체제를 이룰 수 없는 것이었다.

2) 윤보선과 한국기독교의 결합

(1) 한국기독교의 저항

유신체제가 공표되었을 때 어느 누구도 저항할 수 없는 공포 분위기

---

10 윤보선(2012), 앞의 책, 452쪽.
11 윤보선(2012), 앞의 책, 453쪽.

가 조성되고 있었다. 저항하는 개인과 세력은 해직되거나 체포되었다. 학생들도 쉽게 거리로 나서지 못했다. 그러나 한국기독교는 오히려 이 유신에 적극적인 저항을 시작했다.

1973년 4월 22일 남산 야외음악당에서 진행된 부활절 예배가 끝난 뒤 이 예배를 주관한 서울제일교회의 박형규 목사와 권호경, 김동완, 나상기, 황인성, 정명기 등이 참석했던 교인들에게 '민주주의 부활은 대중의 해방이다'라는 내용의 전단을 뿌리려다 실패한 일이 있었다. 그러나 전단의 일부가 당국에 들어가면서 박형규를 비롯한 4명의 기독교 인사가 구속되는 사건이 일어났다.

그들의 죄목은 내란예비음모죄였다. 문제는 그들이 자백을 하는 과정에서 극심한 고문에 의해 거짓 자백을 했다는 것이었다.[12] 이 사건의 재판은 속전속결로 진행되었다. 첫 공판(8.21.)부터 선고(9.25.)까지 한 달이면 충분했다. 박형규와 권호경에게 징역 2년, 남삼우에게 징역 1년 6개월, 이종란에게 1년이 선고되었다. 놀랍게도 이들은 이틀 만에 보석으로 석방되었다.[13] 한국기독교장로회, 한국기독교교회협의회(NCCK, National Council of Churches in Korea, 약칭 교회협)를 비롯한 기독교 단체들의 집단적인 반발이 조직화되고 있었다. 유신체제가 막 출범한 상황에서 당국은 기독교계의 조직적인 반발과 국제적인 여론의 주목도 부담이 된 것이었다.[14] '남산 부활절 연합예배 사건'으로 이름 붙여진 이 사건은 한국기독교가 유신체제와 맞서 저항하는 기폭제가 되었다.

'한국기독교 유지 교역자 일동'의 이름으로 된, '1973년 한국그리스도인 선언'이 아시아기독교협의회(CCA, Christian Conference of Asia),

---

12 박형규, 『나의 믿음은 길 위에 있다』(창비, 2010), 224쪽.
13 손승호, 『유신체제와 한국기독교 인권운동』(한국기독교역사연구소, 2017), 94쪽.
14 박형규(2010), 앞의 책, 235쪽.

세계교회협의회(WCC, World Council of Churches) 등의 국제 기독교 기구, 미국과 유럽의 교회들과 기독교 기관, 미국 유니온 신학교 등에 발송되었다. 이 선언은 한국기독교가 유신체제에 대한 저항을 선포하는 선언이었다.

> 한국의 독재정권은 음흉하고 비인간적이며 동시에 무자비한 방법으로 정적들과 비판적 지식인과 죄 없는 국민을 탄압한다. 이러한 목적을 위해 정보부는 나치의 게슈타포나 스탈린 시대의 KGB와 유사한 악랄한 방법을 사용하고 있다. 사람들이 육체적·정신적으로 고문당하고 공갈과 협박을 받으며 어떤 경우에는 완전히 실종된다. 이러한 조치는 인간성을 완전히 거역한 악마의 행위이다. 우리는 하나님이 인간의 몸을 창조하셨음을 믿는다. 육체와 영혼은 다 같이 메시아 왕국의 심판의 날에 부활할 것이다. 우리는 특히 인체의 성스러움을 믿는다. 그러므로 그에 대한 폭행은 살인과 마찬가지이다.[15]

선언서는 독재정치가 법치와 양심의 자유, 신앙의 자유를 파괴하고 있다는 내용을 담고 있었다. 이것을 훼손하고 파괴하고 있는 '10월 유신'은 국민에 대한 반역을 저지르는 것이라고 주장했다. 박정희 정권에 대한 저항은 시대적 불의에 대한 하나님의 명령이며 한국교회의 역사적인 전통을 이어받는 일이라고 주장했다.[16] 이 선언에서 기독교가 추구하는 국가관이 등장한다. 그들은 이 선언에서 역사의 주관자가 하나님이라는 신앙고백으로부터 시작했다. 그들에게 국가는 정의와 질서, 자유가 바탕이 되어야 했다. 특히 개인의 자유가 훼손되고 신앙의 자유가

---

[15] 한국기독교 유지 교역자 일동, 「한국 그리스도인 선언」(1973. 5. 20.).
[16] 김명구, 『한국기독교사 2』(연세대학교 대학출판문화원, 2020), 325쪽.

침해되는 것을 심각하게 인식했다. 한국기독교는 자유와 정의, 질서가 바탕이 되는 민주주의를 세워가는 것이 국가를 구원하는 시대적 사명이었다.

교회협이 전면에 나서기 시작했다. 1973년 11월 23~24일 양일간 인권문제협의회를 개최하고 인권선언을 채택했다. 이 선언은 남산 부활절 연합예배 사건을 통해 국가가 신앙의 자유를 침해했다는 내용이 골자였다.[17] 전태일의 죽음을 애도하며 금식기도회를 가졌던 새문안교회의 청년들이 광화문에서 시위를 벌였다. 감리교와 예장 통합, 기장, 복음교회, 루터교 등의 젊은 목사 27명도 금식기도를 하며 유신 반대 성명을 발표했다.[18] 영락교회에서는 대학생회가 인권회복을 위한 기도회를 개최했다. 정부의 인권탄압을 비판했고, 기독교인들의 각성과 정부의 반성을 촉구했다.[19]

1973년 12월 13일 윤보선은 함석헌, 김재준, 천관우 등이 주도해 결성한 '민주수호국민협의회'가 주최한 시국간담회에 초청되었다. 참석자들은 국민의 기본권 보장과 삼권분립이 민주주의 체제의 근본을 회복하는 것임을 강조했다.[20]

시국간담회 이후 1973년 12월 31일 윤보선은 민주수호국민협의회가 대통령에게 보낸 건의서에 자신의 이름을 올렸다. 건의서의 내용은 그가 참여한 간담회에서 나왔던 내용을 정리한 것으로, ①국민의 기본권은 철저히 보장할 것, ②삼권분립의 체제를 재확립할 것, ③공명선거에 의한 평화적 정권교체의 길을 열 것 등이었다.[21] 그러나 건의 내용은

---

17 손승호(2017), 앞의 책, 97쪽.
18 김명구(2020), 앞의 책, 328쪽.
19 영락교회50년사편집위원회, 『영락교회 50년사』(영락교회, 1998), 346쪽.
20 「기본권 철저 보장 삼권분립 재확립」, 『경향신문』, 1973년 12월 14일자.
21 윤보선(2012), 앞의 책, 454쪽.

대통령을 비롯한 정권 차원에서 철저히 무시되었다. 이는 정권에 대한 윤보선의 투쟁이 이전보다 심화될 것을 의미하는 것이었다.

투쟁의 목표는 국민의 기본권과 민주주의 정치체제를 회복하는 것이었다. 윤보선에게 개인 인권의 보장은 민주주의 국가를 형성하는 가장 중요한 기초였다. 민주수호국민협의회는 김재준, 함석헌, 한경직 등 한국기독교의 주요인사들이 주도적으로 참여하고 있었다.

(2) 윤보선과 염광회

정치인 윤보선과 한국기독교계는 이미 1965년 한일 국교 정상화 반대 투쟁 과정에서 조우했다. 1965년 4월 17일에 한국기독교 각 교단은 '한일 국교 정상화에 대한 우리의 견해'를 발표했다. 7월 1일에는 한경직, 강신명, 김재준, 이태준, 함석헌 등 한국교회 지도자들의 이름으로 '한일협정 비준 반대 성명서'를 발표했다.

> 우리 그리스도인은 온갖 형태의 독재와 모든 불의, 부정, 부패에 항거한다. 우리는 경제, 문화, 도덕, 정치 등 온갖 부분에서 불순 저열한 외세에의 예속 또는 추종을 배격한다. 그리고 성령의 인도와 기도와 봉사로 조국의 역사 건설에 공헌하기를 기약한다.[22]

이 성명이 발표된 후 1965년 8월 8일 '기독교교직자위원회'가 주관하는 '구국금식기도회'가 서울영락교회에서 개최되었다. 3,000여 명의 성도들이 참석한 이 기도회에서는 연세대연합신학대원장이었던 김정준이 설교를 했다. 그리고 10분간 통성기도가 이어졌다. 그런데 이 예배에

---

[22] 김명구, 『소죽 강신명 목사』(서울장신대학교 출판부, 2009), 315-316쪽에서 재인용.

윤보선이 공덕귀와 함께 참석해 맨 앞자리에 앉아 눈물을 닦으며 기도하고 있었다.[23] 윤보선 안에 내연되어 있던 신앙과 신학이 외연되고 있음을 의미하는 것이었다. 윤보선이 한일협정 비준을 반대하며 단식투쟁을 벌이고 있을 때 그를 찾아준 인물들이 함석헌과 한경직이었다. 윤보선은 그들로 인해 힘을 얻었다고 회고했다.

> 나는 국회 민중당 원내총무실에서 무기한 단식투쟁을 벌였다. 단식을 하다가 의식을 잃는 경우는 염두에 두지 않고 내가 의식이 있는 한 한일 굴욕 외교를 반대하는 실력 투쟁의 일환으로 단식에 일관할 것을 선언했다. 단식투쟁을 하는 도중 함석헌 씨와 한경직 목사 등 여러 저명인사들이 찾아와 격려를 해주어서 더욱 힘이 솟는 것 같았다.[24]

1966년 7월 15일 신한당 총재였던 윤보선이 당내 기독교인과 친목회를 가졌다. 윤보선은 인사말에서 "하나님의 뜻을 따르는 정당, 하나님의 뜻을 따르는 정치를 해야 한다"라고 언급했다. 기독교인의 친목 모임에서 한 발언이지만 그의 입에서 하나님의 뜻을 언급한 것은 이례적인 일이었다.[25]

1966년 6월 9일 윤보선의 집 산정채에서 기독교염광회(基督敎鹽光會)가 발족했다. 전성천이 처음 제안했고, 윤보선이 동의하면서 출범할 수 있었다.[26] 윤보선을 비롯해 정일형, 전성천, 김준섭, 문장식, 백낙준, 함석헌 등이 참여했다. 정일형이 대표를 맡았고, 윤보선은 고문으로 참여

---

[23] 『경향신문』, 1965년 8월 9일자. 윤보선과 공덕귀는 영락교회에서 열리는 구국기도회에 나가 눈물로 기도하며 한국교회의 도움을 요청했다.
[24] 윤보선(2012), 앞의 책, 389쪽.
[25] 문장식, 『용서와 화해로 걷는 생명길』(쿰란출판사, 2019), 140쪽.
[26] 문장식(2019), 위의 책, 159쪽.

했다. 마태복음 5장에 나오는 산상수훈의 가르침을 따라 사회에 기독교 정신을 실현하겠다는 목표를 설정했다.[27] 3선 개헌 반대 투쟁을 거치면서 기장의 김재준이 고문으로 합류했고, 새문안교회의 강신명이 집행위원장을 맡았다. 한경직은 처음에는 직접 이름을 올리지 않았지만 영락교회의 장로들이 참여하고 있었다. 1970년 새 집행부가 들어섰을 때 한경직은 윤보선과 함께 고문으로 이름을 올렸다. 크리스찬 아카데미를 출범시킨 강원용도 지도위원으로 합류했다.[28] 염광회의 창립 발기 취지문은 다음과 같았다.

> 그리스도인은 결코 역사의 방관자일 수 없습니다. 한국의 그리스도교회는 80년 교회사 속에서 언제나 하나님의 뜻이 이 땅에 이루어지기를 위하여 힘써왔습니다. […] 그러므로 우리는 염광회를 발기하여 그리스도인의 양심에 의한 새로운 결단을 다짐하고자 하는 바입니다. 선거에 있어서의 온갖 부정을 감시하고 고발합시다. 부정을 거부하고 양심에 따라 행동할 것을 믿는 사람들이고 믿지 않는 사람들이고 찾아가서 권고하고 격려합시다. […] 참말로 이 염광회와 더불어 그리스도인들이 소금과 빛의 역할을 다하기로 결의하여 주시기를 호소합니다. 하나님의 특별하신 은혜가 한국 150만 성도 여러분들에게 같이하시기를 진심으로 기원합니다.
>
> 1967년 2월 16일 염광회 발기인 일동[29]

---

[27] 문장식(2019), 앞의 책, 151쪽. 문장식은 임원 명단을 작성하면서 윤보선을 장로라고 기재했지만 윤보선은 장로 임직을 받은 적이 없었다. 문장식은 이 모임이 기독교장로들의 모임으로 알려졌기에 그렇게 기재한 것으로 보인다.
[28] 「기독교염광회 새 지도위원 등 뽑아」, 『동아일보』, 1970년 12월 15일자. 고문: 김상돈, 윤보선, 한경직, 함석헌, 지도위원: 백낙준, 김재준, 정일형, 강신명, 강원용. 염광회의 초대 총무였던 성사영은 영락교회의 상로였다. 박형규는 기획위원상을 맡고 있었다.
[29] 「염광회 창립 발기 취지문」(1967.2.16.).

염광회는 1967년 대통령선거를 앞두고 창립했다. 염광회의 발기 선언만으로도 당시 여야 정치권의 관심이 집중되고 있었다. 부정선거 방지와 공명선거를 위한 조직임을 표방했으며 공화당과 신민당에 자신들의 취지를 전하기까지 했다. 이 단체가 관심을 가졌던 배경을 언론은 저명한 기독교인 H와 K씨 때문이며 이를 수사당국이 주시하고 있다고 전했다.[30]

우리는 신앙 양심의 충동에 따라 과감하게 크리스천 된 사명을 다하기 위하여 전진의 자세를 결단하여 다음과 같이 선언한다.
1. 우리는 어느 교파나 정치단체에 속하지 아니하며 다만 신자 된 자로 그리스도의 교훈을 사회와 실생활에 구현하고자 모인 기독교 단체임을 선언한다.
2. 우리는 새 시대에 새 방법으로 복음을 증거하며 사회부정을 방관하는 낡은 신앙의 근본 자세를 혁신하여 독선주의, 파벌주의, 지방색, 배타적 그룹 운동을 배격한다.
3. 우리는 복음의 권위를 옹호하고 건전한 복지사회 건설에 공헌하여 민족의 빛이 될 것을 선언한다.[31]

염광회는 1967년 대통령선거 과정에서 가장 적극적으로 윤보선을 도왔던 기독교 조직이었다. 대통령선거에서 윤보선이 낙선했을 때 전면 재선거를 주장하며 기독교방송(CBS)에서 기습적으로 성명서를 발표

---

[30] 「善山(선산)이 惡山(악산)이 됐으니…」, 『동아일보』, 1967년 3월 31일자. 두 기독교인은 뒤에 염광회에 참여하는 한경직과 강신명으로 보인다.
[31] 「염광회 창립 선언문」(1967).

했다.³² 정부 당국도 염광회를 윤보선의 후원 조직으로 보고 이에 대한 탄압을 진행하고 있었다. 심지어 윤보선 암살 계획을 짜놓고 있기까지 했다. 여기에 윤보선의 배후 조직으로 염광회를 지목하고 해체시킬 계획을 세우고 있었다.³³ 염광회의 활동은 정부의 탄압 속에서도 1969년 3선 개헌안 반대 투쟁 과정에서 격화되었다.

염광회는 윤보선과 한국기독교를 결합하는 연결 고리였다. 염광회의 일원들이 대부분 민주수호국민협의회에 참여하고 있었다. 민주주의 회복은 윤보선과 국가 구원의 의식을 가지고 있었던 한국기독교인들에게 공통의 관심사였다. 1970년대 이들이 함께 저항의 전면에 나섰던 이유도 그것이 구국(救國)이라고 믿었기 때문이었다.

3) 민주주의 회복을 위한 저항

민주주의 회복 투쟁을 시작한 윤보선은 정당과 재야를 아우르는 중심으로 부상했다. 김영삼과 김대중과 같은 신진 정치 지도자들이 부상하고 있었지만 유신체제 이후 제도권 정치가 사실상 붕괴된 상황에서 정당과 재야 세력을 아우를 수 있는 이가 윤보선이었다.

윤보선이 정계를 은퇴했음에도 불구하고 민주주의 회복 투쟁에 적극적으로 나섰던 것은 그가 본래 보여주었던 모습과는 달랐다. 그는 전통과 질서를 민주주의의 상식으로 인식했던 인물이었다. 당연히 그의 정치 활동은 언제나 의회를 중심으로 이루어지는 것이었다. 4·19혁명의

---

32 문장식(2019), 앞의 책, 153쪽. 1967년 6월 14일 기독교방송을 통해서 발표된 이 성명에서 염광회는 금번 선거를 부정선거로 규정하고 의회정치가 파멸하게 되었다고 일갈했다.
33 「"윤보선을 암살하라!": 방준모 전 중앙정보부부장 감찰실장 고백」, 『프레시안』, 2001년 12월 17일자.

그 엄중한 상황 속에서도 시위대에게 질서를 강조했던 이유도 그러한 민주주의에 대한 자신의 확고한 신념에서 비롯된 것이었다. 그럼에도 그가 시위에 참가하고 투사적인 행보를 보여준 것은 그에게 정치투쟁이 아닌 신부적 인간론에 입각한 인간화라는 실천 목표가 있었기 때문이었다.

내 나이 77세, 대통령까지 지낸 내가 일생에 처음 내란죄로 재판을 받게 되니 감회가 깊다. 나는 나의 죄를 감해달라기보다는 애국학생들에게 공산당이라는, 사실이 아닌 죄목을 씌우지 말 것을 부탁하고 싶다. 또 이번 사건을 인혁당과 연결시키고 있는데, 인혁당은 현재 존재하지도 않는 단체이다. 선의의 학생들을 공산당으로 몰아서야 되겠는가. 문제 삼고 있는 본인도 공산당이라 생각하지 않는다. […] 앞으로 우리나라는 민주주의를 하지 않고는 국제적으로 설 자리가 없다고 생각한다. 이것이 나의 변함없는 생각이고 양심의 소리이다. 나를 사형장에 끌고 가는 것은 당신들 마음대로 할 수 있는지 모르지만, 민주주의를 해야 한다는 내 소신은 결코 뺏지 못할 것이다.[34]

윤보선은 1974년 4월 긴급조치 4호 발표와 함께 민청학련 사건에 연루되었다는 명목으로 박정희 정권에 의해 군사재판에 회부되었다. 그는 최후 진술을 통해 이 사건의 부당함을 설파했다. 그에게 주어진 것은 징역 3년에 집행유예 5년이었다. 구속을 면한 것은 전직 대통령에 대한 예우 차원이었다. 재판을 마친 윤보선은 분노를 느꼈다. 민주주의가 유린당하고 있음을 뼈저리게 느낀 것이었다.

---

34 '1974년 4월 비상보통군법회의 최후진술', 김정남, 『진실, 광장에 서다』(창비, 2005), 238쪽.

나 혼자만의 문제가 아니었다. 내 일신상의 명예는 제쳐두고라도 지식인들에게 마구 휘둘러댄 권력의 무자비한 행위는 곧 이 나라 국민에 대한 탄압이요, 매질이며 민주주의에 대한 모독이 아닐 수 없었다. 자유를 사랑하는 이 나라 국민들은 군사독재의 억압에 짓눌려 이제 신음을 토해낼 기력마저 상실해가고 있다고 느껴졌다.[35]

재판에 회부된 윤보선은 유신체제에 대한 저항을 멈추지 않았다. 1974년 11월 27일 기독교회관 2층에서 야당과 재야단체를 모두 결집하여 '민주회복국민선언'대회가 열렸다. 윤보선은 원로로서 참여했다.[36] 민주체제의 회복 의지는 단지 선언으로 그치지 않았다. 재야세력과 함께 유신정권에 맞설 단체를 조직화했다. '민주회복국민회의'였다. 민주회복국민회의는 사무국이 설치되고, 7개 시도 지부와 20개 시군지 부가 결성되었다. 종교계와 신민당, 통일당 다수의 야당 당원들이 참여했고 1975년 1월부터 반유신 저항의 최고의 구심점이 되었다.[37] 윤보선이 기자회견과 성명을 통해 유신체제의 부당함과 민주체제 질서의 회복을 강조하고 있었다. 그럴 때마다 정권 차원에서의 탄압은 계속되었다.[38]

1. 이 나라는 민주주의의 기반 위에 서야 한다.
[…] 그러면 민주주의란 무엇인가? 그것은 남의 나라에서 실천되고 있는 어떤 특정한 제도를 말하는 것이 아니라 현 사회를 형성한 성원들의 뜻을 따라 최선의 제도를 창안하고 부단히 개선해나가면서 성원 전체의 권익과 행복을

---

35 윤보선(2012), 앞의 책, 473쪽.
36 「민주회복 국민선언 대회」, 『조선일보』, 1974년 11월 28일자.
37 김명구, 『해위 윤보선 생애와 사상』(고려대학교 출판부, 2011), 358쪽.
38 「수난 겪은 윤보선 씨 성명 발표」, 『동아일보』, 1975년 3월 3일자.

도모하는 자세와 신념을 말한다. 그러므로 민주주의는 "국민을 위해서"보다는 "국민에게서"가 앞서야 한다. […] 우리는 국민의 자유를 억압하는 긴급조치를 곧 철폐하고, 민주주의를 요구하다가 투옥된 민주인사들과 학생들을 석방하라고 요구한다. 국민의 의사가 자유로히 표명될 수 있도록 언론, 집회, 출판의 자유를 국민에게 돌리라고 요구한다.[39]

1976년 3월 1일 명동성당에서 '3·1민주구국선언'이 발표되었다. 이 선언의 최종 승인자는 윤보선이었다. 불의와는 오직 단호한 반대와 결연한 투쟁만이 있을 뿐이라는 윤보선의 의지가 담겨 있었다.[40]

이 사건의 선두에 있었던 윤보선은 또다시 법정에 서야 했고, 징역 5년과 자격정지 5년의 형을 선고받았다. 1977년 3월 22일 대법원에서의 상고 기각으로 형이 확정되었다. 전직 대통령이 교도소에 수감되었다. 세계의 비난과 파장이 일었다. 유신정권에 침묵하던 미국의 카터 정부가 한국의 상황을 주목하기 시작한 것도 명동 사건의 여파였다.[41]

이 시기에 윤보선은 수많은 민주화를 위한 성명서에 자신의 이름을 올렸다. 또한 개인적으로 박정희에게 친필로 쓴 서신을 보내기도 했다.[42] 1978년 카터(Jimmy Carter) 대통령이 한국을 방문했을 때도 친필 서신을 보내 한국의 민주화와 인권에 대해 탄원하기도 했다. 카터는 이러한 한국 인권 상황의 심각성을 인지했다. 그리고 주한미군 철수라는 강수를 두며 유신정권을 압박했다.

정권 차원의 감시와 압박의 강도가 심할수록 윤보선의 저항도 강해

---

[39] 「민주구국선언」(1976.3.1.). 서명자는 윤보선을 비롯해 함석헌, 정일형, 김대중, 김관석, 은명기, 윤반웅, 이우정, 안병무, 서남동, 문동환, 이문영이었다.
[40] 김정남(2005), 앞의 책, 241쪽.
[41] 김명구(2011), 앞의 책, 361쪽.
[42] 윤보선, 「박정희에게 보내는 친필 서신」(1977.3.).

졌다. 유신헌법 철폐와 정보 정치 종식을 요구하는 '민주구국헌장', 삼권분립과 헌법 개정을 요구하는 '현하 시국에 대한 우리의 견해'가 만들어졌다. 그리고 양심수 석방, 언론, 자유 생존권 보장, 선거 거부 등을 주장했던 1978년의 '3·1민주구국선언'으로 이어졌다. 또한 1978년에 '민주주의국민연합', 1979년에 '민주주의와 민족통일을 위한 국민연합'이 연달아 결성되었다. 유신체제가 종언을 고했던 1979년 10월 26일까지 윤보선은 유신정권과 맞서는 일에서 언제나 중심에 위치하고 있었다.[43]

투쟁에 나선 윤보선 곁에는 한국기독교의 지도자들이 있었다. 함석헌과 김재준, 박형규, 한경직, 강신명, 문익환, 문동환 등이 이미 염광회를 통해서 교류하고 관계를 맺고 있었다. 문동환은 당시 반 유신 투쟁에 적극적으로 임했던 인사들이 출소 후에 찾아갔던 곳이 윤보선의 집이었으며 윤보선이 민주화운동의 배후에서 큰 버팀목 역할을 하고 있었다고 증언한다.[44]

단순한 세력의 규합이 아니었다. 윤보선의 인간관, 국가관이 한국기독교의 그것과 다르지 않았기 때문에 가능한 일이었다. 윤보선의 정치사상과 국가관은 1970년대 민주주의 회복 운동을 거치면서 확연하게 드러난다. 그가 무엇을 지키고, 무엇을 발전시키고자 했는지를 알 수 있다. 이 시기 그가 드러낸 인권의식을 살펴보면 그가 지녔던 국가관의 모습까지 알 수 있다.

---

[43] 김명구(2011), 앞의 책, 363쪽.
[44] 문동환, 『문동환 자서전: 떠돌이 목자의 노래』(삼인, 2009), 304쪽.

3. 윤보선의 인권의식

1) 신부적 인권관

윤보선의 민주주의 회복 투쟁은 단순히 제도적 민주주의 체제의 복원을 의미하는 것이 아니었다. 그가 전사와 같은 모습으로 투쟁의 선두에 섰던 이유는 민주주의의 기초와 근거인 개인의 자유와 존재의 존엄적인 가치가 훼손되고 있다고 판단했기 때문이었다. 대한민국 건국의 기초가 무너지는 것이었다. 북한의 공산주의와 맞서 있는 상황에서 민주주의 후퇴는 궁극적으로 북한과의 체제 경쟁에서 패배하는 것을 의미했다.

1977년 3월 윤보선은 박정희에게 보내는 서신에서 다음과 같이 인간의 존재에 대해서 언급한다.

> 귀하는 실교(實敎)를 옳게 이해하지 못했습니다. 사람은 정신적 존재입니다. 결코 물질로만 만족하는 것 아닙니다. 귀하는 인간을 과소평가해서 강력하게 다스리면 그만이라고 오해했습니다. 귀하가 이날껏 민심을 얻으려고 쓴 방법은 아주 잘못된 배금(拜金)주의였습니다. 그리고 종교적 양심의 항의를 아주 깔보았습니다. 그리고 무식한 민중에 향락 자료만 어느 정도 주면 지식인, 정신인의 비판 항의는 무난히 막아질 것이라 생각했습니다. 이것이 귀하와 나라를 큰 불행에 몰아넣었습니다. 그러나 분명히 아셔야 합니다. 항의가 이러나는 것은 그 사람이 하는 것 아니라 그 사람 속에 있는 우주의 진리가 하는 것입니다. 그 정의에 부딪히고 가루가 되지 않은 권력이 이날껏 인류 역사에 없었습니다.[45]

---

[45] 윤보선, 「박정희에게 보내는 친필 서신」(1977.3.).

그는 인간을 정신적 존재로 인식하고 있다. 박정희가 인간을 오직 힘으로 다스리려고 하는 것에 반대하는 근거가 여기에 있다. 특히 주목되는 것은 박정희가 종교적 양심의 항의를 무시했다고 보는 견해이다. 또한 그 항의가 인간의 것이 아니라 우주의 진리가 하는 것이라고 주장하고 있다. 여기서 그가 말하는 우주의 진리는 개인이나 인간의 이성을 의미하지 않는다. 그가 말하는 우주의 진리는 절대자인 하나님을 의미한다. 종교적 양심의 저항은 기독교적 가치에 따라 행동하는 것이라는 의미가 담겨 있다.

윤보선은 이듬해인 1978년 방한하는 카터에게 보내는 서신에서 다시 한번 그러한 인식을 드러냈다. 윤보선은 이 서신에서 당시 한국의 상황을 "현재 한국에는 자주적으로 인간의 존엄성과 기본적 인권을 되찾고, 민주주의를 쟁취하고자 하는 세력이 줄기차게 전개되고 있다"라고 설명했다. 한국의 민주화운동을 인간의 존엄성과 인권의 회복이 전제된 민주주의 쟁취를 위한 노력으로 정의한 것이다. 윤보선은 자신의 신념이었던 민주주의를 하기 위해서는 인간의 존엄성과 인권이 보장되어야 한다고 보았다. 그것은 개인의 자유가 보장되는 것을 의미했으며 이것이 없는 민주주의는 참된 민주주의로 보기 어려웠다. 그는 또한 카터에게 한국의 민주화운동에 대한 정확한 이해를 요구했다.

> 언론, 출판, 집회, 결사의 자유는 인간다운 삶의 기초적인 조건이다. 이것이 봉쇄된 지금 귀하는 대부분 거짓만을 듣고 있을 것이다. 예수 그리스도가 베푸신 기적 가운데 묶인 사람들에게는 해방을 주고 귀먹은 자를 듣게 하고 벙어리 된 자가 입을 열게 한 것이 가장 큰 기적이 아닌가? 나는 귀하가 한국에 대하여, 눈멀고, 귀먹었던 것을 이번 기회에 예수의 기적으로 억눌려 있는 이 현실을 바로 듣고 바로 보고 가게 되기를 기원한다.[46]

윤보선은 한국의 상황을 설명하면서 자유를 얻는 것이 인간다움의 기초이며 이를 위한 투쟁은 예수 그리스도가 기적을 베푸신 것과 같다고 비유했다. 자유를 위한 투쟁이 눈멀고 귀먹은 사람들이 예수 그리스도를 통해 온전한 인간이 된 것처럼 인간다움을 위한 투쟁도 예수 그리스도의 모습과 다를 바 없다고 본 것이다.

인간의 행동은 하나님의 뜻과 섭리 아래에서 이루어져야 한다는 신앙적 논리가 담겨 있을 뿐만 아니라 자유를 위한 저항의 근거를 신적 가치에 두고 있는 것이다. 인권(人權)은 하나님으로부터 부여된 것이었다.

이러한 인간관은 자유주의의 인간 이해와는 차이가 있다. 자유주의는 천부적(天賦的) 인권을 주장한다.[47] 최고의 가치가 신이 아닌 인간이었다. 그것은 기존의 모든 가치를 부정하는 것을 의미했다. 이제는 개인의 자유를 쟁취하고 향유하는 것이 인간의 존재 가치가 될 것이다.[48] 신적인 개념이 존재하지 않는다. 평등의 개념도 기독교적 인간관이 하나님 안에서의 가치를 의미하는 데 반해 자유주의는 개인의 자유를 위한 부속 개념으로서 평등을 이해한다. 자유주의에서 도덕성은 개인의 자유를 침해하지 않는 범위 안에서 자신의 자유를 누리는 것으로 최소화된다. 어떤 종교나 사상도 개인들의 도덕적 선택이나 책무의 독립성을 제약할 수 있는 도덕적 차원을 가지고 있지 않다. 도덕성도 역시 개인의 선택에 의해서 이루어지는 것이다.[49]

---

46 윤보선, 「지미 카터에게 보내는 서신」(1978.7.29.).
47 인간이 태어나면서부터 자유와 이성을 가지며, 이것에 기초하여 인간으로서의 생존·복지를 얻을 권리가 있다고 하는 인권 사상이다. 이러한 인간의 이해는 자유주의의 절정이라고 일컫는 프랑스혁명의 사상적 토대를 이루었다.
48 박호성, 『휴머니즘론』(나남, 2007), 161쪽.
49 Anthony Arblaster, *The Rise and Decline of Western Liberalism* (New York: Basil Blackwell, 1985), pp. 18-19.

윤보선에게 있어 인간화의 실현은 기독교적 인간관에 바탕을 둔 것으로 사랑을 실천하는 것이며 소외되고 가난한 계층을 인간답게 살아갈 수 있는 계층으로 끌어올리는 것이었다.

그가 상공부 장관에 임명되었을 때 부정부패 척결을 위해 가장 먼저 개선하려고 마음먹었던 일이 최소한의 의식주 해결을 위한 최저임금 보장과 도의(道義)의 계몽운동이었다.[50] 인간답게 살 수 있을 때 도덕의 문제도 해결될 수 있다고 본 것이다. 그가 1952년 상이군인신생회 회장을 맡았을 때 한국교회에 도움을 요청하면서 착한 사마리아인의 비유를 들었다. 그는 그러한 도움이 기독교 사랑의 실천이며 복음을 전파하는 일이라고 이해했다.[51]

또한 윤보선은 1954년 『동아일보』에 '한국경제의 부흥방안'이라는 글을 연재하면서 한국경제 재건을 위해서는 사회정의 실현과 생활수준 향상을 위한 국민의 '완전고용'을 추구해야 한다고 주장했다. 그는 전란을 겪은 한국경제가 재건되기 위해서는 국가의 적극적인 개입을 통한 경제재건을 표방했던 수정자본주의적 경제관을 드러내기도 했다.[52] 특히 사회보장제도의 도입을 강하게 주장했다. 그 시기 사회보장제도와 같은 복지 개념을 강조했던 정치인은 거의 없었다. 그에게 있어 경제문제는 인간화의 중요한 요소였다. 따라서 인간답게 살도록 보장해주는 것은 국가의 당연한 책무였다. 인간화의 개념을 개인적 차원으로 이해하지 않고 사회와 국가가 가져야 할 공적정의의 개념으로 확대시키고 있었던 것이다.

그는 1978년 3월 1일 발표한 '3·1민주구국선언'에서 박정희 정권의

---

50 윤보선, 『구국의 가시밭길』(한국정경사, 1967), 57쪽.
51 윤보선, 「한국교회에 보내는 말씀」(1952.8.).
52 「한국경제의 부흥방안」, 『동아일보』, 1954년 8월 27일자.

경제정책을 강도 높게 비판하면서 다름과 같이 언급했다. "경제 식민지 안에서의 기업체는 노동층에 대한 비인간적 착취와 지배층의 거대한 부정부패 위에 세워지는 것이기에 거기에 '인권'은 없다."[53] 윤보선은 노동력 착취를 비인간적 착취로 이해했다. 노동권을 보장하는 것이 인간답게 대하는 것임을 분명히 한 것이었다. 그것은 공산주의에서 말하는 계급투쟁을 의미하는 것이 아니었다. 그에게 있어서 인간화는 인간을 하나님의 형상으로 보기 때문에 당연히 모든 인간은 인간답게 살아갈 수 있는 권리가 있음을 뜻한다.

2) 유한한 자유

> 해방 이후 사회의 기강과 정의에 대한 국민적 관념이 희미해진 것은 한 시대에서 다른 한 시대로 넘어오면서 정의와 불의의 구별을 명확히 하지 못한 역사적 과오에 기인한 것이었습니다. 우리에게는 불의에 대한 도덕적 징치(懲治)가 없었던 것입니다.[54]

윤보선에게 있어서 무한정으로 주어지는 자유는 방종과 부정부패를 가져다주는 것으로 이해된다. 이것은 타락한 사회윤리와 퇴폐풍조만을 가져다줄 뿐이다. 그는 무한정한 개인의 자유를 인간화로 보지 않았다. 그것은 자유주의가 개인의 자유를 획득하는 것을 최고의 목표로 삼았던 것과는 달랐다.

그가 박정희를 비판하는 논리도 여기에 있었다. 박정희가 자유의 의

---

53 윤보선 외, 「3·1 민주구국선언」(1978.3.1.).
54 윤보선, 「3·1절에 고함」(1980.3.1.).

미를 왜곡시키고 있다고 보았다.

> 귀하는 우리 역사를 깊이 알려 하지 않았습니다. 이 국민은 오랜 동안 정상적인 발달을 하지 못했습니다. 항상 사나운 정치에 시달려 정신이 위축된 국민입니다. 그러므로 이 국민을 가지고 새 역사를 이룩하려면 의식의 일대 분발이 있지 않고는 안 됩니다. 그것이 바로 새 역사입니다. 그런데 귀하는 조금도 그 기운과 정신을 살릴 생각은 하지 않고 그저 묶어 매고 몰아치려고만 했습니다. 퇴폐 불신의 풍조가 느는 것은 국민이 자유로 창조해나갈 길이 막혀버렸기 때문입니다. 넉넉한 물질보다 나도 사람이다, 나라는 우리들의 나라다 하는 생각이 더 중요합니다.[55]

박정희 정권 경제 이데올로기의 모순을 지적하면서 박정희가 국민들의 관심을 물질로 몰아감으로 정신을 퇴보시키고 자유로운 창조성을 막아버렸다고 강력하게 비판했다.

윤보선에게 개인의 자유는 정의와 질서 개념 안에서 제한된다. 무한한 권력을 가진 독재정치는 그러한 민주사회의 질서를 파괴하는 것이다. 윤보선은 유신체제가 독재정치의 무한한 자유라고 인식했다. 그에게 자유는 올바른 질서의 테두리 안에서 유한한 것이었다.

윤보선은 독재권력의 무한한 자유를 용납하지 않았다. 윤보선은 올바른 민주주의 길을 말하면서 민주주의에서 자유의 의미를 다음과 같이 설명했다.

> 올바른 민주주의는 이러한 일방적인 자기의 주장을 자유라는 이름 아래 마

---

55 윤보선, 「박정희에게 보내는 친필 서신」(1977.3.).

음대로 하는 것이 아닙니다. 민주주의는 대화를 통한 한 체제의 안정과 유지를 목표로 합니다. 또한 정치에 관심은 있으나 정치 지식이 필요한 국민들에게 정치 지식과 방향과 범위를 알려주는 정당의 역할은 매우 중요합니다. 이러한 정당을 통해서 국민들이 정치 지도자를 선출합니다. 이렇게 선출된 정치 지도자는 정부에 들어가 자기를 뽑아준 국민의 민주 의식구조를 대변하여 보수적이거나 진보적이거나 또는 다른 이념적인 의식구조에서 모든 정책 결정에 참여하여 국민을 위한 정치권력의 재분배의 공정성을 기하려고 노력하게 됩니다.[56]

윤보선에게 있어 자유는 자신의 주장을 일방적으로 마음대로 펼치는 것이 아니다. 자유는 민주적 질서 안에서 안정과 유지를 이룰 수 있는 범위 안에서 이루어져야 하는 것이다. 윤보선은 자유와 방종을 엄격히 구분했다.

윤보선의 인권의식은 신부적 인간 이해를 바탕으로 하고 있었다. 그러한 인간관의 토대 위에서 윤보선의 국가관이 발현되었다. 그가 이상적으로 그리고 있었던 국가의 모델은 영국이었다. 그것은 영국 유학 때 얻었던 충격에서 비롯했다.[57] 단순한 문명적인 경외감이 아니었다. 영국 시민들이 보여주었던 질서와 상식, 자유의 풍요로움이 국가의 토대가 되지 않으면 안 된다는 인식이었다. 윤보선은 그곳에서 국가의 통치이념으로서 민주주의의 실체가 무엇인지를 깨달았다. 그에게 민주주의는 신부적 인간화를 토대로 할 때 분명해진다는 것이었다.[58]

---

56 윤보선, 「현 시국에 즈음하여 국민에게 보내는 메시지」(1987.11.).
57 윤보선(1967), 앞의 책, 31-32쪽. 윤보선이 영국에 도착했을 때 가방을 수하물로 실었는데, 어떤 하물표도 없이 싣는 것을 보고 잃어버릴까 걱정했다가 영국인들이 자신의 짐이 아니면 손대지 않는 광경을 목격했다. 윤보선에게는 충격적인 장면이었다.
58 김명구(2011), 앞의 책, 373쪽.

4. 윤보선의 신부적 국가관

1) 전체주의의 거부

　윤보선의 신부적 인간관은 그의 국가관을 이해하는 데 있어서 전제가 된다. 정의와 질서가 개인의 자유에 의해서 이루어지는 국가였다. 인간화가 국가관의 전제였다. 개인의 자유가 억압된 국가는 올바른 정의와 질서 위에 설 수 없었다. 그리고 모든 인간이 하나님 앞에 평등한 것처럼 모든 국가 또한 하나님 앞에 동일한 권리와 존중을 받아야 했다. 힘으로 차별받거나 함부로 다른 국가를 억누르는 것을 거부한다. 힘의 존재 유무가 아니라 존재 자체에 대한 존중을 강조하는 것이다. 힘이 있는 국가는 힘없는 국가를 억압하고 지배하는 것이 아니라 돕고 나누어야 하는 것이다. 윤보선은 그런 국가의 가능성을 기독교를 바탕으로 했던 영국과 미국의 민주주의 체제 속에서 발견했다. 신부적 국가관에서 민주주의는 민족이나 국가에 따라 구별되지 않는다. 모두가 동일한 의미를 가진다. 그래서 민주주의의 실현을 중요한 과제로 인식한다. 민주주의가 훼손되는 것을 용납할 수 없는 것이다.

> 귀하는 독실한 크리스찬인 줄 안다. 그런데 이 땅에는 크리스찬의 정신에 입각하여 이 나라에 빛과 소금이 되고저 하는 사람을 공산주의자로 모는 일이 비일비재하다. 김지하, 전병생(한국신학대학원) 전도사 외 수많은 대학생들, 산업선교 목사, 크리스찬 아카데미 사건 등은 그 대표적인 경우이다. 복음을 실천하는 것이 공산주의자라면 이 땅에 진정한 크리스찬이 설 자리가 없다. 이것은 크리스찬으로서의 귀하와 상관관계가 있다.[59]

윤보선은 1978년 한국을 찾았던 카터에게 서신을 보냈다. 카터가 독실한 기독교인임을 강조했다. 기독교 정신에 입각한다면 인간과 국가를 바라보는 시각이 다르지 않다는 것이었다. 민주주의가 훼손되고 있는 한국의 현실에서 기독교인이 외면할 수 없다는 점을 강조하고자 했다. 유신정권이 기독교인들을 공산주의자로 몰아가는 것에 대한 부당함을 역설적으로 표현했다.

복음을 실천하는 사람은 공산주의자가 될 수 없다는 것이었다. 기독교 정신은 구조적으로 전체주의를 용납하지 않는다. 공산주의가 정의를 말하는 것처럼 기독교도 정의와 공의를 신앙의 중요한 가치로 이해한다.

이렇듯 민주 한국의 바탕을 수립했고, 자주독립의 애국적 전통을 지켜왔던 대한예수교 장로회 총회는 이제 그 창립 60주년을 맞이하여 그가 직면하고 있는 오늘의 상황을 관찰하면서 그리스도의 교회가 행해야 할 한 역사적 사명을 이에 밝히고자 한다.
1. 한국 국민의 의식구조 저변에 흐르고 있는 불안 현상은 신흥종교의 발호, 국민 생활의 현실도피 경향, 가치관의 공백 상태와 자포자기의 퇴폐 풍조 등을 자아내게 하고 있다. 이와 같은 불안의식은 국내적으로 국토의 분단과 북한 공산정권의 남침을 비롯하여, 4·19와 5·16 등의 정치적 변혁, 사회구조의 양극화 현상, 국민 속에 만연되고 있는 불신, 불안, 부정, 부패 등의 이상 풍조, 그리고 국가비상사태 선언 등의 역사적 요인에서 자극된 것으로 진단되며, 중공의 유엔 가입과 닉슨 미국 대통령의 중공 방문 등 일련의 국제정세의 급변에 그 원인을 찾아볼 수 있다. […]

---

59 윤보선, 「지미 카터에게 보내는 서신」(1978.7.29.).

3. 기독교 2,000년간 사회, 문화, 정치 각 분야에 있어서 여러 가지 도전을 받으면서 오히려 이것을 새로운 역사 창조의 계기로 삼아왔던 교회는 오늘도 이 시대적 도전 앞에 책임 있는 응답을 하여야겠다. 이 땅에 복음이 시작되던 날부터 민족 저변에 흐르고 있던 민족 전통이 위태롭게 되어감을 직시하는 오늘의 그리스도인은 이 빛나는 한국교회의 유산을 다시 살려내야 할 중대한 사명을 통감한다. 교회가 망각하고 있는 전통적인 애국애족의 정신을 되살림으로써 자주적인 민족운동을 일으켜 남북통일의 위업을 촉진시켜야 할 역사적 사명이 교회에 부과되고 있다. 오늘의 민족적 위기를 타개하기 위해 창의적이고 생산적인 비판 정신과 민주 언론의 부활이 또한 절실히 요청된다.[60]

대한예수교장로회 통합 측 총회는 결의문을 통해 교회의 역사적 사명을 갈파했다. 급변하는 주변 정세에 모든 국민이 도덕적 자각과 민주적 사고를 통해 총화 단결해야 한다고 역설했다. 이를 위해 한국교회는 시대적 도전 앞에 책임 있는 응답을 내놓아야 했다. 민주 한국, 민주 언론, 비판 정신의 부활을 이끌어내는 것이 그 사명이라고 선언한 것이었다. 공산주의에 대한 강한 거부감과 아울러 민주적 질서를 저해하는 요소들에 대한 거부 의식도 분명히 한 것이었다.

보수적인 복음주의 신앙을 지향하고 있던 교단이었지만 기독교의 사회적 책무를 강조했다. 개인의 영역이 아닌 사회와 국가의 영역 속에서 교회가 그 사명을 가지고 있다고 본 것이었다. 복음의 영역을 사회와 국가로 확장하고 있는 것이다. 기독교 사회정의의 기초는 개인의 정의에 대한 상식과 자유로운 선택을 통해서 나타나는 것이다. 개인이 배제

---

60 대한예수교장로회 총회(통합), 『제57회 총회 회의록』(1972), 123-125쪽.

된 사회정의는 독재와 같은 전체주의와 국가주의, 공산주의식 혁명의 방법론처럼 힘에 의해 실현된다. 기독교는 이러한 힘의 지배를 거부한다.

신부적 국가관의 사상적 기초를 제공한 인물이 월남 이상재(李商在)였다. 공산주의는 억지로 남의 것을 빼앗아 나누어 가지지만 기독교는 가난한 사람들에게 먹을 것을 나누어주는 것이라고 그 차이를 설명했다. 자신의 것을 하나님의 소유로 인식하기 때문에 나눔을 실천하는 것이 하나님의 뜻을 성취하는 것이라고 주장했다.[61] 기독교의 정의는 철저하게 개인 스스로가 사랑을 실천하고 나누는 것을 전제로 했다. 기독교가 공산주의를 용납할 수 없는 것도 이와 같은 개인의 존재와 자유를 약화시키기 때문이었다. 이상재는 이것을 국가적으로도 인식했다. 모든 민족과 국가는 하나님이 공평하게 품부(稟賦)하신 도덕적 권리를 지켜주어야 할 의무가 있다. 각 사람과 각 국가가 도덕이 중심이 되는 사회를 만들려고 노력할 때, 역사의 변혁을 이루어 세계는 진정한 평화를 누리게 된다. 이렇게 도덕이 공동선이 되는 사회와 세계를 이상재는 하나님의 나라로 인식했다.[62] 일본이 한국을 지배하는 것이 부당한 이유가 바로 그와 같은 것이었다.

한국기독교에서 신부적 국가관을 바탕으로 공산주의와 전체주의를 거부할 수 있는 신학적 근거를 제공해주었던 것은 사회복음주의였다.

만약 죄가 이기심이라면 구원은 사람을 자기 자신으로부터 하나님과 인류에게로 마음을 돌리게 하는 변화가 있어야 한다. 그의 죄성은 그 자신이 세상

---

[61] 이상재, 「여(余)의 경험과 견지로부터 신임선교사제군의게 고흠」, 『신학세계』, 8-6 (1921), 29쪽; 김명구, 『월남 이상재의 기독교 사회운동과 사상』(도서출판 시민문화, 2003), 258쪽.
[62] 김명구(2003), 위의 책, 277쪽.

의 중심이고, 하나님과 모든 그의 이웃을 자신의 즐거움을 위해 봉사하고, 자신의 부를 늘리며, 자신의 이기주의를 유발하는 수단으로 삼는 이기적 태도에 있다. 그러므로 완전한 구원은 하나님의 영의 사랑의 이끄심에 순종하여 자발적으로 자신의 삶을 이웃의 삶과 조화시켜 서로 봉사하는 신적 유기체 참여하는 사랑의 태동에 있을 것이다.[63]

사회복음주의는 죄와 이기심의 극복을 개인의 구원으로 보고, 이 구원은 회심을 통해 이루어진다고 보았다. 전통적인 중생의 개념을 하나님의 나라와 연결하여 이해함으로써 사회복음과 구원의 신학적 정당성을 부여했다.[64] 개인과 교회의 역할이 전제되어야만 사회 구원이 가능한 구조가 나타난다. 복음이 개인에서 사회로 확장되어야 한다는 신학적 인식을 가지고 있었던 한국교회였다. 사회복음주의는 한국교회가 강조하고 있었던 개인적 영역의 정의 개념을 사회로까지 확장시킬 수 있는 사상적 근거를 제시해주었다.

개인의 영혼이 구원받는 것을 최고의 의로움으로 여기는 데서 그치지 않고 이기심과 사회악을 타파하고 기독교의 사랑과 나눔을 실천하는 것으로 정의의 개념을 확장시킨 것이었다. 신부적 국가관의 핵심이 여기에 있었다. 기독교 정신과 가치, 정의의 개념이 지배하는 민주주의 국가의 건설이 한국기독교의 목표였던 것이다.

조선예수교연합공의회는 1932년 9월에 다음과 같은 내용의 사회 신조를 수립했다.

---

[63] W. Rauschenbusch, *A Theology for the Social Gospel* (New York: Abingdon Press, 1945), pp. 97-98; 월터 라우센부시 저, 남병훈 역, 『사회복음을 위한 신학』(명농출판사, 2012), 126쪽.
[64] 월터 라우센부시 저, 남병훈 역(2012), 위의 책, 129쪽.

우리는 하나님을 아버지로 인류를 형제애로 믿는다. 예수를 통해 계시된 하나님의 사랑과 정의와 평화를 사회의 기초적 이상으로 생각하는 동시에 일절의 유물 교육, 유물사상, 계급적 투쟁, 혁명 수단에 의한 사회 개조와 반동적 탄압에 반대한다. 계속해서 기독교 전도와 교육과 사회사업을 확장해서 예수 속죄의 은혜와 용서함을 받고 갱생된 인격자가 되고 사회의 중견이 되어 사회조직체 중에 기독교 정신이 활약하도록 한다. 또 모든 재산은 하나님께 받은 수탁물로 여겨 하나님과 사람을 위해 공헌할 것을 믿는다.[65]

인간의 평등, 남녀의 평등, 여성의 지위 개선, 혼인 정조의 신성성, 아동의 인격 존중, 공사창 폐지, 노동자 문제, 최저임금법, 소작법, 사회보상법의 제정 등 모두 12개항의 구체적 내용이 들어 있었다.[66] 기독교가 추구해야 할 이상적인 사회의 모습을 제시하고 있었다. 비록 이 신조는 일제하라는 상황과 조선예수교연합공의회가 해체되면서 선언적으로 끝났지만 여기서 제시한 국가의 모습은 한국기독교가 추구했던 신부적 국가관의 전형이었다.

신부적 국가는 유물론의 공산주의나 계급투쟁, 혁명적 수단의 모든 사회개조 방법론을 거부한다. 자유와 정의, 질서의 기반 위에서 이루어지는 민주주의 국가를 지향한다. 이는 윤보선이 주장하는 민주주의의 기본 개념과 일치한다.

---

65 김명구, 『한국기독교사 1』(예영커뮤니케이션, 2018), 464쪽.
66 김명구(2018), 위의 책, 465쪽.

2) 기독교 민주주의의 구현

윤보선에 있어 신부적 국가관의 실현은 기독교 민주주의라는 정치사상을 통해 구현된다. 윤보선의 민주주의는 자유, 정의, 질서라는 자신의 3대 원칙이 뚜렷이 제시되어 있다. 그러한 가치는 자유주의를 바탕으로 하는 민주주의와 다른 것이다. 특히 자유주의에 기반한 민주주의가 기초로 하는 철저한 자본주의 경제에 대해서 그는 국가가 복지와 공정한 경제 윤리를 만드는 데 더 큰 역할을 해야 한다고 보았다. 그것은 자유주의가 내세우고 있었던 자본주의 경제 이론과는 달랐다.

자유주의는 개인의 자유로운 활동을 보장하고 시장 중심의 경제를 지향한다. 국가의 개입은 생명과 재산을 지키는 범위 안에서 최소화해야 했다. 또한 윤보선은 지속적으로 정의의 관점에서 민주주의를 바라보고 있었다. 자유주의에서 정의의 개념은 보다 후대에 자유주의의 폐해를 극복하고자 이론화한 개념이었다.[67]

윤보선의 민주주의는 제2차 세계대전 이후 서유럽 국가들에서 나타났던 기독교 민주주의와 유형적으로 닮아 있었다. 기독교 신학적 접근을 통해 민주주의를 실현하려고 했던 기독교 민주주의는 기독교 세계관과 신학을 바탕으로 자유주의와 공산주의를 극복하려고 했다. 윤보선 역시 자신의 민주주의 원칙을 세우는 데 기독교 세계관과 신학적 영향을 받고 있었다. 기독교 민주주의(Christian Democracy)[68]는 자유주의와

---

[67] 자유주의의 정의 개념을 정립했던 롤스(J. Rawls)가 『정의론』을 펴낸 때가 1971년이었다. 그가 말하는 사회정의는 공정한 기회와 빈곤한 사람들에 대한 관심을 의미했다. 그러나 롤스의 정의론은 여전히 개인의 자유가 제한되지 않는 범위를 전제하고 있기 때문에 소극적인 개념의 정의였다. 또한 공적인 개념보다는 개인적 개념이 더 강하다.

[68] 유럽에서 기독교 민주주의(Christian Democracy)가 등장한 것은 19세기 후반 이탈리아에서였다. 그러나 본격적으로 유럽 사회에서 영향력을 갖기 시작한 때는 제2차 세계

도 구별되고 공산주의(또는 사회주의)와도 구별된다. 윤보선의 정치사상을 기독교 민주주의로 규정하는 것은 기독교 민주주의의 이념적 특징이 윤보선에게도 그대로 나타난다는 점과 기독교 신학을 바탕으로 정치사상을 전개했다는 점에서이다.

기독교 민주주의 사상의 특징은 국가와 자유, 정의의 개념을 기독교 세계관과 윤리관 속에서 정의하고 있다는 것이다.[69] 기독교 민주주의에서 말하는 국가는 자유방임의 국가를 의미하지 않았다. 국가는 신의(神意)와 신(神)의 자연법에 의해서 제한을 받는 기독교 국가여야 한다. 기독교 민주주의에서는 개인의 자유와 권리를 보장하고 이를 보호해야 한다. 그러나 그것은 무한정한 것이 아니다. 기독교 윤리 원칙과 공공복리, 즉 공적정의에 의거해서는 개인의 자유라 하더라도 제한을 받는다. 그것은 전적으로 인간의 존재가 하나님의 존재 아래에 있기 때문

대전이 끝난 이후였다. 제2차 세계대전은 자유방임주의로 대변되던 자유주의적 세계관의 한계성과 함께 전체주의의 잔인함을 목도할 수 있었던 현장이었다. 아울러 공산주의가 자유민주주의와 함께 세계를 양분하는 이데올로기로 자리 잡기 시작했다. 제2차 세계대전의 직접적인 피해자였던 서부 유럽에서는 공산주의를 대체할 수 있는 이데올로기가 필요했다. 두 번의 세계대전과 경제 대공황을 거치면서 자유주의를 바탕으로 하는 기존의 민주주의 체제가 갖는 한계성이 분명하게 드러난 상황에서 자유주의의 한계를 보완하고 공산주의를 사상적으로 극복해야 했다. 그러한 대안으로 등장한 것이 기독교 민주주의였다.

[69] 김상협, 『기독교 민주주의·사회민주주의·교도민주주의』(지문각, 1963), 21쪽. 1946년 독일 바이에른기독교사회당의 강령은 다음과 같았다. "①인간은 신의(神意)에 의하여 생존하는 존재이다. 우리는 모든 개인의 인간다운 생존권을 주장한다. 모든 개인의 노동의 권리, 의식주의 권리, 가정의 권리, 노령 보호의 권리를 인정한다. ②인간은 존귀한 신(神)의 모상(模相)이다. 우리는 신체의 자유를 주장한다. 아무도 일반적으로 통용되는 법률의 근거 없이는 수색, 체포, 구속당하지 아니한다. ③인간의 의사(意思)의 자유는 신의(神意) 질서(秩序)의 기정사실이다. 우리는 언어와 문서에 의한 표현과 자유, 행동과 직업 선택의 자유, 결사와 종교 행사의 자유를 주장한다. 이러한 자유는 기독교 윤리 원칙과 공공복리에 의해서만 제한을 받는다. […] ⑥법과 불법의 구별의식은 인간에게 출생으로부터 신의에 의해서 부여되어 있다. 우리는 입법에 있어 자연법 원칙에 대한 존중을 요구한다. 이러한 의미에서 형법, 민법의 개정을 요구한다."

이다.

기독교 민주주의에서 국가는 공적정의에 의해 그 자격이 부여된다. 여기에서 말하는 정의는 복음적 정의를 의미한다. 그것은 모든 인간이 평등함을 인정하는 것, 그에 기초하여 기본적 인권을 보호하고 신장시키는 것, 공적인 물질적·비물질적 재화들을 정의롭게 분배하는 것, 약자들의 기본적 생존을 보장해주는 것, 시민들과 그들의 사회기구들의 책임을 후원하는 것, 압제와 불의에 대항하여 싸우는 것이다.[70] 기독교 민주주의는 법치국가를 추구하는데, 법치국가란 정의와 법에 기초하여 공적정의를 추구하고, 일반 복지를 증진시키는 것을 그 특징으로 한다. 따라서 국가의 전체주의화를 거부할 뿐만 아니라 시민들의 개인주의화 또한 거부한다.

이러한 공적정의의 개념은 기독교 민주주의자들로 하여금 보호국가의 이상을 갖도록 했다. 보호국가는 국가가 사회적 약자를 보호하고 그들의 삶을 증진시킬 수 있도록 사회보장제도를 증진시킬 책임이 있다고 보는 것이다.[71] 정의와 자유, 그리고 보호국가의 이상은 개인의 자유를 절대시하는 자유주의와 평등을 지향하는 사회민주주의와 구별되는 것이었다. 그것은 기독교 민주주의의 신학적 이상이 정치 이데올로기로 발전하면서 나타났다.

윤보선은 정의(正義)의 문제를 민주주의를 완성해가는 데 중요한 개념으로 인식했다. 그에게 있어 정의는 자유, 질서와 함께 민주주의의 주요한 원칙이었다. 윤보선의 정의는 개인적 차원의 정의를 의미하지 않는다. 한 개인이 다른 이를 도울 수 있도록 하는 인간화의 실현을 전제

---

[70] 볼드링 저, 한국기독교정치연구소 역, 『기독교 민주주의』(한국기독교정치연구소, 2005), 320쪽.
[71] 볼드링 저, 한국기독교정치연구소 역(2005), 위의 책, 329쪽.

로 하지만 여기에는 개인의 정의뿐만 아니라 공적정의의 실현이 함께 포함되어 있다.

윤보선은 정치 활동 초기부터 사회보장제도 실행이 국가적 정의를 실현하는 것으로 이해했다. 그에게 있어서 정의는 공정과 공평을 행하는 것이었을 뿐만 아니라 소외되고 가난한 이를 돕는 것이었다. 그래야만 사회가 명랑해질 수 있다고 본 것이다. 공적정의가 바로 세워지지 않으면 개인의 인간화, 인격화를 이룰 수 없다고 보았다. 윤보선의 기독교 민주주의에서 공적정의는 가장 독특하고 중요한 개념이다.

윤보선은 1980년 「3·1절에 고함」에서 유신체제로 인한 문제를 다음과 같이 지적했다.

> 해방 이후 사회의 기강과 정의에 대한 국민적 관념이 희미해진 것은 한 시대에서 다른 한 시대로 넘어오면서 정의와 불의의 구별을 명확히 하지 못한 역사적 과오에 기인한 것이었습니다. 우리에게는 불의에 대한 도덕적 징치(懲治)가 없었던 것입니다. 그리하여 사회의 기강과 민족정기가 없어진 것입니다. 민족의 정기를 찾고, 그릇된 사회의 기강을 세우기 위하여는 일대 사회정화운동이 국민적 이름으로 전개되어야 할 것입니다.[72]

기나긴 독재정권으로 사회정의가 무너졌으며 이를 바로잡지 않고는 내일을 기약할 수 없다는 것이 윤보선의 관점이었다. 그가 강조하는 것은 개인의 정의를 넘어서 사회적 차원의 공적정의였다.

윤보선은 개인적 자유를 궁극적 가치로 삼아 무질서하게 자신들의 권리만을 내세우는 것을 비판했다. 또한 자신이 갖고 있는 물질을 자신의

---

72 윤보선, 「3·1절에 고함」(1980).

것으로 치부하는 것을 거절했다. 인간은 모두 같지 않고 불평등한 사회적 조건 아래서 살고 있지만 모든 사람들이 공정함을 느끼게 하는 것이 민주국가라 보았다. 공적 윤리라는 기준이 없이는 경제적 풍요를 가치의 기준으로 삼는 박정희의 사상을 받아들일 수 없었다.[73]

기독교 민주주의에서 공적정의는 정부가 단지 공식적 과정들을 통해 사회기구들의 독립적 활동을 위한 조건을 만들어내는 것을 뜻하지 않는다. 공적정의는 공동생활에서 시민들의 복지를 증진시키며 그 속에서도 약자들과 상처받기 쉬운 이들을 보호하는 것이다.[74]

윤보선에게 있어서도 정의는 경제적으로는 소외된 계층을 돌보고, 가난한 이들의 삶을 돌보는 복지를 실현하는 것을 의미했다. 그는 이러한 공적정의의 개념 안에서 독재 권력을 권력의 이익을 위하여 민중의 염원을 농락하고 짓밟는 것이라고 정의했다.[75]

1970년대 윤보선의 관심은 '인권(人權)'과 '민주화(民主化)'로 집약되어 있었다. 유신으로 대변되는 박정희의 비민주적이고 비인간적인 통치 행태에 대한 거부였다. 강압과 철권통치로 인한 억압정치에 대한 저항이었다.

> 그는 전형적인 보수 정객이었음에도 불구하고, 1970년대 당시 "나도 인간이고 싶다"라고 절규하는 노동자들의 편에 확실하게 서서 그들을 옹호했다. 평화시장 노동자들에 대한 탄압에 그 누구보다 가슴 아파했고, 그들의 투쟁을 그 누구보다 열심히 지원했다.[76]

---

[73] 김명구(2011), 앞의 책, 375쪽.
[74] H. E. S. 볼드링 저, 한국기독교정치연구소 역(2005), 앞의 책, 322쪽.
[75] 윤보선, 「반독재 민주구국 투쟁의 길」, 『세계』 12월호(1977).
[76] 김정남(2005), 앞의 책, 241-242쪽.

보수주의로 평가받던 윤보선이 인권과 민주주의를 위해 투쟁하고 그 전면에 섰던 것은 그가 품고 있었던 기독교 민주주의를 바탕으로 한 '신부적 국가관'의 산물이었다.

5. 결론: 신부적 국가관의 의미

1969년의 3선 개헌 반대 투쟁을 거쳐 유신이 선포되는 1970년대 윤보선은 투사요, 전사 같은 모습으로 등장했다. 1963년과 1967년 두 번의 대통령 선거에서 박정희와 강력하게 맞섰던 야당 지도자의 모습과는 전혀 다른 모습이었다. 조작과 고문, 억압과 탄압으로 유린되는 개인 존재의 비극을 목격했다. 전직 대통령임에도 두 번의 재판을 받아야 했고 교도소에 수감되는 치욕을 맛봐야 했다. 그러나 그가 목격한 것은 단순한 개인의 파괴가 아니었다. 민주주의 국가 정체성의 파괴였다.

그의 민주주의는 자유방임주의적이거나 사회주의적인 민주주의가 아니었다. 자유의 이념과 더불어 정의와 질서의 개념이 분명한 기독교 민주주의였다. 그에게 신부적 국가관은 개인이나 국가가 일방적인 자유를 추구하는 것이 아니었다. 기독교 민주주의에서 강조하는 정의와 질서를 지향하고 이를 추구하는 국가여야 했다. 인간화는 자유의 쟁취로서만 이루어지지 않는 것이다. 자유를 얻은 개인이 정의와 도덕, 상식 안에서 행동할 수 있게 될 때 비로소 인간화를 이루는 것이었다.

윤보선에게 인간화는 신부적 인간화를 의미했다. 힘과 법에 의해서가 아니라, 상식에 의해서 정의가 실현되고 도덕적인 질서가 있는 사회로 가는 길은 신부적 인간화를 통해서만 가능하다고 보았다.

기독교 민주주의를 바탕으로 하는 윤보선의 신부적 국가관은 개인주의를 극대화하는 자유주의의 모순을 극복한다. 또한 빈부의 격차를 줄이기 위해 강제적인 평등을 추구하고 계급투쟁적인 공산주의의 모순을 극복한다. 윤보선은 한국사회가 민주화되기를 소망했다. 단순한 제도적인 것만을 의미하는 것이 아니었다. 영국에서 발견했던 이상적인 민주사회의 모습을 염원했던 것이다. 엄격한 법치가 아니라 상식과 질서의 국가를 의미했다. 따라서 신부적 국가관의 전제는 인권이 담보되어야 하고 인간화의 과정이 자리를 잡아야 하는 것이다.

 윤보선의 신부적 국가관은 극심한 좌와 우의 이념 대결 속에서 심화되어가는 현 한국의 사회 속에서 이를 통합할 수 있는 가치를 제시해준다. 그리고 올바른 국가관이 무엇인지에 대한 담론을 제공해준다.

참고문헌

1차 자료 · 준1차 자료

김정남, 『진실, 광장에 서다』(창비, 2005).
대한예수교장로회 총회(통합), 『제57회 총회 회의록』(1972).
염광회, 「염광회 창립 선언문」(1967).
영락교회50년사편집위원회, 『영락교회 50년사』(영락교회, 1998).
윤보선, 「한국교회에 보내는 말씀」(1952).
윤보선, 『구국의 가시밭길』(한국정경사, 1967).
윤보선, 「박정희에게 보내는 친필 서신」(1977).
윤보선, 「반독재 민주구국 투쟁의 길」, 『세계』 12월호(1977).
윤보선, 「지미 카터에게 보내는 서신」(1978).
윤보선, 「3·1절에 고함」(1980).
윤보선, 「현 시국에 즈음하여 국민에게 보내는 메시지」(1987).
윤보선, 『외로운 선택의 나날』(해위윤보선대통령기념사업회, 2012).
윤보선 외, 「3·1민주구국선언」(1978).
한국기독교 유지 교역자 일동, 「한국 그리스도인 선언」(1973).

『경향신문』, 『동아일보』, 『프레시안』.

2차 자료

김명구, 『월남 이상재의 기독교 사회운동과 사상』(도서출판 시민문화, 2003).
김명구, 『소죽 강신명 목사』(서울장신대학교 출판부, 2009).
김명구, 『해위 윤보선 생애와 사상』(고려대학교 출판부, 2011).
김명구, 『한국기독교사 1』(예영커뮤니케이션, 2018).
김명구, 『한국기독교사 2』(연세대학교 대학출판문화원, 2020).
김상협, 『기독교 민주주의·사회민주주의·교도민주주의』(지문각, 1963).
라우센부시, 월터 저, 남병훈 역, 『사회복음을 위한 신학』(명동출판사, 2012).
문동환, 『문동환 자서전: 떠돌이 목자의 노래』(삼인, 2009).
문장식, 『용서와 화해로 걷는 생명길』(쿰란출판사, 2019).
박형규, 『나의 믿음은 길 위에 있다』(창비, 2010).

박호성, 『휴머니즘론』(나남, 2007).
볼드링, H. E. S. 저, 한국기독교정치연구소 역, 『기독교 민주주의』(한국기독교정치연구소, 2005).
손승호, 『유신체제와 한국기독교 인권운동』(한국기독교역사연구소, 2017).
이상재, 「여(余)의 경험과 견지로브터 신임선교사제군의게 고흠」, 『신학세계』 8-6(1921).
임지봉, 「유신헌법과 한국 민주주의」, 『공법학연구』 13-1(2012).

Arblaster, Anthony, *The Rise and Decline of Western Liberalism* (New York: Basil Blackwell, 1985).
Fogarty, Micahel P., *Christian Democracy in Western Europe 1820~1953* (London: Routledge and Kegan Ltd, 1957).
Hoekema, Anthony A., *Created in God's Image* (Michigan: Wm. B. Erdmans Publishing Company, 1994).
Rauschenbusch, W., *A Theology for the Social Gospel* (New York: Abingdon Press, 1945).

2장

민주화운동에서 공덕귀의 역할

김명구

1. 서론

윤보선이 정계 은퇴를 선언할 당시까지 공덕귀의 역할은 남편을 내조하는 데 머물렀다가, 출석하던 안동교회 여전도회 회장을 시작으로 독립적인 활동을 시작했다. '예장 통합 여전도회 서울연합회', 한국교회여성연합회[1] 등에서 주도적으로 활동했고, 3선 개헌을 계기로 신학적 저항을 시작했다. 그 저항은 민주화운동으로 연결되었고 정치적 저항이 되었다.

공덕귀는 교회 여성들이 교회 내부에만 머물고 있다고 비판했다. 여성의 역할이 "마르다와 같은, 밥통만 들고 다니는 일은 아닐 것"이라는 신학적 의식 때문이었다.[2] 이런 신학의 바탕 위에 교회의 이름으로, 무

1　1969년, 안동교회 여전도회장을 계기로 공덕귀는 한국교회여성연합회(약칭 한교여연)에 입회했다. 그리고 곧바로 실행위원에 위촉되었다. 연합회 창립의 주축이었던 회장 김옥라(金玉羅)가 중간 역할을 했다. 1977년에는 회장이 되었고 한교여연의 중심이 되었다.
2　공덕귀, 『나, 그들과 함께 있었네』(여성신문사, 1994), 147쪽.

작정 상경하는 시골 처녀 문제, 부정식품 문제 등에 문제를 제기했다.³ 박정희 정부 일각에서 "애국 행위"라고 장려하던⁴ '기생관광'에 대한 반대운동에서도 주도적 역할을 했고 '원폭 피해자 돕기 운동', '재일동포 차별 문제', '일본교과서 왜곡 문제'에도 적극 나섰다.

박정희 정부의 산업정책의 결실 뒤의 그늘이 한국을 휘몰아가고 있을 때, 공덕귀는 도시산업선교회와 관계를 맺었고 산업현장을 찾아다녔다. 노동자와 사회적 약자를 "고통받는 영혼"으로 인식했고,⁵ 예수의 시선과 발걸음이 소외자들을 향해 있어야 한다며 그들을 대변했다.⁶ 임금인상을 요구하다 폭행당한 채 쫓겨난 여성 근로자들의 문제 등⁷ '와이에이치(YH) 사건'이나 '동림방직 사건' 등에 적극 뛰어든 것도 이러한 인식에서였다. 빈민 선교를 지원했고, 산업현장의 불합리한 상황에 적극적으로 문제를 제기하며 시정을 촉구했다.⁸ 인간이 생물학적 존재나 경제적 존재로 그치지 않는다는 사상, 곧 '하나님의 형상(Imago Dei)'대로 인간이 창조되었다는 신학적 신념의 발로였다.⁹

일명 '민청학련 사건'의 구속자 가족들을 위한 '구속자가족협의회'가 만들어졌을 때, 공덕귀는 충정로의 교회여성연합회 사무실로, 구속자 가족들이 늘 모이는 기독교회관 301호실로, 목요기도회가 열리는 기독교회관 대강당으로, 재판이 열리는 법정으로, 구속자 석방을 위한 기도

---

3   김명구, 『해위 윤보선: 생애와 사상』(고려대학교 출판부, 2011), 381쪽.
4   「(최은경의 옐로하우스 悲歌 11)70년대 일본인 기생관광 붐 … 정부는 '애국행위' 장려도」, 『중앙일보』, 2019년 2월 6일자.
5   공덕귀(1994), 앞의 책, 145쪽.
6   소재웅, 「공덕귀 여사의 삶과 신앙과 신학: '거인' 공덕귀를 만나다(3)」, 『새가정』 719(2019), 79쪽.
7   소재웅(2019), 위의 글, 78쪽.
8   공덕귀(1994), 앞의 책, 152-158쪽.
9   공덕귀(1994), 앞의 책, 155쪽.

회로, 구속자 가족들이 내몰리는 거리와 그들의 집으로, 구속자 석방 대책 회의가 열리는 장소로, 농성장으로, 수감자를 위한 바자회로, 인권옹호를 위한 강연회로, 양심수들이 갇혀 있는 교도소로 쉴 사이 없이 다녔다. 법정 주위를 돌며 시위도 했고 성명서도 낭독했다. 감시와 미행을 당하기도 했고 '명동 사건'의 여파로 8일 동안 구류를 살기도 했다.[10]

독립적 활동의 초기, 공덕귀는 한일회담과 1966년 염광회 발족을 시작으로, 윤보선과 기독교계를 잇는 가교의 역할을 했다. 그러나 한국교회여성연합회(약칭 한교여연) 활동을 주도하면서 독자적 영역을 넓혔다. 민청학련 사건을 계기로 '구속자가족협의회' 회장이 되어 구속자들의 가족을 돕고 석방 운동을 벌였다. '민주회복국민회의'의 '국민선언'에도 주도적으로 참여했다. 동아일보사 농성장을 방문해 기자들을 위로하는 역할도 했다. 5·18광주민중항쟁 관련 구속자 가족 지원 활동에 참여했고 민청학련 사건과 인혁당 사건 구속자 석방 운동에도 나섰다.

이 글은 특별히 1970년대 민주 회복 운동에 제한해서 공덕귀가 어떤 역할을 했는지를 확인하기 위한 작업이다. 따라서 공덕귀가 적지 않은 노력을 기울였던, 곧 남영나일론 사건을 비롯해 동일방적 사건이나 와이에이치(YH) 사건 등은 다루지 않을 것이다. 더불어 공덕귀의 적극적 활동이 어디에서 기인했는지도 알아볼 것이다.[11]

10　공덕귀(1994), 앞의 책, 206-207쪽.
11　여기에 대해서는 김명구, 『공덕귀, 생애와 사상』(박영사, 2022)을 참고할 것.

2. 공덕귀 저항의 시대 상황

1) 저항의 전개

　1973년 4월 22일, 한국기독교교회협의회(KNCC, The National Council of Churches in Korea, 약칭 교회협) 발전위원회 위원장이던 서울제일교회 담임목사 박형규와 전도사 권호경, 반석감리교회 전도사 김동완, 한국기독학생회총연맹(KSCF, Korea Student Christian Federation, 약칭 총연맹)[12] 회장 나상기, 황인성, 정명기 등이 남산 야외음악당의 부활절 예배에 참석하고 돌아가던 교인 일부에게 전단을 뿌렸다.[13] 이들은 박정희를 독재자로 규정하고 "민주주의의 부활은 대중의 해방"이라는 주장을 펼쳤다. 두어 달 지나 이 사건이 유신 당국의 눈에 띄었다. 박정희 정권은 이를 내란과 정부 전복으로 몰았고 박형규를 비롯한 네 사람을 내란 예비 음모 혐의로 구속했다.[14]

　일명 '남산 부활절 예배 사건'에 대해 유신정부가 한창 수사를 벌이고

12　1968년 10월 대학교 안에 존재했던 두 개의 기독학생 조직인 한국기독학생회(KSCM)와 대학 YMCA연맹은 함께 연합해서 총연맹을 탄생시켰다. 총연맹은 '학생사회개발단' 운동을 시작했다. 이 운동에 참여한 기독학생들은 빈민촌으로 들어가서 주민들과 함께 살면서 주민들을 의식화했고 조직화했다. 이 운동은 일반 학생운동이 민중 지향적이 되는 데 결정적인 역할을 했다.

13　권호경은 반석교회 전도사 김동완을 만나 전단을 제작·살포할 것을 부탁했고, 김동완은 밤에 중구 오장동에 있던 제일교회에서 전단 2,000장을 등사했다. 신민당원 남삼우가 만든 '주여, 어리석은 왕을 불쌍히 여기소서', '서글픈 부활절, 통곡하는 민주주의', '사울 왕아, 하늘이 두렵지 않으냐', '회개하라 이후락 중앙정보부장', '윤필용 장군을 위해 기도합시다' 등의 플래카드는 사용하지 못했다.

14　한국기독교사회문제연구원에 보관된「한국기독교회관, 회관뉴스」, 1973년 8월 13일자. 구속된 사람은 박형규, 권호경, 전 신민당 조직국 제2부 차장 남삼우, 이종란 등이었다. 남삼우는 권호경의 친구였다. 박형규는 6월 29일 남전난을 만든 혐의로 남내문경찰서에 수감되어 있던 손학규를 면회한 후 연행되었다.

있을 때, '한국기독교 유지 교역자 일동'의 이름으로 된, '1973년 한국 그리스도인 선언'이라는 제목의 인쇄물이 기독교장로회 수도교회 입구에서 처음 발견되었다.[15] 일본에서 작성된 이 선언서는 아시아기독교교회협의회(CCA, Christian Conference of Asia, 약칭 아시아교회협)의 오재식의 지원 아래, 덕성여자대학교 교수로 도쿄여자대학 교환교수로 가 있던 지명관과 김용복이 주도했다. 평북 정주 출신인 지명관은 오재식의 서울대학교 종교학과 선배였다.[16]

선언서에는 유신정부가 법치와 양심의 자유, 신앙의 자유, 표현의 자유와 침묵의 자유를 파괴하고 있을 뿐 아니라 기독교회의 예배, 기도, 집회, 설교 내용 그리고 성서의 가르침까지도 간섭한다는 비판이 들어 있었다. '10월 유신'이 "사악한 인간들이 그 지배와 이익을 위해" 국민에 대해 "반역"을 저지른 것이라는 내용도 있었다. 이를 무너뜨리기 위해, "역사의 주인이신 하나님" 앞에서, 이웃을 대신해서, 고난을 겪고 있는 눌린 자들이 자유를 얻도록 기도할 것이라는 다짐도 담겨 있었다. 덧붙여, 박정희에 대한 저항이 "일본 식민 통치에 저항한 한국 그리스도교회의 역사적인 전통을" 이어받는 일이라는 주장도 들어 있었다.[17] 선언서는 뉴욕 유니온신학교 기관지 *Christianity and Crisis*에 실렸다. 큰 반향이 일어났고, 그 내용이 유럽까지 퍼졌다. 이로 인해 미국과 독일을 비롯한 서구의 교회들이 우려와 문제를 제기하고 나섰다.[18]

---

15 김흥수, 「'1973년 한국 그리스도인 선언'의 작성과 배포 과정」, 『한국기독교역사연구소 소식』 31(1998), 10쪽. 당시 수도교회는 남산 부활절 사건으로 수사를 받고 있었다.
16 쪽 복음 형식의 이 선언서는 다시 한국어·일본어·영어 3개 국어로 작성되어 한국교회와 아시아기독교협의회(CCA), 세계교회협의회(WCC) 등의 국제 기독교 기구, 미국과 유럽의 교회와 기독교 기관, 미국 유니온신학교(Union Theological Seminary) 등으로 발송되었다.
17 민주화운동기념사업회가 보관하고 있는 '1973년 한국 그리스도인 선언' 참조.
18 서구 교회들이 한국 문제에 관심을 가지고 있다는 사실은 한국 중앙정보부가

민주주의 회복을 열망하는 저항은 계속되어, 1973년 10월 2일에 박형규의 제일교회 출신들을 중심으로 한 서울대학교 문리대생들의 데모가 있었다.[19] 이들은 박정희 정권이 자유민주주의 신념을 철저히 말살하고 입법부와 사법부를 시녀화했고 학원과 언론을 탄압해 영구 집권을 노린다고 주장했다.[20] 그리고 "자유민주주의 확립은 우리의 살길이며 지상 과제"라고 선언하며 유신 정권을 강하게 비판했다.[21]

학생들의 저항에 고무된 교회협은 제1차 인권문제협의회를 개최하며 "한국교회의 사명이 인권 확립"에 있다고 선언했다.[22] 설교를 맡은 교회협 총무 김관석은 "자유는 주어지는 것이 아니라 싸워서 빼앗는 것"이라고 외쳤고 자유는 결코 물질적인 것이 아니라고 소리를 높였다.[23] 교회협은 천주교와 연합으로 에큐메니칼(ecumenical) 현대선교협의체를 조직하고 인권 주간 연합 예배를 개최하며 저항의 강도를 높였다.[24] 감리교회와 예장 통합과 기장, 복음교회와 루터교 등의 강동수, 김상근, 안광수, 오충일, 유경재, 이해동, 임인봉 등 젊은 목사 27명도 금식기도

Christianity and Crisis의 내용을 번역하는 과정에서 알려졌다. 김관석 목사 고희기념 문집출판위원회 편, 『이 땅에 평화를: 70년대의 인권운동』(김관석목사고희기념문집출판위원회, 1991), 336-337쪽.

19 나병식, 정문화, 강연원, 황인성 등이다. 정병준, 「박정희 군사정권에 저항한 한국교회 인물분석」, 『기독교사상』 713(2018), 26쪽.
20 한국기독교교회협의회 인권위원회 편, 『1970년대 민주화운동 I』(한국기독교교회협의회, 1987), 274-276쪽.
21 한국기독교사회문제연구원, 『1970년 민주화운동과 기독교』(한국기독교사회문제연구원, 1982), 259쪽.
22 손승호, 「유신체제하 한국기독교교회협의회의 인권 이해: 인권위원회를 중심으로」, 『기독교와 역사』 43(2015), 238쪽.
23 김관석, "인권과 교회의 사명", 1973년 12월 16일, 한국기독교교회협의회 인권위원회 편, 『1970년대 민주화운동: 기독교인권운동을 중심으로 V』(한국기독교교회협의회, 1987), 1812-1813쪽.
24 손승호(2015), 앞의 글, 238쪽. 여기에서 '1973년 한국 인권선언'이 채택되었다.

를 하며 유신 반대 성명을 발표했다.[25]

1973년 12월 13일, 종로 YMCA에서 열린, 민주수호국민협의회[26]가 주최한 시국 간담회에 참석한 윤보선은 유신헌법의 개정과 민주주의 회복을 주장했다. 각계를 망라한 연합전선의 필요성도 역설했다.[27] 전직 대통령의 제안에 백낙준, 한경직, 김수환 추기경을 비롯해, 유진오, 김홍일, 김관석, 이병린, 이인, 이정규, 이희승, 천관우, 함석헌, 계훈제 등이 적극 동조했다. 이들은 개헌 요청서를 박정희 대통령에게 보내기로 결의했다.[28] 이때 공덕귀는 야권과 기독교계를 잇는 역할을 충실히 했다. 그 노력으로 기독교계가 조직의 중심으로 들어갈 수 있었다. 1973년 12월 24일자로 헌법개정청원운동본부가 발족되었고, '개헌 청원 백만인 서명운동'을 시작하며 저항의 강도를 높였다.[29]

---

25 정병준(2018), 앞의 글, 26쪽.
26 한일협정 반대운동에 참여한 바 있던 정치인, 학자, 종교인, 법조인, 문인 등이 민주적 기본 질서가 파괴된 현실의 회복, 대통령·국회의원 선거에서 부정과 불법 근절 등이 포함된 결의문을 채택하며 1971년 4월 19일 서울 대성빌딩에서 민주수호국민협의회를 발족했다.
27 「법에 사는 사람들 18」, 『동아일보』, 1984년 3월 29일자.
28 『동아일보』, 1973년 12월 14일자; 윤보선, 『외로운 선택의 나날』(해위윤보선대통령기념사업회, 2012), 369쪽. 건의서의 내용은 ①국민의 기본권을 보장할 것, ②삼권분립의 체제를 재확립할 것, ③공명선거에 의한 평화적 정권교체의 길을 열 것 등이 기본 골격으로 되어 있다.
29 '백만인 서명운동'이 확산되자 유신 정권은 대통령 긴급조치 1호를 내렸고 불과 1주일 후 2호를 발표했다. 여기에 항의하며 1974년 1월 17일, 이해학, 김진홍, 이규상, 박윤수, 김경락 등은 교회협 총무실에서 구국기도회를 열고 구국선언문을 낭독했다. 전국 교회에 이 사실을 알렸던 권호경, 김동완, 이미경, 박주환, 박상희, 김용상, 차옥숭, 김매자 등은 곧 구속되었다.

2) 전국민주청년학생총연맹 사건과 한국기독학생회총연맹 사건

1974년 4월 3일 전국민주청년학생총연맹(약칭 민청학련) 이름으로 '민중·민족·민주 선언'(일명 삼민선언), '민중의 소리' 등의 유인물이 배포되었다. 그 내용은 구속된 모든 인사의 석방, 유신체제의 폐기, 진정한 민주주의 체제의 확립, 중앙정보부 즉각 해체 등이었다.[30]

박정희 대통령은 민청학련을 불법단체로 못 박았다. 불순세력이 배후에 있고 적화통일을 목적으로 반국가적 불순 활동을 한다고 주장했다. 그리고 이를 발본색원하기 위해 '긴급조치 제4호'를 발동한다고 발표했다. 정당한 이유 없이 결석하거나 시험 거부, 또는 집단적 행동을 하면 징역 5년 이상 최고 사형까지 처할 수 있는 내용이었다. 문교부 장관에게는 긴급조치 위반자가 소속된 학교를 폐교할 수 있는 권한까지 주었다.

중앙정보부장 신직수는 민청학련 사건 배후에 "과거 공산계 불법 단체인 인혁당 조직을 비롯해 재일 조총련계, 일본 공산당계, 국내 좌파 혁신계 등이 관련되었다"라고 발표했다.[31] 그리고 민청학련의 배후에 공산당이 있었던 것처럼 도표를 그렸다.[32] 신문들도 일제히, "반국가적 불순 활동 발본색원", "시위 주동자는 최고 사형, 위반 학교는 폐교 처분", "학원 시위 징역 5년에서 사형" 등의 제목을 붙여 1면 기사로 내보냈다. 그렇게 불순세력의 배후 조종 아래에 인민혁명을 수행하려 한다는 정권의 주장을 뒷받침했다.[33] 모두 1,024명이 조사를 받았고 이철,

---

30 민청학련운동계승사업회 편, 『1974년 4월: 실록 민청학련 2』(학민사, 2004), 32쪽.
31 『동아일보』, 1974년 4월 26일자.
32 민청학련운동계승사업회 편(2004), 앞의 책, 29쪽.
33 『동아일보』, 1974년 4월 3일자, 4월 4일자; 『경향신문』, 1974년 4월 3일자, 4월 4일자; 『한국일보』, 1974년 4월 3일자, 4월 4일자.

유인태, 유근일, 서중석, 서도원, 도예종, 송상진, 하재완 등을 비롯해 203명이 구속되었으며, 54명(32명은 민청학련 사건, 22명은 인혁당 사건)은 1차로 기소되었다. 여기에 박형규 등도 포함되어 있었다.

한편, 유신정부는 기독교 학생 조직인 총연맹[34]이 민청학련과 유기적으로 연계가 되었다며 탄압의 폭을 넓혔다. 회장 서창석, 부회장 노병직 이외에 이직형, 구창완, 정상복, 나병석, 안재웅, 황인성, 김효순 등 학생 간부 전원과 지도교수 김찬국과 김동길 등 모두 26명을 체포했던 것이다.

당시 총연맹은 박형규가 시무하던 서울 오장동의 기독교장로회 제일교회와 함태영 목사의 기도처로 출발했던 창현교회의 대학생들, 곧 나병식·정문화·강영원·황인성·박찬욱 등과 서경석을 비롯한 새문안교회 대학생들이 주축이었다. 현영학이나 서광선과 같은 진보 신학자들이 가르치던 이화여자대학교 학생들도 중심에 있었다. 여기에 기독교장로회 소속의 수도교회, 향린교회, 감리교 소속인 약수동의 형제교회 대학생들도 적극 참여하고 있었다. 특히 창현교회에는 학사단장 박찬욱 등 사회정의를 외치던 서울대학교 정치외교학과 학생들이 활발히 활동하고 있었다.[35]

유신정부는 총연맹 배후에 인민혁명당(약칭 인혁당)이 있다고 주장

---

[34] 1946년 기독학생연합회가 조직되었고 여기에 18개 대학과 54개 고등학교의 기독학생회가 합세해 한국기독학생회총연맹을 조직했다. 이후 1969년 11월 23일 YMCA와 통합하여 한국기독학생회총연맹(KSCF)이라는 이름으로 6개 교단(예장 통합, 기장, 감리교, 성공회, 구세군, 복음교단)의 학원 선교 단체가 결성되었다. 1970년대 이들은 주로 산업 선교와 빈민 선교를 하는 등 반유신적 색채를 띠고 활동했다.

[35] 이종구, 「기독교 민주운동의 전개 과정과 위상: 청년·학생을 중심으로」, 윤보선민주주의연구원 추계 학술발표회의 발표문집(2021) 참조. 부산 보수동 책방골목 근방에 있는 기독교장로회 소속 중부교회도 기독청년운동과 부산 민주화운동의 거점이었다.

했다. 그리고 윤보선을 배후 인물 중 하나로 기소했다.[36] 군사재판에 회부된 180여 명 가운데 이철, 김지하 등 8명은 사형선고를 받았고 8명이 무기징역, 6명이 징역 20년을 선고받았다.[37] 그런데 유신 정권이 총연맹을 의심했던 것은 전국적으로 가장 많은 대학을 연결하고 있었고[38] 공덕귀가 총연맹의 이사로 있었던 것이 한 이유가 되었다.

기독교계 학생들과 인사들이 구속되자 교회협계의 목회자들과 구속자 가족들, 교인들이 참여하는 목요기도회가 시작되었다. 여기에 공덕귀의 역할이 컸다. 매주 열리는 목요기도회는 거의 유일한 시국 집회로 박정희 정부를 곤혹스럽게 만들었다.

시위가 걷잡을 수 없이 확산되던 1975년 1월, 박정희는 자신과 유신체제의 신임을 묻는 국민투표를 실시한다고 발표했다. 윤보선을 비롯한 민주회복국민회의는 이를 거부한다고 선언했지만 국민투표는 강행되었다. 유신체제의 재신임이 결정된 후 박정희는 긴급조치 위반자들을 석방했다. 그러나 인혁당 사건 관련자와 반공법 위반자는 제외했다.[39]

민청학련 사건으로 구속되었다가 석방된 사람들은 민주회복구속자협

---

36 김정남에 의하면 윤보선은 공덕귀를 통해 박형규에게 100만 원의 돈을 전했는데, 결국 이것이 탈이 났고 결국 윤보선에게까지 그 책임이 거슬러 올라갔다. 박정희 정권은 서울대학교 '민족주의 비교연구회(약칭 민비연)' 등 학생 조직들이 윤보선과 밀접한 관계를 갖고 있다고 믿었다.

37 권혜영, 「유신헌법상 긴급조치권과 그에 근거한 긴급조치의 불법성」, 『법학논집』 14-9(2009), 201-202쪽. 1974년 7월 9일, 비상보통군법회의는 이철, 유인태, 여정남, 김병곤, 나병식, 김지하, 이현배 등에게 사형을, 유근일 등 7명에게 무기징역을, 나머지 학생 18명에게 징역 20년에 자격정지 15년 등을 구형했다. 변론을 맡았던 강신옥 변호사까지 구속되었다.

38 한국기독학생회총연맹 50주년 기념사업회, 『한국기독학생회총연맹 50년사』(도서출판 다락원, 1998), 277-278쪽 참조. 유신 정권이 이렇게 판단한 것에는 총연맹 내부에 박형규가 시무하던 서울제일교회 출신 안재웅, 나병식 등이 있었고, 학생들 대부분이 '개헌 청원 백만인 서명운동'에 동참했기 때문이다.

39 『동아일보』, 1975년 2월 15일자.

의회를 만들고, 민주 회복을 위해 적극적으로 활동할 것을 천명했다. 이들에게서 전기 고문 등 가혹한 폭력에 의해 조서가 허위로 꾸며지고 조작되었다는 폭로가 나왔고,[40] "공산주의 폭동을 일으키도록 지시했다"라는 내용의 진술서를 강제로 쓰게 했다는 진술도 나왔다.[41]

저항이 확대되자 유신정부는 1975년 4월 8일에 긴급조치 제7호를, 5월 13일에는 제9호를 발령했다. 유신체제를 비방하거나 반대하기만 해도 영장 없이 체포해 1년 이상 징역형에 처한다는 조치였다.[42] 이러한 초강경의 강압적 조치로 인해 한동안 저항과 개헌 추진 활동은 중지되었다. 그러나 그 의식이 멈춘 것은 아니었다.

3) 명동 사건과 유신의 종말

1976년 일치 주간을 이유로 원주에서 열렸던, 신·구교의 합동 기도회에 문익환, 문동환, 서남동, 조화순, 함석헌 등의 기독교인들과 가톨릭 원주교구의 사제단 신부들이 참여했다. 여기에서 이른바 '원주 선언'이 발표되었다. 연세대학교 신과대 교수 서남동을 비롯한 개신교계는 가톨릭과 합동으로 하고 정치계와 연계해서 3·1절 행사를 기획했다.[43] 이들은 그 중심에 윤보선이 있어야 한다고 판단했다.[44] 당시가 워낙 살

---

40 『동아일보』, 1975년 2월 17일자.
41 민청학련운동계승사업회 편(2004), 앞의 책, 38쪽.
42 『동아일보』, 1975년 5월 13일자.
43 김정남, 『진실, 광장에 서다』(창비, 2005), 144-149쪽. 원주교구의 사제단 신부들과 이 기도회에 참석한 문익환, 문동환, 서남동, 조화순, 함석헌 등이 '원주 선언'에 서명했다. 레드 콤플렉스에서 자유롭지 못했던 김대중은 서명 문안을 완곡하게 작성했지만, 색깔론의 부담이 없는 윤보선 전 대통령은 유신 철폐의 입장을 더욱 분명히 할 것을 주장했다.
44 김명구(2011), 앞의 책, 360쪽.

벌한 때였던 만큼 누구나 전직 대통령이 나서주기를 원했던 것이다. 종로 안국동 윤보선가의 산정채에서 '3·1절 민주구국선언'은 그렇게 확정되었다.[45] 이른바 '명동 사건'의 시작이었다.[46] 물론 교계와 윤보선을 잇는 역할은 공덕귀가 했다.[47]

명동성당에서 신·구교 합동으로 3·1절 기념 예배 겸 미사가 열렸을 때, 강론을 맡은 가톨릭 신부 김승훈은 유신헌법의 억압성, 부정부패, 심각한 경제적 간극 등을 지적했다. 2부의 합동 기도회에서는 기장교회의 문동환이 설교했고, 신부 문정현이 아들의 구명을 호소하는 김지하 어머니의 편지를 대독(代讀)했다. 이어서 한국교회여성연합회의 이우정이 「민주구국선언문」을 낭독했다.[48] 민주주의는 대한민국의 "국시"이고 "정통성"이며 "어떤 구실로도 민주주의가 위축되어서는 안 된다"라는 내용이었다. 긴급조치 철폐, 의회정치 회복, 사법부 독립, 정권교체에 대한 주장도 들어 있었다.[49]

예배가 끝난 후 개신교 인사들을 비롯해 가톨릭 신도들과 재야 정치인들이 성당 밖으로 나섰다. 윤보선이 맨 앞에서 시위대를 이끌었고 이우정, 문동환, 김승훈, 장덕필 등이 함께 선도에 섰다. 그러나 곧바로 대기하고 있던 경찰에 의해 강제 해산되었다. 이후 1주일 사이에 선언

---

45 당시 김대중이 작성한 문안과 문익환이 작성한 문안이 있었다. 윤보선은 보다 선명하고 강도가 강했던 문익환의 선언문을 선택했다.
46 윤보선, 함석헌, 김대중, 정일형, 문동환, 이문영, 안병무, 이해동, 서남동, 윤반웅, 이우정 모두 11명이 서명했다.
47 이 일로 공덕귀는 중앙정보부에 연행되어 조사를 받았다. 한인섭 대담, 『그곳에 늘 그가 있었다: 민주화운동 40년 김정남의 진실 역정』(창비, 2020), 357-358쪽 참조.
48 민주화운동기념사업회 한국민주주의연구소 편, 『한국민주화운동사 2: 유신체제기』(돌베개, 2009), 21쪽.
49 서희경, 「유신헌법 반대의 헌정사적 의미」, 『윤보선의 민주회복운동과 1974년 민청학련 사건』, 윤보선민주주의연구원 후기 학술회의(2021), 48쪽 참조.

문에 서명한 사람들을 비롯해 그날 성당에 있던 사람들은 긴급조치 9호 위반으로 연행되었다. 박용길, 이태영, 정일형, 함석헌 등도 입건되었고 윤보선도 자택에서 조사를 받고 입건되었다. 공덕귀도 명동 사건 다음 날 종로경찰서로 연행되었다가 남산 중앙정보부로 가서 조사를 받은 후 8일간 구류를 살았다.[50]

윤보선, 함석헌, 정일형, 이태영, 이우정 등은 불구속 상태에서 재판을 받았고 김대중을 비롯해 문정현, 신영복 등 다른 서명자들은 모두 구속이 되어 재판을 받았다.[51] 윤보선은 징역 5년 자격정지 5년의 형을 선고받았고[52] 김대중, 함석헌, 문익환 등도 같은 형을 받았다. 정일형, 이태영, 이우정 등은 불기소 처분을 받았고 함세웅, 문동환, 이문영, 서남동, 안병무 등에게는 3년형이 선고되었다.[53] 정부의 보도 통제로 명동 사건은 세간에 크게 알려지지 않았지만 대학생들의 시위를 격동시켰다.

1977년 가을 학기부터 서울대학교, 이화여자대학교, 연세대학교 등을 중심으로 대학생들의 시위가 격렬하게 일어났다. 이화여대 학도호국단 간부들이 주도한 반유신 시위가 있었고 서울대생 1,500여 명은 「민주구국 투쟁선언문」을 발표했다. 1978년에 이르러 부산대학교가 「4·19 선언문」을 낭독하며 「민주투쟁 선언서」를 채택했고 이화여대생 300여 명이 강당 앞에서 연좌시위를 했다. 한신대학교 학생들이 채플에 모여 정부의 무기한 휴교령에 반대 농성을 했고 부산대에서는 유신 철폐를

---

50 공덕귀(1994), 앞의 책, 210-211쪽.
51 공덕귀(1994), 앞의 책, 212쪽.
52 윤보선은 1977년 3월 22일, 대법원에서 상고 기각으로 형이 확정되었으나, 형집행정지를 통고받았다.
53 김대중, 『김대중 자서전 2』(삼인, 2010), 76-78쪽; 공덕귀(1994), 앞의 책, 219쪽. 김대중은 징역 5년, 자격정지 5년을 선고받고 진주교도소에 수감되었다.

주장하는 벽보 사건이 발생했다. 서울대와 고려대, 이화여대 학생들이 주동이 되어 '통일주체국민회의 대의원 선거'를 부정하는 가두시위가 광화문에서 있었다. 전남대학교 학생 2,000여 명도 송기숙 교수 연행에 항의하며 시위를 했다. 전주 남문교회에서 있었던, '기장(基長) 청년회 전국 교육대회'에 참여했던 600여 명이 유신 정권에 반대하는 거리 행진을 벌였고, 숙명여자대학교 기독학생회 회원들이 반정부 유인물을 교내 곳곳에 붙이는 사건도 있었다. 고려대학교 학생 1,500여 명이 유신 철폐와 독재 타도를 외치며 거리 시위에 나섰고 1978년 10월 17일에는 총연맹 학생들 중심으로 광화문 집회를 계획했다가 발각되기도 했다.[54]

1978년에 '민주주의국민연합', 1979년에는 '민주주의와 민족통일을 위한 국민연합'이 결성되었다. 크리스찬 아카데미 사건, 동일방직 사건, 와이에이치(YH) 사태, 김영삼총재 제명 사건, 부마 사태, YWCA 위장결혼 사건 등 유신의 불합리한 처사로 인해 많은 사건이 분출되었다.[55] 중앙정보부장 김재규의 박정희 대통령 시해 사건, 1979년에 있은 일명 10·26 사태로 박정희 시대는 갑자기 끝이 났다. 유신 정권과 그 체제가 일순에 꺾였다.

---

[54] 한국기독학생회총연맹 50주년 기념사업회(1998), 앞의 책, 316-321쪽.
[55] 김명구(2011), 앞의 책, 363쪽.

3. 공덕귀의 구속자가족협의회 회장 활동: 인권과 민주화의 문제

1974년 7월 18일에 허병섭, 김상근, 이해동, 문동환을 비롯한 개신교 목사들과 구속자 가족 22명이 기독교회관 2층 소회의실에 모였다. 여기에서 민청학련 관련 구속자와 긴급조치 위반자 들을 위한 기도회를 열었다. 이들은 기도회를 매주 목요일 오전 10시로 정례화하기로 했고 그래서 '목요기도회'로 불렸다. 9월이 되면서 구속자가족협의회를 만들기로 결정했고 공덕귀를 회장에, 김윤식 전 의원을 부회장, 기장 여신도회 서울연합회의 김한림을 총무로 추대했다.[56] 구속자 가족 조정하, 정금성과 이현배의 부인 최영희, 유인태의 어머니 박노숙, 김효순의 형 김병순, 서광태의 어머니 최말순, 이철의 아버지 이근진도 적극적으로 나섰다.[57] 『동아일보』 기자 서권석 등도 매주 참석하며 이를 세상에 알렸다.[58] 목요기도회에서 설교와 기도를 맡았던 이해동은 당시에 대해 다음과 같이 진술했다.

목요기도회에 모인 목회자들과 구속자 가족들은 기도회에 앞서서 "세상 돌아가는" 이야기와 구속자들의 근황을 나누고 한국의 민주화를 위하여, 구속

---

[56] 손승호, 『유신체제와 한국기독교 인권운동』(한국기독교역사연구소, 2017), 109쪽. 김윤식은 민청학련 사건의 연세대학교 책임자로 지목되어 비상고등군법회의에서 징역 15년을 언도받고 복역했던 김학민의 아버지이다. 서강대학교 영문학과 4학년으로 학내 시위를 주동해 구속·제적되었다가 민청학련 사건으로 구속되었던 김윤은 김한림의 둘째 딸이다.

[57] 「김정남의 '증언, 박정희 시대' 5: 구속자가족협의회 총무 김한림」, 『한겨레신문』, 2011년 12월 13일자.

[58] 이해동·이종옥, 『둘이 걸은 한 길: 이해동, 이종옥의 살아온 이야기 I』(한국기독교서회, 2014), 104쪽.

자들의 석방을 위하여, 그리고 한국교회의 회개를 촉구하고 유신정권의 종말을 위해서 기도했다. 유신정권은 이를 방치할 수 없었다. 이해동 목사와 김상근 목사 등 목요기도회 주관자들을 연행하여, 목요기도회를 중단하도록 압력을 가했다. 결국 기독교회관 대강당에서 가지던 기도회를 중단하고 기도회 참가자들의 사택 등지를 돌면서 한 주도 빠지지 않고 기도회 모임을 계속했다.[59]

갑자기 자식들이 구속을 당한 후, 그 소식을 알 수 없었을 때 부모들은 당황하지 않을 수 없었다. 구속자들이 반국가단체를 만들어 정부를 전복하려 한다는 유신정권의 무시무시한 발표에 겁에 질릴 수밖에 없었다. 정부는 면회를 허락하지 않았고 빨갱이라고 몰아붙였다. 구속자 가족들을 견딜 수 없게 했던 것은 싸늘한 주변의 시선이었고 그런 이유로 주눅이 들었다. 구속자가족협의회가 처음 시작될 때만 해도 그런 압박에 시달렸다. 1974년 6월 29일에 작성된 「박정희 대통령께 드리는 진정서」에서 석방을 간청하며 "대통령의 선처"를 호소했던 이유도 여기에 있다.

구속자 가족들의 가슴은 시간이 갈수록 불안하고 고통스러웠다. 학원 선교에만 봉사하는 남편과 가장이 주위에서 모두 손가락질하는 공산주의자라는 소리에 얼마나 가슴앓이 하는 일이었을까? 누구도 이들에게 관심을 두지 않고 멀리하려고 했다. 그러는 중에 영부인이셨던 공덕귀 여사께서는 경호도 없이 구속자 가족들이 자주 출입하는 종로 5가의 기독교회 회관에 오셔서 구속자 가족들을 위로하시고 가끔은 회식도 하셨다. 아는 체만 하고 눈인사만

---

[59] 이해동·이종옥(2014), 위의 책, 113-114쪽.

건네도 위안이 될 때인데 따뜻하게 껴안아주시고, "조금만 더 참읍시다. 곧 좋은 세상이 오도록 기도합시다" 하셨다. 공 여사는 기도도 메말라가던 이 시기에 참으로 크신 어머니였다.⁶⁰

총연맹의 김강산은 당시 공덕귀의 역할에 대해 이렇게 증언했다. 그의 말처럼 공덕귀는 기도회를 이끌었다. 구속자 가족들의 우산이 되었고 보호막이 되었다. 지쳐 있던 구속자 가족들에게 따뜻한 식사를 대접했고 구속자에게는 영치금을 마련해주었다. 내복과 침낭을 구해 영치하기도 했다. 함께 찬송가를 부르며 역사의 주재자에게 문제의 해결을 간구했다. 총무 김한림의 아이디어로 크고 작은 문건을 만들어 배포하고, 시위하며 붙잡힌 사람들을 석방시키기 위해 몸을 사리지 않았다. 박형규 목사의 부인 조정하, 김지하의 어머니 정금성 등도 혼신으로 공덕귀와 함께했다.

민청학련 구속자 중에는 안재웅 총무를 비롯해 총연맹 소속 학생들이 많았다. 구속자 가족들은 딱히 갈 곳도 없다 보니 자연스럽게 기독교회관을 중심으로 모여들었다. 몇 사람만 모여도 사복 경찰이 따라붙어 있어, 마음 놓고 만나서 떠들 수 있는 곳은 울타리가 되어주던 기독교 단체뿐이었다.⁶¹

공덕귀는 구속자 가족들과 정기적으로 만나 정보와 의견을 나누었다. 긴 시간이 지나지 않아, "겁먹었던 가족들은 이제 자식들의 행동이 옳았다"라는 신념을 갖게 되었다.⁶² 김한림, 이소선(전태일의 어머니),

---

60 2021년 11월 18일의 윤보선민주주의연구원 추계 심포지엄을 통해 발표된 총연맹 상근이사 김강산의 증언 기록.
61 이경은, 「구가협의 막내 이야기」, 민주화운동기념사업회, 2013년 12월 30일자(www.kdemo.or.kr/blog/minjustory/post/884).
62 김정남(2005), 앞의 책, 72-73쪽.

조정하, 박용길, 이휘호, 이종옥, 박영숙을 비롯해 구속자 가족들은 함께 법정에 달려가 재판받던 식구들을 격려했다. 전국에서 벌어지고 있던 저항운동을 세상에 알렸고 직접 시위를 벌이기도 했다. 유신정부의 압력으로 기독교회관에서 목요기도회를 할 수 없게 되었을 때도 멈추지 않았다. 구속자 가족들은 서로의 집을 장소로 정해서 기도회를 이어나갔던 것이다.[63] 목요기도회가 알려지면서 구속자들에게 격려와 지지가 따랐다. 목요기도회는 매주 정례적으로 열리는, 유신정부의 비이성적 강압을 알리는 거의 유일한 시국 집회로 자리를 잡게 되었다.

1974년 8월 이른바 '인혁당 재건위 사건'이 발표되었다. 중앙정보부는 "도예종 등 23명이 인혁당 재건위를 결성, 북한의 지령을 받아 민청학련을 배후 조종하여 정부를 전복하고 공산주의 국가를 건설하려 했다"라고 발표했다. 주요 인물들이 혁신 계보에 속하기는 했지만 정부의 발표와 같은 일을 벌였다는 증거는 없었다.

피고인이나 가족을 막론하고 인혁당 관련자들은 세상의 그 어떤 관심도 받지 못했다. 민청학련 사건 관련자들이나 변호인들도 인혁당과의 연계를 염려했지, 사건 자체에는 관심을 가지려 하지 않았다. 그런데 목요기도회를 통해 인혁당 사건이 고문 조작에 의한 것이라는 말이 퍼져나갔다. 특별히 미국 연합감리교회 선교사로 한국에 파송되어 주로 인천과 영등포 지역의 도시산업선교회에서 일하던 오글(George E. Ogle)이 공개적으로 문제를 제기했다. 매주 목요기도회에 참석하던 오글은 이 사건을 기도 제목으로 내놓았고 그것이 고문에 의한 것이라고 폭로했다.[64] 실제로 유신정권은 시국 관련 사건 연루자들을 악랄하게

---

63 특별히 미아리에 있던 유인태의 집도 이들의 집합소였다.
64 이해동·이종옥(2014), 앞의 책, 105쪽.

고문했고[65] 1975년 한국을 방문한 국제사면위원회 조사단은 이를 확인했다.[66]

중앙정보부는 체포 이후 사형 때까지 가족 면회를 금지했고, 가끔 있던 변호사 접견 때에도 정보부 요원이 입회했다. 이런 상황에서 공덕귀와 구속자가족협의회 어머니들이 손을 내밀었고 인혁당 가족들도 목요기도회에 참석해 억울한 처지를 호소할 수 있었다. 그러나 1975년 4월 8일 이른바 '인혁당 재건위' 사건에 대한 대법원 전원합의체의 상고심에서 재판장인 민복기는 8명의 사형을 확정했다.[67]

사형 집행 소식은 이틀이 지나서야 언론에 보도됐다. 여러 가지 의혹으로 조작설이 나돌고 있었지만 유신체제하에서의 언론은 이를 제대로 보도하지 않았다. 8명의 사형이 집행된 후, 가족들은 함세웅이 있던 응암동 성당에서 합동 장례식을 치르려 했다. 그러나 경찰들은 그 요구를 무시하고 곧바로 시신을 화장터로 보냈다. 고문 흔적을 감추려는 조치였을 것이다. 공덕귀 일행이 호소도 하고 분노하며 몸싸움을 벌이기도 했지만, 경찰들은 아랑곳하지 않았다. 결국 가족들의 의사와 상관없이 시신들은 화장되었다. 그 과정에서 공덕귀는 이런 기도문을 남겼다.

참으로 당신의 형상으로 창조하시고 독생자의 보배 피로 값 주고 사신 인생이 아니옵니까? 그런데 이 땅에는 가공할 인권유린이 거리를 횡행하니 참으

---

65 「석방 학생, 정보부 등서 물, 전기 고문 당해」, 『동아일보』, 1975년 12월 17일자.
66 「한국에 파견된 사면사절단의 보고서(Report of an Amnesty Mission to the Korea: 1975.3.27.~4.9.)」, 한국기독교교회협의회 인권위원회, 『1970년대 민주화운동 Ⅲ』, 2122-2123쪽 참조.
67 「김정남의 '증언, 박정희 시대 3' 인형당 재건위사건(하)」, 『한겨레』, 2011년 11월 21일자. 사형이 확정된 사람은 서도원, 도예종, 하재완, 이수병, 김용원, 우홍선, 송상진, 정남이다. 주요 인물들은 조봉암의 후예로 혁신계 인물들이었다.

로 죄송합니다. 주님! 이 백성의 죄와 허물을 사하시고 이런 불상사가 다시는 이 땅에 발을 붙이지 못하도록 한국교회가 의로운 오른손을 들어 이 땅의 불의를 물리치게 하소서! 1,200만 신도가 있는데 오 주여, 한국교회가 참으로 산 위에 세운 성이 되고 구원의 도피성이 되고 빛과 소금의 직책을 다함으로 축복받는 민족이 되게 해주시옵소서![68]

1974년 11월 9일 조선호텔에서 '한국기독교 실업인회'가 주최한 '국무총리를 위한 기도회'가 열렸다. 김종필은 박정희 정부 아래 교회의 수가 10여 년 동안 2배 이상 증가했다며, 그것은 종교의 자유가 철저하게 보장되었기 때문이라고 자찬했다.[69] 그같이 말한 후, 기독교가 "본연의 위치와 영역"을 벗어나고 있다는 경고를 했다. 기독교인들이 "정치적 집단행동에 가담"하며 "딴 사람을 선동"한다는 비판이었다.[70] 국무총리는 야고보서 1장을 인용하며 "종교인들이 자신의 말과 행동을 조심하지 않을 때, 그 사람은 종교인이라고 자처할 수 없을 것"이라고 위협했다. 로마서 13장을 인용해, 유신정부가 "하나님으로부터 그 권위"가 인정된 "민주 정부"라 칭했고, 이 정부를 "미워하거나 두려워하는 이가 있다면 그것은 곧 악을 행하는 자"라는 논리를 폈다. "주한 외국인 교역자들이 남의 나라 정치문제에 간여한다는 것은 탈선"이라는 비난도 했다. "심판과 추방"의 대상이 될 수 있다는 경고도 덧붙였다.[71]

---

[68] 공덕귀(1994), 앞의 책, 197-198쪽에 나와 있는 공덕귀의 기도문. 인혁당 사건의 주축으로 지명된 인물들이 사형을 당한 후, 가족들이 그 시신도 대하지 못했던 것을 비판하는 내용의 기도문이다.
[69] 「기독실업인회 제2차 전국대회 김종필 국무총리 치사」, 『기독신보』, 1974년 11월 16일자.
[70] 「종교인 정부 비방 선동 없도록」, 『경향신문』, 1974년 11월 9일자.
[71] 「정부와 종교인의 인권운동, 열 올린 총무성토」, 『동아일보』, 1974년 11월 11일자. 실제로 유신 정권은 산업선교와 인권운동을 하고 있던 감리교 선교사 오글(George E. Ogle)을 1974년 12월 14일에 추방했다. 그리고 1975년 4월에는 메리놀 외방전교회 소속으

국무총리의 경고가 나오자 1974년 11월 21일에 공덕귀와 구속자가족협의회는 다음과 같이 두 번째 결의문을 발표했다.

어두운 조국의 현실을 밝히려고 횃불을 들었던 아들과 딸이 감방으로 끌려간 지도 세 계절이 완전히 지난 지금 우리의 마음도 또한 어둡기 짝이 없습니다. […] 우리 구속자 가족들은 우리들의 투쟁 없이 자식과 남편을 구할 수 없고, 우리들의 투쟁 없이 얻는 자유는 진정한 자유라 할 수 없음을 깨달았습니다. 우리는 이제 자식이 외치다가 들어간 부정부패 일소를 외쳐야 하며, 우리는 이제 자식이 외치다가 들어간 유신독재 철폐를 부르짖어야 하겠습니다. 이것이 진정으로 아들과 남편들이 그토록 사랑하던 조국을 위하는 길이고, 그들을 구하는 길임을 알았습니다. 사랑하는 내 아들딸, 그리고 남편이 독재의 철창을 깨뜨리고 나오는 날, 우리 함께 얼싸안고 우리 함께 정의와 자유의 만세를 소리 높여 불러봅시다.[72]

유신정부가 스스로 하나님으로부터 통치를 위탁받은 민주 정부라 칭했을 때, 공덕귀는 그것에 냉소했다. 절대화된 권력이 하나님으로부터 받은 자유와 정의를 훼손하는 것을 견디지 못했고 그래서 소리를 높였다. 압박이 거세었지만 적극적으로 유신 철폐와 자유, 그리고 석방을 외쳤던 것이다.

로 영종도에서 사역하던 시노트(James P. Sinnott) 신부를 미국으로 추방했다. 『중앙일보』, 1975년 1월 7일자; 『동아일보』, 1975년 5월 1일자.
[72] 구속자 가족 일동, 「(구속자가족들의) 둘째번 결의문」, 1974년 11월 21일, 한국기독교교회협의회 인권위원회, 『1970년대 민주화운동 Ⅱ』(한국기독교교회협의회, 1987), 1391쪽.

저희들은 3·1 민주구국선언문에 관련 기소되어 공판을 받고 있는 피의자들의 가족입니다. 지난 5월 4일 제1회 공판 때부터 8회 공판 때까지 매번 수백 명의 사복 경찰이 동원되어 법원으로 가는 사방의 통로에 바리케이드를 쳐놓고 그것도 부족하여 경찰로써 또 하나의 바리케이드를 쳐서 완전히 공포를 조성했습니다. 뿐만 아니라 불과 가족 8명을 수십 명의 경찰이 수차에 걸쳐 폭력까지 가하면서 차에 태워 폭행과 욕설을 서슴지 않았습니다. 특히 지난 7월 3일 제8회 공판 때는 가족들이 방청을 위해 덕수궁 쪽에서 법원을 향한 노상에서부터 경찰은 가족을 밀치면서 방청권 제시를 요구했고, 이 폭력에 못 이겨 방청권을 제시하는데도, 30미터 이상이나 밀어제쳐 대로(大路)상에 가족을 넘어뜨리는 불미스러운 일까지 있었습니다. […] 남편이 구속된 이래 가족을 마치 피의자와 같이 감시, 미행을 하여 사생활까지 부자유하게 하고 있습니다. 경찰은 한결같이 상부의 지시라는 말을 즐겨 쓰는데 결코 장관께서 이 같은 비민주적인 것을 지시하시지는 않은 줄 믿습니다. 바라옵기는 이 같은 폭력과 감시와 미행을 즉각 중지해주셔서 저희들 가족도 국민으로서의 권리와 자유를 누릴 수 있는 평원한 생활로 돌아갈 수 있게 해주시기를 앙망하옵니다.

3·1민주구국선언 가족 일동 대표
공덕귀[73]

1976년 7월 8일 공덕귀는 구속자가족협의회 회장의 자격으로 김치열(金致烈) 내무부 장관에게 이런 서신을 보냈다. 장관은 전 대통령 부인으로서의 권위를 무시할 수 없어 경찰국장 손달용을 통해 회신을 보내

---

[73] 고 김한림 선생 추모집 편집위원 편, 『따슨 손 따슨 웃음꽃』(신앙과지성사, 1994), 95-97쪽.

왔다. 구속자 가족들의 심정을 충분히 이해하지만, 경찰 본연의 임무 수행을 위한 것이라는 답변이었다. 구속자 가족들의 사생활과 인권의 자유를 보장하라는 공덕귀의 요청을 거절한 것이다.

언론이 제대로 전달하지 못하던 시대였기 때문에 구속자 가족들은 옥중서신, 성명서, 호소문 등을 치마 속에 넣고 다니며 만나는 사람마다 전달했다. 전국의 교도소 소식과 노동자들의 투쟁 소식도 전했다. 재판 과정과 피고들의 진술을 외운 후 기록해서 통신문을 만들어 돌리는 일도 했다. 국제 여론을 통해 군법회의의 날조된 재판 과정을 세계에 전하기도 했다. 1974년 11월 21일에는 미국 포드(Gerald R. Ford Jr.) 대통령의 방한을 앞두고 구속자 가족들과 함께 "더 이상 못 참겠다 구속자 석방하라", "포드는 유신체제를 지지하는가?" 등의 현수막을 들고 주한 미국대사관 앞에서 기습 시위도 벌였다.

1976년 구속자가족협의회[74]는 한국양심범가족협의회로 이름을 바꾸고 다음 해 8월 17일에 서울 오장동 제일교회에서 양심수 석방을 요구하며 단식 농성을 했다.[75] 중앙정보부 지하실로 끌려가 혹독한 수사를 받기도 했다.[76] 군사 법정에서 구속자들이 사형, 무기징역, 징역 20년, 15년 등의 중형이 선고되는 과정에서도 이들의 사기는 꺾이지 않았다.[77] 공덕귀가 이끄는 한국양심범가족협의회는 핵심 저항 단체가 되었고 목요기도회는 유신 정권의 폭압적 방식을 공개적으로 고발하는 장이 되었다.

세간의 반향과 그 영향이 커지면서, 목요기도회는 개신교 조직이었

---

74 1976년의 명동 사건 구속자 가족들과 '민청학련 사건', '인혁당 사건' 등의 구속자들은 함께 '한국양심범가족협의회'를 재발족했다.
75 구속자가족협의회는 1976년에 한국양심범가족협의회로 개칭했다.
76 안재웅의 아내 이경애는 이런 과정에서 유산을 했다.
77 이경은, 「구가협의 막내 이야기」, 민주화운동기념사업회, 2013년 12월 30일자.

음에도 불구하고 함세웅, 문정현, 안충식, 김팩암 등 정의구현사제단의 신부들도 참석했다. 특히 문정현은 매주 전주에서 올라와 빠지지 않고 목요기도회에 참석했다.⁷⁸ 중앙정보부는 구속자 가족들이 외신기자와 접촉하는 것을 두려워했고 이들의 시위에 노심초사했다.⁷⁹ 함부로 할 수도 없었다. 전면에 공덕귀가 있었고, 그 뒤에 윤보선이 있었기 때문이다.

4. 공덕귀와 세계 기독교계

1974년의 민청학련 사건과 총연맹 사건으로 많은 기독학생들이 체포되었을 때, 세계 기독교계는 큰 충격에 빠졌다. 세계교회협의회(WCC)가 나섰고 아시아기독교협의회, 미국연합감리교회 등도 여론을 선도하며 한국 정부를 압박했다. 호주와 말레이시아의 기독학생 조직인 기독교학생운동(SCM, Student Christian Movement)도 한국 정부에 구속 학생들에 대한 석방을 간절히 호소했다. 미국 하버드대학교에서도 총연맹 회원들이 부당하고 위협적인 압력을 받고 있다며 재판 비용 일부를 보내오기도 했다. 미국세계선교회와 미연합장로교회에서도 관심을 표했고, 미국 기독학생운동(SCM, Student Chistian Movement)과 캐나다 연합교회, 미국감리교회에서도 격려 편지와 후원금을 보냈다. 이들은 민청학련과 인혁당 사건의 기독학생들이 공산주의자로 몰렸다며 문제를 지적했다.⁸⁰

---

78 이해동·이종옥(2014), 앞의 책, 109쪽.
79 2021년 11월 18일의 윤보선민주주의연구원 추계 심포지엄을 통해 발표된 총연맹 상근 이사 김강산의 증언 기록.
80 한국기독학생회총연맹 50주년 기념사회(1998), 앞의 책, 281-282쪽.

특별히 세계기독학생연맹(WSCF, World Student Christian Federation, 약칭 학생연맹)이 가장 적극적이었다. 총연맹을 이끌고 있던 학생들이 모두 구속되었기 때문이다. 학생연맹은 1974년 10월 15일부터 22일까지 긴급 조사단 4명, 곧 제네바 본부의 오포리아-에크와로(James Oppra-Ekwaro) 부총무, 호주기독교학생회 총무 율(Sandy Yule) 박사, 아시아가톨릭학생회의 시라이시(Osamu Shiraishi), 미국기독학생회 대표 슐츠(Funther H. Schulz) 주교, 독일기독학생회의 페어캄프(Tom Veerkamp) 등으로 구성된 조사단을 급파했다.[81] 문공부 장관을 만났고 총연맹 관계자들을 면담한 후 구속된 학생들의 석방을 요구했다. 그리고 기자회견을 통해 그 이유를 다음과 같이 밝혔다.

① 그동안의 외신 보도가 정확했음을 확인했고
② 기독학생 회원과 기독교인들의 활동은 순수한 기독교 정신에 따랐고
③ 정부 당국자들이 종교 자유에 대해 오해를 하고 있다.[82]

여기에 그치지 않고 핀란드의 세계적 신학자로 학생연맹 총무를 지낸 레토넨(Listo Lehtonen)과 필리핀 출신의 신학자 카리뇨(Feliciano V. Carino)가 직접 왔다. 이들은 학생연맹의 이름으로 한국의 민주화운동을 격려하고 나섰다. 스위스 취리히대 교회사 교수로 새롭게 학생연맹 총무가 된 캄피(Emidio Campi)도 한국의 시국 문제에 적극적으로 나섰다. 세계적 학생운동 조직이 한국의 상황에 문제를 제기하고 나서자 유신정부도 긴장하지 않을 수 없었다. 그런 이유로 1978년 캄피가 한

---

[81] 안재웅, 『역사가 내미는 손잡고』(대한기독교서회, 2021), 124-125쪽.
[82] KSCF, 「1975년 동계대학 및 총회 보고서」, 16쪽; 한국기독학생회총연맹 50주년 기념사업회(1998), 앞의 책, 281쪽에서 재인용.

국에 왔을 때 김포공항에서부터 방한 기간 내내 그의 일거수일투족을 감시했다.[83]

1978년 10월 13일 총연맹 주최로 캄피의 환영회가 열렸다. 공덕귀가 총연맹 이사장이던 때였다. 캄피는 '세계 기독학생운동의 동향'이라는 주제로 강연을 했다. 여기에서 세계 학생운동 동향과 한국 학생운동에 대한 격려가 나왔다. 아울러 학생연맹을 비롯한 세계 각국의 기독교 조직이 깊은 연대감을 가지고 지원하고 있음을 밝혔다.[84]

캄피는 민청학련 사건으로 구속되었다가 풀려나 있던, 총연맹 총무 안재웅의 안내로 윤보선과 공덕귀를 만났다. 공덕귀가 총연맹 이사장이 되었기 때문에 좋은 명분이 되었다. 캄피는 윤보선이 영국 에든버러대학교 출신이라는 사실, 영부인이었던 여성이 기독교 학생 조직뿐만 아니라 여러 기독교 조직의 중심에 있다는 사실에 놀라워했다. 특별히 공덕귀가 매주 기도회를 통해 한국양심범가족협의회를 이끌고 있다는 사실에도 커다란 감명을 받았다.

교회사학자이던 캄피는 전직 대통령의 집안 내력, 기독교에 대한 남다른 지식과 이해에 깊은 인상을 받았다. 그리고 전직 대통령 내외의 기독교 신념에서 나오는 민주화 열망에 깊이 공감했다. 이후 그는 각 언론매체에 민주화를 열망하는 전직 대통령 내외가 전했던 말들, 한국의 기독교계가 민주화를 위해 하는 일들을 전했다. 그리고 세계교회가 한국의 문제에 적극 나서야 한다고 호소했다. 덧붙여, 구속된 기독학생들이 정부 전복을 목적으로 하는 것이 아니라 기독교적 신념, 곧 자유, 정의, 평화와 인권이 존중되는 사회를 만들고 싶어 한다는 것도 피력했다.[85]

---

83 안재웅(2021), 앞의 책, 124쪽.
84 KSCF, 「1978년도 총회보고서」, 17쪽.
85 KSCF, 「1978년도 총회보고서」, 124-125쪽.

WCC 사절단의 일원으로 인도네시아의 시마투팡(T. B. Simatupang) 아시아기독교협의회(Christian Conference of Asia) 의장, 미국의 톰슨(William Thompson) WCC 중앙위원, 독일의 대통령이 되는 폰 바이제커(Richard von Weizsäcker)[86] 독일복음주의교회협의회(EKD, Evangelische Kirche in Deutschland) 의장, 나일러스(Leopard Neilus) WCC-CCIA 국제위원회 국장 등이 한국에 왔을 때, 이들은 공덕귀와 구속자 가족들을 먼저 만났고 차례로 기독교계 인사들과, 학자들, 야권의 정치인들을 만났다. 공덕귀가 이끄는 목요기도회에도 참석했다. 이후 정부 인사들도 만나 구속자 석방을 호소했고 이를 요구하는 기자회견도 했다.[87] 공덕귀가 세계 기독교계의 적극적 협력과 지원을 이끌어내는 데 크게 일조한 것이다.

염광회의 설립 과정에서도 보았듯이, 공덕귀는 한경직으로 대변되는 예수교장로회 통합 측 인사들과 김재준 등으로 이해되는 기독교장로회 측 인물들과 연결되어 있었다. 김관석과 같이 교회협의 주축이었던 인물들과도 연결점이 있었다.[88] 현영학, 서남동, 이우정, 이효재, 정의숙, 한완상 등 한국기독자교수협의회 학자들과도 연계하고 있었다. 모두 교회협계 교회들에 적지 않은 영향력이 있던 인물이었다. 이들은 세계 기독교계 인사들이 한국에 올 때마다 공덕귀와 윤보선을 만나게 했다. 그리고 민주 회복 운동의 권위와 당위성을 확인시켰다. 윤보선은 자신들의 이상적 목표를 구현하게 해줄 수 있는 거목이었고 세간의 언급처럼 공덕귀는 자신들의 신학과 일치된다고 믿은, "대통령을 움직이는 여자"였다.[89]

---

86 바이제커는 1984년부터 1994년까지 독일연방공화국의 대통령이었다.
87 안재웅(2021), 앞의 책, 125-126쪽.
88 김관석과는 공덕귀가 도쿄신학전문학교에 유학할 때 시나노마치교회(信濃町敎會)에 함께 출석한 바 있었다.
89 김관석목사고희기념문집 출판위원회 편(1991), 앞의 책, 55쪽.

5. 공덕귀의 사상

공덕귀가 지향하던 신학은 현세성(this-worldliness)과 초월성(transcendentalism)을 통합하려 했던 바르트(Karl Barth)의 신학과 다름이 없었고 유형적으로 송창근의 것이기도 했다. 가가와 도요히코(賀川豊彦)가 지향하던 신학이었고, 개인 구원과 사회 내지는 국가 구원 영역을 합치하려 했던 대한예수교 장로회 통합 측 설립의 이념이기도 했다.

공덕귀의 사상은 한국을 민주주의 터전이 되게 하는, 곧 국가 구원의 영역까지 확장하는 신학이었다. 곧 영적 전통의 바탕 위에 복음의 사회적·국가적 사명을 강조하는 구조였다. 인간의 존엄성과 권리, 투쟁이 유린되는 곳에서 하나님도 역시 고통을 당하신다는 입장이었다.[90] 1977년에 한교여연 회장과 1978년에 총연맹 이사장이 되었을 때, 유난히 인권을 주제로 한 세미나를 열었던 것도 이런 신학적 신념의 발로였다.[91] 그런데 그 의식은 정치적으로 기독교 민주주의와 연결되어 있다.

기독교 민주주의에서 말하는 국가는 하나님의 뜻과 하나님이 만드신 세상의 법, 곧 자연법에 의해서 제한을 받는다. 개인의 자유와 권리를 보장하는 것이 하나님의 뜻이고, 따라서 국가는 이를 보호해야 한다. 물론 그 자유와 권리는 기독교 윤리가 말하는 공공복리, 공적정의와 밀접히 연결되어 있다. 전적으로 인간의 존재가 하나님의 존재 아래에 있다는 의식이었다.[92]

---

90 김정준, 「신학논단, 신학수상」, 『만수 김정준 전집 8』(한국신학연구소, 1991), 216쪽.
91 공덕귀는 1978년 3월 10일 '민주교육과 인권'(강사 성내운)을 주제로 600여 명의 청중이 참가한 가운데 세미나를 열었고, 5월 22일에 '여성과 인권'(강사 이우정)을 주제로 제7회 강좌, 제8회는 10월 11일 '민족분단과 인권'(강사 백기완)을 주제로 열었다. KSCF, 「1978년도 활동보고서」, 8쪽 참조.
92 김정회, 『한국기독교의 민주주의 이해 연구: 해위 윤보선을 중심으로』(해위윤보선대통

기독교 민주주의자들은 이 세계가 단순히 영적인 것뿐만 아니라 가난한 사람들의 생명이 보호받는, 하나님의 정의와 자비가 세워지는 세계가 되어야 한다고 믿는다. 인간의 삶의 자리가 성서가 말하는 이상으로 이루어지는 신사회(新社會)가 되어야 한다고 기대한다. 여기에 이론적으로는, 자유주의와 사회주의가 가지고 있었던 문제들을 극복할 수 있는 이념적 균형성이 있다. 개인의 자유와 존엄성을 중시하지만 공적정의를 주장하며 가난하고 소외된 계층을 향한 복지를 내세우기 때문이다. 강제적이거나 혁명적인 모습으로 이를 이루겠다는 생각은 없지만, 상호부조(相互扶助)와 나눔의 정신이 실천되어야 한다고 믿는다. 인간화를 통해서 실현되어야 하고, 국가는 그러한 인간화를 실현할 수 있는 공적정의를 제공해야 할 의무가 있다고 주장한다.[93] 소외된 약자들이 기본적 생존권을 누리되 누구나 공적 의무를 지닌 사회를 꿈꾸었고, 모든 인간이 평등과 자유를 누리는 나라를 기대한다. 공덕귀의 이상이었다.

전태일 이후, 소수의 신학자들과 목회자들은 민중이 주체가 되는 교회를 꿈꾸었다. '민중이 주인이 되는 하나님 나라 건설'을 외쳤고 '민중신학'을 만들어냈다. 그러나 공덕귀는 민중을 소중히 여겼지만 민중을 계급화하고 우선했던, 민주화운동 한쪽에서 주장하던 민중신학 아래 있지 않았다.[94] 곧 '민중 주체의 신학'이 아니라 소외된 민족을 위한 신학, 곧 송창근의 성빈신학과 연결되어 있었을 뿐이다.[95] 그런 이유로 공덕귀는 민중들이 겪는 아픔과 같이했고 노동 현장의 부당함을 고발하고

령기념사업회·윤보선민주주의연구원, 2017), 325쪽.
93 김정회(2017), 위의 책, 325-326쪽.
94 김명구, 『한국기독교사 2』(연세대학교 출판문화원, 2020), 371-378쪽.
95 민중신학자들은 하나님의 구원과 해방의 기쁨을 맛보지 못한, 소외된 이방인들을 억압과 어둠의 세력에서 구출해내야 한다고 믿었다. 그러나 공덕귀의 신학은 '민중이 주체가 되는 신학'이 아니라, 민중을 '소외된 민족으로 보는 배려의 신학'이라 할 수 있다.

항의했지만, 한국교회의 주체가 민중이 되어야 한다는 주장은 하지 않았다. 민중들이 불합리하고 참된 자유를 누리지 못하는 것에 문제를 제기하고 그들의 위치를 교정하려 했을 뿐이다.

공덕귀의 하나님의 나라 인식에는 계급적 주도성이 없고 민주화운동에는 계급투쟁적 요소가 없다. 소외된 인간에 대한 복음적 애모는 강했지만 '민중' 우선이라는 계급적 차별성이 없었던 것이다. 그런 이유로 복음의 내면적 역할이나 구령(救靈) 영역을 우선하는, 곧 한국교회 일반이 신봉하는 신학을 거절하지 않았다. 하나님과의 단독자로서의 만남, 곧 예배와 단독자와의 만남, 열정적인 기도가 공덕귀에게도 활동의 출발점이었기 때문이다.[96] 공덕귀에게 민주화운동은 신부적(神賦的) 인간화를 실천하기 위한 방편일 뿐이었다.

한편, 1980년 중반에 이르러 교회협의 목회자들과 일부의 신학자들은 민족 지상을 앞세우며 일방적 통일론을 설정했다. 문익환은 남북 분단 과정을 비판하고 6·25전쟁 동안 희생과 고통을 당했던 기독교와 북한의 공산주의와의 대립을 화해로 극복해야 한다고 주장했고,[97] 박순경은 한반도 평화 정착을 위해 제국주의적 문화를 해체하고 진정한 민족 통일과 민족해방을 지향해야 한다고 외쳤다.

> 당신은 한국교회의 전통으로 된 반공의 잔재를 보유하고 계셨음에도 불구하고 신학과 민족을 사랑하셨기에 제가 보안법으로 구속되었을 때 당신은 경찰서로 검사실로 법원으로 찾아다니면서 저를 변호하셨고 석방 탄원서를 쓰셨습니다.[98]

---

96 공덕귀(1994), 앞의 책, 250-252쪽 참조.
97 김경재, 『아레오바고법정에서 들려오는 저 소리』(삼인, 2007), 446쪽.
98 김경재(2007), 위의 책, 446쪽.

공덕귀 사후(死後) 박순경은 공덕귀가 자신과 함께 통일운동에 나서기로 했다고 진술한 바 있다. 그렇지만 위의 고백처럼 공덕귀가 사상적으로 박순경을 지지한 것은 아니다.

공덕귀는 일관되게 인간의 자유를 억압하는 권력에 대해 문제를 제기하고 있었다.[99] 하나님이 통치하시며 하나님의 정의가 중심이 되는 사회와 나라를 원했기 때문이다. 이런 사상의 바탕에서 누구나 자유롭게 자신의 주장을 펼 수 있길 기대했다. 박순경을 지지했지만, 그것은 학문적 자유의 일환이었다. 박순경도 인정했듯이, 공덕귀는 한결같이 반공 사상을 갖고 있었다. 민족지상주의 입장도 지지하지 않았다. '통일염원 금식기도회'에 반공주의자였던 강원용, 충현교회 김창인이나 감리교회 감독회장 장기천을 초청하고 "북한 주민이 인간답게 살 수 있도록 하기 위해 통일을 해야 한다"라고 주장하던 서울대 손봉호 등을 강사로 청빙했던 이유이다.

6. 결론

공덕귀의 활동은 영부인의 자리에서 내려오면서 빛이 났다. 안동교회의 여전도회장을 시작으로 활동의 영역을 예장 여전도회 서울연합회, 한교여연 등으로 넓혔다. 도시산업선교회와 관계를 맺었고 산업 선교 현장을 찾아다녔다. 여성 노동자 생존권 투쟁 지원, 빈민 선교 지원 운동 등 당시 한국교회 일반이 애써 외면하던 문제에 서슴없이 앞장섰다.

---

99 박순경은 1991년 일본 도쿄에서 북한의 주체사상가 박승덕과의 대화 이후 국가보안법 위반죄로 징역(3년 구형에) 1년 6월, 자격정지 1년 6월에 집행유예 2년의 형을 받았다. 공덕귀는 이에 항의하며 문제를 제기했다.

기생관광 반대운동, 원폭 피해자 돕기 운동, 재일·재일교포를 위한 민족 차별 저항운동에도 나섰다. 여기에 머물지 않고 그 영역은 민주화운동 전면으로 나섰다. 구속자 돕기와 석방 운동에도 적극적으로 주도했다. 이를 위해 세계 기독교계와 연결하는 데도 중요한 역할을 했다. 그것은 신학적 열정의 결과였다.

공덕귀는 민청학련 사건에 연루되어 구속되었던 이들의 가족들을 위해 '구속자가족협의회'를 만들었고 종로 5가 기독교회관 301호실에서 처음 열린 목요기도회를 주도했다. 기독교회관 대강당, 한빛교회, 갈릴리교회, 제일교회 등에서도 기도회를 열어 구속자 석방을 부르짖었다. 기도회를 통해 유신정부가 저지르는 만행에 문제를 제기했고 적극적으로 고발했다. 일명 '양심범' 가족들의 우산 역할도 했다. 한국양심범가족협의회 임원들이었던 박용길(문익환 목사 부인), 이희호(김대중 전 대통령 부인), 조정하(박형규 목사 부인), 윤영자(리영희 교수 부인), 최말순(서광태 서울대 의대생의 어머니), 정금성(김지하 시인 어머니), 김한림 등이 모두 그녀 곁에 몰렸다. 당국의 감시를 피해야 했고 위안이 필요했던 수배자와 그 가족들에게 공덕귀는 보호자가 되었고 위로자가 되었다.

안동교회 담임목사 유경재의 판단처럼, 구약시대의 예언자들이 권력자들이 하나님의 뜻에 어긋났을 때 가차 없이 심판을 선언했던 것과 같이, 공덕귀는 그런 역할을 했다. 복음에 붙들린 교회와 기독교인들이 그런 역할을 해야 하는 것은 당연하다고 믿었다. 공덕귀에게 복음이란 하나님 나라를 선포하는 것이고, 하나님 나라는 인간의 삶의 자리, 곧 역사와 세계 속에도 이루어지는 것이었다. 하늘나라가 땅에서 열리고 하나님의 자비로운 통치가 사람이 사는 땅에서도 실현되어야 하는 것이 당연했던 것이다. 인간은 "무감각한 인간(homo apatheticus)"이 아니라 "같은 감정 속에 있는 인간(homo sympatheticus)"을 의미하기 때문이다. 따라서 하나님이 창조한 인간이라면, 죄와 악의 세력으로 인해 고난당하는 이웃과 함께 느끼며 함께해야 한다고 믿은 것이다.[100]

공덕귀가 원하는 나라는 한국교회 일반이 내세우는, 개인의 구령(救靈)에서만 그치는 초월적 세계가 아니라 사회적 변혁에 의해서 실현되는 삶의 자리를 말했다. 하늘에서 이루어진 나라가 땅에서도 이루어져야 한다는 의식이었다. 공덕귀가 시대의 소외자들을 향해 힘과 용기, 사랑과 헌신, 근저로부터 솟아오르는 열정을 주저 없이 나타낸 것은 이러한 신학적 신념 때문이었다. 공덕귀에게 신학의 실천과 민주주의운동은 나뉘지 않았다. 신앙 실천의 당연한 귀결이었던 것이다.

---

[100] 김균진, 『기독교조직신학 Ⅱ』(연세대학교 출판부, 1993), 44쪽.

참고문헌

1차 자료 · 준1차 자료

공덕귀, 『나, 그들과 함께 있었네』(여성신문사, 1994).
김정남, 『진실, 광장에 서다』(창비, 2005).
김정남·한인섭, 『그곳에 늘 그가 있었다: 민주화운동 40년 김정남의 진실 역정』(창비, 2020).
민청학련운동계승사업회 편, 『1974년 4월: 실록 민청학련 2』(학민사, 2004).
윤보선, 『외로운 선택의 나날』(해위윤보선대통령기념사업회, 2012).
이해동·이종옥, 『둘이 걸은 한 길: 이해동, 이종옥의 살아온 이야기 I』(한국기독교서회, 2014).
KSCF, 「1975년 동계대학 및 총회 보고서」.
KSCF, 「1978년 총회 보고서」.
한국기독학생회총연맹 50주년 기념사업회, 『한국기독학생회총연맹 50년사』(도서출판 다락원, 1998).

『경향신문』, 『기독신보』, 『동아일보』, 『중앙일보』, 『한겨레신문』, 『한국일보』.
한국기독교사회문제연구원, 「한국기독교회관, 회관뉴스」, 1973년 8월 13일자.

2차 자료

고 김한림 선생 추모집 편집위원 편, 『따슨 손 따슨 웃음꽃』(신앙과지성사, 1994).
권혜영, 「유신헌법상 긴급조치권과 그에 근거한 긴급조치의 불법성」, 『법학논집』 14-9(2009).
김경재, 『아레오바고법정에서 들려오는 저 소리』(삼인, 2007).
김관석목사고희기념문집 출판위원회 편, 『이 땅에 평화를: 70년대의 인권운동』(김관석목사고희기념문집출판위원회, 1991).
김균진, 『기독교조직신학 Ⅱ』(연세대학교 출판부, 1993).
김대중, 『김대중 자서전 2』(삼인, 2010).
김명구, 『해위 윤보선: 생애와 사상』(고려대학교 출판부, 2011).
김명구, 『한국기독교사 2』(연세대학교출판문화원, 2020).
김명구, 『공덕귀, 생애와 사상』(박영사, 2022).

김정준, 「신학논단, 신학수상」, 『만수 김정준 전집 8』(한국신학연구소, 1991).
김정회, 『한국기독교의 민주주의 이해 연구: 해위 윤보선을 중심으로』(해위윤보선대통령기념사업회·윤보선민주주의연구원, 2017).
김흥수, 「'1973년 한국 그리스도인 선언'의 작성과 배포 과정」, 『한국기독교역사연구소소식』 31(1998).
민주화운동기념사업회 한국민주주의연구소 편, 『한국민주화운동사 2: 유신체제기』(돌베개, 2009).
서희경, 「유신헌법 반대의 헌정사적 의미」, 『윤보선의 민주회복운동과 1974년 민청학련사건』, 윤보선민주주의연구원 후기 학술회의(2021).
소재웅, 「공덕귀 여사의 삶과 신앙과 신학: '거인' 공덕귀를 만나다(2)」, 『새가정』 718(2019).
소재웅, 「공덕귀 여사의 삶과 신앙과 신학: '거인' 공덕귀를 만나다(3)」, 『새가정』 719(2019).
손승호, 「유신체제하 한국기독교교회협의회의 인권 이해: 인권위원회를 중심으로」, 『기독교와 역사』 43(2015).
안재웅, 『역사가 내미는 손잡고』(대한기독교서회, 2021).
이종구, 「기독교 민주화운동의 전개 과정과 위상: 청년·학생을 중심으로」, 윤보선민주주의연구원 추계 학술발표회의 발표문집(2021).
정병준, 「박정희 군사정권에 저항한 한국교회 인물분석」, 『기독교사상』 713(2018).
한국기독교교회협의회 인권위원회 편, 『1970년대 민주화운동 I~III』(한국기독교교회협의회, 1987).
한국기독교사회문제연구원, 『1970년 민주화운동과 기독교』(한국기독교사회문제연구원, 1982).

3장
유신헌법 작성과 유신헌법 반대운동

서희경

1. 서론

　유신헌법은 한국헌정사에서 민주공화주의에 가장 위배되는 헌법이 었다. 이에 기반한 유신체제는 박정희 대통령의 종신 집권을 가능하게 했고, 국민의 기본권과 삼권분립을 위협했다.[1] 이에 대해 야당과 재야 지식인, 그리고 학생과 시민은 격렬히 저항했다. 1973년 개헌청원 백만인 서명운동은 유신헌법 반대의 신호탄이었다. 이후 '민주헌법으로의 회복'이 한국 헌정의 제1과제가 되었다. 이에 대응하여 박정희 대통령은 긴급조치로 이를 누르고자 했지만, 격렬한 반대는 계속되었다.

---

*　이 글은 필자의 저서 『한국헌정사, 1948~1987』(포럼, 2020)의 제9장 「1972년 개헌: 유신체제의 형성」과 제10장 「1980년 개헌: 권위주의적 단임 대통령제의 형성」의 일부 내용을 수정·보완했다.
1　이 글에서의 민주공화주의(제)는 최고 권력의 독단적 지배가 없는 정치체제(이념)를 의미한다. 특히 국민의 권리와 법치를 핵심으로 공화제를 구성하고자 하는 입장이 민주공화주의(제)이다. 모르치오 비롤리 저, 김경희·김동규 역, 『공화주의』(인간사랑, 2006); 김비환, 「아렌트의 정치사상에서 정치와 법의 관계: 민주공화주의 체제에서의 법의 본질을 중심으로」, 『법철학연구』 6-2(2003) 참조.

1979년 10·26 사태를 통한 유신체제의 종말은 1973년 이래 지속된 유신체제에 대한 저항의 최종 결과였다. 이러한 1970년대를 관통하는 반유신 운동은 한국정치의 민주적 전환을 추동했고, 1980년 한 번 실패를 거친 뒤 1987년 최종적으로 실현되었다.

이 글에서는 첫째, 유신헌법으로 변경하게 된 직접적 요인이 무엇이었으며, 둘째, 어떤 과정을 거쳐 변경되었는지, 셋째, 유신체제에 대한 반대운동이 어떻게 진행되었으며, 넷째, 어떻게 유신체제가 붕괴되었는지 살펴보고자 한다.

그동안 유신헌법 반대에 대한 연구는 대체로 민주 대 반민주의 구도 하에서 한국 민주주의 운동사에 관한 체계적인 기술이 이루어졌다.[2] 하지만 첫째, 저항의 역사를 넘어서 한국의 민주공화주의 헌정사에서 유신헌법 반대가 어떤 의미를 갖고 있는지에 대한 천착은 소홀했다. 민주공화주의 관점에서 볼 때, 한국헌정사는 크게 여섯 차례의 분기점(epoch)을 가지면서 점진적으로 진화했다. ①제1차 1898년 독립협회와 만민공동회 시대, ②제2차 1919년 3·1운동과 대한민국 임시정부 시대, ③제3차 1948년 대한민국 정부 수립 시대, ④제4차 1960년 4·19 시대, ⑤제5차 1973년 이래의 반유신 운동 시대, ⑥제6차 1980년 광주민주화운동과 1987년의 민주화운동 시대이다. 제1차~제3차가 민주공화국 수립을 위한 시대였다면, 제4차~제6차는 민주공화국 회복을 위한 시대였다.[3]

---

2 대표적으로 민주화운동기념사업회가 출간한 『유신과 반유신』(선인, 2005)에서는 유신체제와 반유신 민주화운동(야당, 재야, 학생, 민중, 문화 등)으로 나눠 구성했다. 또한 『한국민주화운동사 2: 유신체제기』(돌베개, 2012)에서도 운동사의 맥락에서 유신체제의 성립과 반독재 민주화 투쟁을 각각 분석했다.
3 제4차~제6차는 헌정사적으로는 '회복(recovery)'의 시기였지만, 사회경제사적으로는 민주공화정의 '기반(basis)'을 만들어가는 과정이었다. 헌법의 측면에서 1948년 민주공

1973년 이래 반유신 운동 시기는 민주공화국 회복을 위한 시대의 가운데에 해당한다. 1970년대 한국헌정사를 지배한 핵심 이슈는 유신헌법 반대와 독재 배격, '민주 회복'이었다. 구체적 목표는 유신헌법 철폐와 개헌, 평화적 정권교체였다. 이들 쟁점은 4·19혁명 시대와 1980년·1987년 민주화 시대의 핵심 이슈와 비교할 경우, 거의 유사하다고 볼 수 있다. 그렇지만 각 시대의 정치적 상황과 핵심 리더들의 인식과 대응, 국민들의 참여 정도에 따라 상이한 특징을 띠기도 했다. 이 글에서는 정당을 중심으로 한 의회민주주의 투쟁과 재야와의 연대에 촛점을 맞추고자 한다. 이 시기의 헌정 이슈는 자유민주주의를 표방하는 헌법 체제하에서 제대로 된 민주주의를 하자는 주장이 대세였다고 보기 때문이다.

둘째, 유신과 반유신의 논리는 민주화 가치를 기준으로 이분법적 관점에서 평가되었다. 그런데 근현대 한국 역사는 훨씬 복잡한 과정을 거쳤다. 민주주의를 한국에서 실현할 수 있는 객관적 조건(condition)이 결여되었기 때문이다. 한국 근대국가의 출발은 정상적으로 수립할 수 있는 조건들이 결여된 취약국가(vulnerable state)였다.[4] 전근대, 근대, 탈근대가 같은 시기에 중첩되어 나타난다는 블로흐(Ernst Bloch)의 '비동시성의 동시성'은 이런 취약성을 뜻하는 개념이다.[5] 박정희 대통령은 "국가 없는 자유민주주의가 있을 수 없고, 민족의 생존권이 보장되지 않은 곳에 개인의 자유도 향유될 수 없다"라고 주장했다.[6] '유신'이라는 용어를 제안한 박종홍은 "조국의 근대화가 우리의 생존에 필수적

화정이 시작되었지만, 민주공화정의 사회경제적 기반은 극히 취약했기 때문이다.
4 이택선, 『취약국가 대한민국의 탄생』(미지북스, 2020), 12쪽.
5 임혁백, 『비동시성의 동시성: 한국 근대정치의 다중적 시간』(고려대학교 출판부, 2014), 23쪽.
6 박정희, 『우리 민족의 나갈 길』(동아출판사, 1962), 57쪽.

인 조건이며, 민족중흥과 국력 배양은 우리의 절대적인 과제"라고 주장했다.[7] 요컨대 필수 조건이 불비한 가운데 자유민주주의 국가를 유지하려면 권위주의와 반공주의 이외에 달리 방법이 있을 수 없다는 것이다.

그러나 국가 안위와 민족의 생존에 대한 판단 자체가 논쟁적이다. 또한 헌법에 민주주의를 표방하면서도 긴급조치 과정에서 정치적 자유의 상당한 훼손이 발생했다. 더욱이 유신체제는 이 문제들에 대한 어떠한 토론이나 이의제기를 허용하지 않았다. 민청학련 이름으로 발표된 '민중·민족·민주 선언'에서 학생들은 "소위 유신"이란 "비판을 원천적으로 봉쇄한 정치인바, 이것이 과연 한국적 민주주의인가?"라고 반문했다.[8]

이 글에서는 제한적이지만, 역사적 여건을 고려하면서 유신과 반유신의 논리 및 행동을 상호 비교하며 논쟁적으로 다루고자 한다. 이러한 접근은 한국 민주주의 헌정의 과제, 즉 자유·인권·법치·삼권분립 등의 민주적 가치와 동시에 경제·사회·안보적 조건을 고려하려는 것이다. 이를 위해 유신헌법으로 변경하게 된 배경과 작성 과정, 반대운동과 긴급조치, 그리고 유신체제의 붕괴가 어떻게 이루어졌는지 살펴보고자 한다. 결론에서는 박정희 정부와 야당-재야의 정치발전에 대한 견해를 중심으로 유신헌법 반대의 헌정사적 의미를 살펴보고자 한다.

---

[7] 박종홍, 「한국사상, 오늘의 과제: 민족정신, '경건의 사상'을 통한 새 진로」, 『박종홍전집』 5(민음사, 1998), 520쪽.
[8] 민청학련운동계승사업회 편, 『1974년 4월: 실록 민청학련』(학민사, 2004), 37쪽.

2. 1972년 유신헌법의 정치적 배경

유신헌법의 직접적 목적은 박정희 대통령의 임기제한을 없애는 것이었다. 대통령의 임기 이슈는 한국헌정사에 반복되는 대표적인 헌정의제다. 1954년 사사오입 개헌도 대통령의 임기제한을 철폐하기 위한 것이었다. 대통령제는 분열되기 쉬운 정파적 이익으로부터 일정한 거리를 둠으로써 국가 정책의 지속성과 안정성을 지킬 수 있도록 설계된 것이다. 때문에 미국의 건국자들은 대통령 임기를 '제한'하는 것이 아니라 '보장'하려고 했다.[9] 헌법 이론가들은 독재의 위험성보다 당파적 분열을 더 우려한 것이다. 그러나 임기제한의 철폐라는 민주주의의 경계선을 넘게 되면, 심리적 빗장이 풀리면서 일종의 정치적 폭주가 발생한다. 그런 점에서 한국헌정사에서 대통령의 임기 문제는 단순한 재임 기간 이상의 의미가 있었다. 임기 변경을 위한 개헌은 결국, '헌법정치적 변화'로 귀결되었기 때문이다.[10] 1960년 4·19혁명도 1954년 사사오입 개헌 때 뿌려진 씨앗이 자라나 정치적 태풍으로 폭발한 경우였다. 유신헌법도 결국 10·26사건으로 대통령이 암살되는 비극으로 치달았다. 아래에서는 유신헌법이 제정되는 계기로서 1971년 대통령 선거와 1972년 국가보위법 논쟁을 살펴보자.

1) 1971년 대통령 선거: 개헌과 장기집권의 서막

1971년 대통령 선거의 최대 이슈는 박정희 대통령의 장기집권 문제

---

9   알렉산더 해밀턴 외 저, 김동영 역, 『페더럴리스트 페이퍼』(한울아카데미, 1995), 417쪽.
10 Bruce A. Ackerman, *We the People* Vol.1: *Foundations* (Cambridge, Mass.: Belknap Press of Harvard University Press, 1991), p. 61.

였다. 1969년 3선 개헌 당시 이미 박정희 대통령의 영구집권에 대한 우려가 제기되었다. 3선 개헌안에 대한 국회 심의 과정에서 신민당 유진산 의원은 "권력의 생리와 본질이 자체의 비대화 강화예요. 이것은 자꾸 크려고 하고, 해가 갈수록 권력을 더 움켜쥐고 권력을 더 키워가려 한다"라고 주장한 바 있었다.[11] 이러한 우려는 1971년 대통령 선거에서 최대 쟁점이 되었다. 3선 개헌안이 통과된 뒤 항간에서는 박정희 대통령이 "앞으로 '계속 두 번 더 할 수도 있다'는 말이 나돌기도 했다." 그 이유는 1969년 개정 헌법 부칙에 "동법은 공포한 날부터 시행한다"라고 규정한 것과 제69조 3항 "대통령의 계속 재임이 3기에 한한다"라는 규정을 두었기 때문이다. 개정 헌법이 1969년부터 효력을 발한다면, 박정희 대통령은 개정 헌법에 따라 1기에 재임한 것으로 될 수도 있었다.

그런데 공화당은 국민들의 이런 의구심이 임박한 대통령 선거에 불리하다고 생각했다. 따라서 1971년 3월 5일, 백남억 공화당 의장 서리는 "지난 1969년 10월에 통과된 개정 헌법 부칙 규정은 연임 기간을 가산한 것으로 현 대통령은 이번에 당선되면 1975년에는 출마가 불가능하다"라고 표명했다(『동아일보』 1971.3.5.). 이에 대해 김대중 신민당 대통령 후보는 "문제는 75년에 다시 출마할 수 있느냐의 여부가 아니라 영구 집권을 꾀하려는 데 있다"라고 주장했다. 그러므로 "이번 기회에 기어이 박 대통령의 당선을 저지하지 않으면 영구집권을 막지 못할 뿐 아니라 정권교체 가능성은 영원히 없어질 것"이라고 주장했다(『동아일보』 1971.3.6.). 즉, 1971년 대통령 선거의 의미는 영구집권을 막는 주권자로서의 국민의 최후 선택이란 점을 강조한 것이다.

---

11 국회사무처, 「제72회국회회의록」 제5호(1969.9.13.), 7쪽.

신민당은 이를 1971년 대선의 최고 이슈로 삼고자 했고, 나아가서 선거와 개헌 발의 서명운동을 동시에 추진했다. 이렇게 '개헌'이라는 헌정의제가 역사적으로 다시 소환되었다. 신민당은 1971년 3월 6일, '3선폐지개헌국민발의' 추진을 위한 10인 대책위원회를 구성했다(『동아일보』 1971.3.6.). 하지만 3월 16일, 중앙선거관리위원회는 신민당의 개헌 서명운동이 "대통령선거법 제41조 제1항 「탈법 방법에 의한 선거운동금지」를 비롯한 여러 규정에 위반된다"라는 유권해석을 내렸다. 이에 대해 신민당은 선관위가 "개헌 문제에 대해 해석을 내리는 것은 월권"이며, "개헌을 위한 서명운동은 헌법에 보장된 국민기본권으로서 침해당할 수 없다"라고 강력히 맞섰다(『동아일보』 1971.3.17.).

임기 연장 개헌 이슈는 1967년 대선과 총선에서 박정희 대통령과 공화당이 압도적 승리를 거두자 이미 제기되었던 것이다. 박정희 정부는 정권 초기의 불안정을 극복하고 대내외적으로 통치의 정당성을 창출하는 데 성공했다. 무엇보다도 강력히 추진된 경제개발계획이 성과를 내고 있었다. 그런데 여당의 압승은 오히려 권력 연장의 유혹을 현실화시키는 계기가 되었다. 공화당의 윤치영과 백남억 등의 개헌파 의원들은 민주주의 자체가 아니라 민주주의의 '생존 조건'을 강조하면서, 정치안정과 경제성장, 자주국방을 위해서는 박정희 대통령의 3선이 가능하도록 개헌해야 한다고 주장했다. 그러나 신민당 김영삼 의원은 "한 사람이 대통령을 오래 했을 때에 그 정권은 반드시 썩고 독재를 할 가능성이 있다"라고 주장했다. 김대중 의원도 3선 개헌 시도가 "국가의 존립, 국가의 안전보장, 민주주의 존속마저 뒤엎을 가능성이 있다"라고 지적했다. 결국 1969년 9월 14일 새벽 2시, 공화당 의원들은 제3별관에서 회의를 개최하고, 단 10분 만에 122명의 찬성으로 3선 개헌안을 통과시켰다.

3선개헌 이후 정당과 의회로 대표되는 의회민주주의 영역이 축소되고, 재야로 대표되는 운동의 정치가 확장되었다. 1967년 이래로 야당의 개헌 저지 운동에 대한 기대가 떨어지기 시작했기 때문이다. 3선 개헌안이 통과된 데는 신민당이 안이하게 대응했기 때문이라는 인식이 지배적이었다. 김영삼 신민당 총무는 CIA 정보에 따라 개헌 저지가 가능하다고 생각했다. 심지어 "야당 수뇌부 중 일부는 장기집권에 반대하는 국민들의 반감을 고려하면, 1971년 선거에서 여당이 아무리 부정선거를 한다 하더라도 야당이 승리할 것으로 확신하는 사람까지 있었다."[12]

1971년 대선에 임박하자, 각 영역의 정치사회세력들이 결집하게 되었고, 선거 자체가 합법적 투쟁 공간이 되었다. 1971년 4월 18일 열린 장충단 유세는 1971년 대선의 절정으로서 한국 선거 사상 최대의 인파가 모였다. 이 유세에서 김대중 대통령 후보는 "박정희 씨가 승리하면 앞으로는 선거도 없는 영구 집권의 총통 시대가 온"다고 경고했다.[13] 또한 그는 1971년 4월 25일 대구 유세에서 "공화당 정권은 외국에 연구원을 파견해서 총통제를 연구했으며, 서울 시청 앞 구 대한항공 빌딩 8층에 총통제 연구기관이 있"다고 폭로했다.[14] 그러면서 1971년 대선을 "3선 개헌 반대의 제2단계 투쟁"이라고 주장했다.[15]

상황이 심각해지자, 박정희 후보는 마침내 서울 유세에서 "이번이 대통령으로 출마하는 마지막 기회"이며, 1975년 선거에는 출마하지 않

---

12 양순직, 『대의는 권력을 이긴다: 양순직 회고록』(에디터, 2002), 191쪽.
13 김대중, 『김대중자서전 1』(삼인, 2011), 229쪽.
14 유신헌법 변경에 관여했던 김성진 청와대 공보수석은 유신헌법안을 처음 보았을 때, "지난번 대통령선거 때 야당 후보가 앞으로 박 대통령이 총통제를 실시하여 종신 집권을 기도할 것이라고 비난했던 일이 기억에서 되살아났다"라고 기술하기도 했다. 김성진, 『한국정치 100년을 말한다』(동아출판사, 1999), 349쪽.
15 김대중(2011), 앞의 책, 234쪽.

겠다고 약속했다. 또한 "야당이 총통제 운운해서 내가 두 번이고 세 번이고 언제까지나 집권할 것같이 허위선전을 일삼고 있으나, 3선 개헌 국민투표 때 한 번만 더 할 수 있도록 여러분이 허락한 것"이라고 역설했다(『동아일보』 1971.4.26.). 당시 박정희가 1975년 불출마를 선언해야 할 정도로 장기집권에 대한 반대 여론이 커졌다.

결과적으로 김대중 후보의 주장은 사실이 되었다. 그런 의미에서 1971년 대통령 선거는 한국헌정사에서 분기점을 이룬 선거였다. 이후 16년 동안 국민은 대통령을 직접 선출하는 권리를 박탈당했다. 1948년 헌법 제정 이후 선거제도는 대체로 주권자의 의사를 표현하는 수단이라기보다 권력의 의도를 합법화시키는 제도적 수단이었다. 하지만 한국 민주주의 헌정사에서 선거제도는 매우 중요하다. 민주적 선거제도는 민주 헌정을 지키고 회복시킨 가장 기본적이고 핵심적인 장치이기 때문이다. 그 시작은 1956년 정·부통령 선거였다. 이 선거는 놀랍게도 영구집권을 꿈꾼 자유당의 정치공학을 좌절시켰다. 이후 선거제도는 한국 민주주의를 작동시키는 가장 중요한 정치 과정이 되었다.[16] 반면 권력의 입장에서 보면, 선거는 권력의 의도를 좌절시키는 가장 두려운 제도였다.

박정희 대통령과 공화당은 1971년 대선에서 비록 승리하기는 했지만, 선거의 무서움을 새삼 절감했다. 박정희 대통령은 자신의 경쟁 상대가 공산주의자뿐이라고 호언하며 자신감을 과시했다. 하지만 그의 득표율은 51.2%에 그쳤다. 겨우 과반수를 넘긴 것이다. 도시 지역에서는 51.4% 대 44.9%로 야당 후보가 앞섰다. 신인 김대중 후보의 득표율이

---

[16] 서희경, 「1950년대 후반 '포스트 이승만 정치'의 헌정사: 1956년 이후 자유당과 민주당의 개헌 논의를 중심으로」, 『한국정치학회보』 50-4(2016), 81-82쪽.

43.6%였다. 김대중은 "선거에서 이기고 투개표에서 졌다"라고 주장했다.[17] 이 선거 결과가 시사하는 것은 매우 근접한 경쟁을 벌였다는 것이다. 공화당은 관권과 자금을 총동원하고도 힘겹게 이겼다. 요컨대 유신체제로 가는 직접적 요인은 1971년 대선 결과였다.

신민당은 대선 한 달 뒤 치러진 제8대 국회의원 선거에서도 선전했다. 선거 결과 총 204석 중 공화당은 지역구 86석, 전국구 27석으로 113석, 신민당은 지역구 65석에 전국구 24석으로 89석을 차지했다.[18] 이로써 신민당은 호헌선인 68석을 훨씬 넘어섰다. 더욱이 의석 비율은 55.4% 대 43.6%였으나, 득표율은 48.7% 대 44.3%로 불과 4.4%p 뒤졌다. 공정한 경쟁이었다면 신민당이 승리했을 것이다. 이른바 반대당이 호헌선을 확보하고 정부와 여당의 존속을 위협하는 중대선거(crucial election)가 시작된 것이다. 이는 7년 후인 1978년 10대 총선, 그리고 1985년 12대 총선의 중대선거로 이어졌다. 이러한 선거의 결과는 집권 세력의 전횡이 용이하지 않을 것이라는 유권자의 강한 의사 표현이었다.[19] 박정희 대통령과 공화당에는 더 이상 야당과의 합법적인 경쟁이 불가능한 것으로 인식되었다.

2) 의회 민주주의의 무력화: 국회 공전 상황과 국가보위법 논쟁

1971년 12월 6일, 박정희 정부는 비상사태를 선언하고, 열흘 후에는 국가보위법을 여당 단독으로 통과시켰다. 이 법은 국가 위기 상황에서 국가의 안전과 관련되는 내정, 외교, 국방 분야에서 특수한 조치를 취

---

17 김대중(2011), 앞의 책, 235쪽.
18 김용호, 『민주공화당 18년, 1962~1980년』(아카넷, 2020), 201-202쪽.
19 박찬욱, 「정치과정」, 『한국정치연구』 10(2000), 86쪽.

할 수 있는 비상대권을 대통령에게 부여토록 하는 것이었다. 국가보위법 처리 후, 공화당의 1972년 봄은 한가했다. 공화당 소속 의원들은 국회 폐회 후 새마을운동에 대거 참여했다(『동아일보』 1972.3.11.). 1월부터 공화당 의원들은 새마을운동 귀향 보고회에 이어 2월에는 외부 인사들을 초빙해 세미나를 열었다. 3월과 4월, 공화당은 의원들의 새마을 시찰과 함께 22개의 연구반을 편성, 반마다 연구 과제를 주어 공부하도록 했다(『동아일보』 1972.3.11.). 이를 보면, 이 시기 박정희 대통령은 한국적 민주주의로 포장된 유신체제에 대한 대체적인 윤곽을 그렸던 것으로 보인다. 그 요점은 첫째, 대통령에 의해 영도되는 교도 민주주의, 둘째, 농민과 시민의 생활에 밀착한 생활 개조 민주주의, 셋째, 소위 정신혁명과 윤리관을 강조하는 의사종교적 민주주의이다. 새마을운동은 유신체제의 기반을 다지기 위한 예비 작업의 일환으로 볼 수 있다. 1972년 그는 "새마을운동이 조국 근대화를 위한 일사불란의 국민총화를 이룩하는 원동력이며, 5·16쿠데타 정신을 생활화하고 민족의 주체성을 토착화하는 민족의 일대 약진 운동"이라고 강조했다.[20] 요컨대 박정희 대통령은 새마을운동을 단순한 소득 증대를 위한 운동으로 보지 않고, '조국 근대화'의 원동력이자 '민족주체성'을 토착화하는 정신혁명이라고 주장했던 것이다.

박정희 대통령은 도시의 교육받은 시민들과 비판적 언론에 의해 큰 영향을 받는 경쟁적 민주주의를 배격했다. 그 대신 도시와 농촌 지역 서민들의 반상회나 마을 모임같이 하부 행정조직에 포섭된 일종의 생활형 관제 민주주의를 선호했다. 여기에는 이른바 '정치의 공해에 물들지

---

[20] 대통령비서실, 「5·16 혁명 제11주년 및 제7회 5·16 민족상 시상식 치사」, 『박정희대통령연설문집』 제9집(1972.5.16.).

않은 고장의 덕망 있는 인사'들이 중심이었다. 실제 박정희 대통령의 유신체제 구상에는 도시의 동장급, 농촌의 이장급 인물들이 핵심적 위치를 차지한다. 유신헌법하에서 그들은 통일주체국민회의 대의원으로서 국민을 대표해 대통령을 간접 선출했다.

한편 야당인 신민당은 무기력했다. 신민당은 거듭 국회 개최를 촉구했지만, 공화당은 정치의 장 자체를 봉쇄했다. 공화당은 제8대 국회(1971.7.1.~1972.10.17.)의 제79회, 제80회, 제81회 임시국회를 보이콧했다. 8대 국회에서는 야당 발의 법률안은 26건이었으나 1건도 가결되지 못했다.[21] 계속되는 국회의 휴회는 여당보다 야당의 힘을 소진시켰다. 활동의 장 자체가 주어지지 않았기 때문이다. 국회의 장기 공전 사태는 사실 박정희 대통령의 의사였다. 그는 야당에 정치 활동의 장을 제공하지 않으려고 했다. 나아가 국회 무용론이 확산되기를 원했던 것으로 보인다. 조국 근대화를 달성하기 위한 유신체제의 기본 구상 중 하나는 이른바 생산적 정치, '일하는 정치'였다. 그것은 만성적 대립으로 얼룩진 의회정치를 가능한 한 축소하고, 일사불란한 관리형 정치체제를 구축하는 것이었다. 유신체제의 통일주체국민회의는 그런 구상에서 탄생된 것이다.

마침내 1972년 7월 3일, 6개월 만에 제82회 임시국회가 열렸다. 국정 전반에 관한 질문 안건 중에서 국가보위법과 비상사태 문제에 관한 논쟁이 진행되었다. 신민당의 황은환 의원은 긴급명령 등의 "대통령의 권한 행사에 관한 사항은 헌법 사항이지 결코 법률 사항은 아니"라고 비판했다. 즉, 보위법안이 꼭 필요하다면 개헌을 해야 하며, 법률로써 대통령의 권한 행사를 규정하는 것은 명백한 헌법 위반이라는 것이

---

21 김민전, 「정당과 국회」, 심지연 편, 『현대 정당정치의 이해』(백산서당, 2009), 221-222쪽.

었다.[22] 국가보위법 중 특히 5조 국가동원령, 7조 옥외 집회 및 시위, 8조 언론 출판, 9조 근로자의 단체교섭 단체행동권 규제 등은 헌법이 보장하는 국민기본권을 침해할 수 있었다.[23] 즉, 헌법 제32조에 의거 그 본질을 저해할 수 없는데도 대통령령으로 국민기본권을 규제할 수 있도록 포괄적으로 수권케 한 것은 위헌이라는 것이었다. 또한 야당 의원들은 비상사태 선언의 근거가 헌법 어느 조항에도 없다고 주장했다. 즉, 비상사태 선언은 대통령의 긴급명령권과 아무 관계가 없고, 더욱이 헌법에 규정된 국회의 긴급명령 승인권(제73조 3항), 계엄해제 요구권(제75조 5항), 예산 심의권(제50조) 등을 박탈하고 있다고 주장했다. 1971년 12월 6일 비상사태 선언 시 김성진 청와대 대변인은 이 선언이 헌법 조항에 근거를 둔 것이 아니고, 헌법 제68조 대통령 취임 선서문의 정신에 따른 것이라고 말한 바 있다. 이에 대해 나석호 의원은 "스스로 초헌법적임을 자인했다"라고 비판했다(『동아일보』 1972.7.31.).

또한 비상사태를 누가 규정할 것인가? 비상체제는 민주주의와 양립할 수 있는가? 이에 대해 정헌주 의원은 "비상시가 무엇인지 구체적인 규정이 없"고, "비상시에 한해가지고는 행정부에 위임하도록 되어 있어 이렇게 입법권, 예산권을 다 행정부에다가 위임한 국회"는 "국회 본연의 국회가 아니"라고 비판했다. 또한 그는 "민주주의라는 것은 이름만 민주주의라고 해서 되는 것이 아니라 민주주의를 집행하는 권력이 서로 분리하고 서로 견제하고 서로 균형을 이루어나가는 데 그 요체가 있는 것"이라고 강조했다.[24] 정헌주 의원은 김종필 총리에게 자유민주주의를

---

22 국회사무처, 「제82회국회회의록」 제9호(1972.7.20.), 15쪽.
23 국회사무처, 「제82회국회회의록」 제9호(1972.7.20.), 16쪽.
24 국회사무처, 「제82회국회회의록」 제11호(1972.7.22.), 4쪽.

어떻게 생각하느냐는 질문을 제기했다. 김종필 총리의 대답은 다음과 같았다.

> 자유민주주의가 그렇게 살고 싶다고 그래서 우리 생활이 되는 것은 아니라고 생각합니다. 자유민주주의적인 생활을 할 수 있도록 경제적으로나 사회 여건으로나 우리 마음가짐으로나 정신적으로나 모든 것이 하나하나 갖추어져야만 이 나라에 자유민주주의 생활이 영위될 수 있습니다.[25]

김종필 총리는 조건(condition)의 관점에서 민주주의를 주장했다. 조건의 요점은 경제적·사회적 생활 안정과 안보이다. 그는 "언론의 자유도 다른 기본권과 마찬가지로 절대적이고 무제한의 자유일 수는 없다"라고 주장했다.[26] 반면에 정헌주 의원은 제도(institution)와 제도 운영의 관점에서 민주주의를 주장했다. 그 운영의 핵심 요점 중 하나는 삼권분립과 그에 의한 견제와 균형의 실현이라는 것이었다. 이는 1948년 이후 한국 민주주의 공고화를 위한 대표적인 두 입장이라 할 수 있다. 4·19혁명에 의해 자유선거와 내각제 등 민주주의 제도가 구축되었지만 제2공화국은 민주주의를 지탱하지 못했다.[27] 여러 원인이 있지만, 기본적으로는 조건의 불비 때문이었다.[28] 근대화론에 따르면, 이는 제3세

---

25 국회사무처,「제82회국회회의록」제11호(1972.7.22.), 26쪽.
26 국회사무처,「제82회국회회의록」제15호(1972.7.28.), 26쪽.
27 제2공화국 실패 원인으로 장면 정권의 취약한 대표성, 민주당 신·구파의 파벌 갈등, 내각의 불안정성, 민주당 엘리트들의 리더십 결여 등이 지적되었다. 한승주,『제2공화국과 한국의 민주주의』(종로서적, 1983), 6쪽; 강원택,『어떻게 바꿀 것인가: 비정상 정치의 정상화를 위한 첫 질문』(이와우, 2016), 180-181쪽.
28 학자들은 좀 더 넓은 의미의 정치사회적 조건의 결여를 지적했다. 한국은 적절한 수준의 다원적 사회 기반을 갖지 못했으며, 정부 및 행정체계가 너무 중앙집권화되어 있고, 대다수 국민이 민주적 정치문화를 갖지 못했기 때문에 당시 한국사회는 민주적 정부체

계 일반의 문제였다. 그런 점에서 한국 민주주의 헌정의 두 과제는 경제·사회·안보적 조건과 삼권분립 등의 민주주의의 실질적 제도를 실현하는 것이었다.

이상 1972년의 정치 상황을 요약하면, 박정희 대통령은 국회를 장기 공전시킴으로써 의회정치와 정당정치를 실종시켰다. 의회정치의 무용성을 보여주는 것도 유신체제 준비 작업의 일환이었다. 그 대신 정치를 새마을운동으로 대체하고자 했다. 이른바 생활정치이자 생산적 정치이다. 그러나 실상은 반상회 정치, 관제정치였다. 이 지루한 공방전과 교착상태는 곧이어 등장한 유신의 폭풍에 의해 깨졌다.

3. 10월 유신과 유신헌법 마련

1972년 10월 17일, 박정희 대통령은 특별 선언을 발표하여, 국회 해산, 정당 및 정치 활동의 중지 등 헌법의 일부 기능을 정지시키고, 전국에 비상계엄을 선포했다. 결국 1971년 대선 이후의 헌정사는 유신체제로 가는 길이었다. 5·16쿠데타와 1962년 체제는 민주주의의 '조건' 조성을 약속했지만, 오히려 절차적 민주주의를 거의 질식시키는 조치로 확대되었다. 유신헌법은 1969년 헌법이 정한 합법적 절차가 아닌 대통령의 비상조치에 의해 헌정이 중단된 상태에서 만들어졌다. 이로써 1962년 헌법에 이어 또다시 '개정(revision)'이 아닌 헌법이 탄생했다. 유신헌법은 1971년 4·27 대선 직후 박정희 대통령이 구상하여, 가을

제를 갖출 준비가 되어 있지 않았다는 것이다. 윤천주, 『한국의 정치체계』(서울대학교 출판부, 1963), 276-278쪽, 294쪽; 그레고리 헨더슨 저, 박행웅·이종삼 역, 『소용돌이의 한국정치』(한울, 2006), 421-427쪽.

이후 자료 수집 등 연구 작업을 진행하다가 12월 말경 본격적으로 추진 작업에 들어갔다(제1단계). 그리고 1972년 5월 이후 5개월에 걸쳐 유신헌법 초안이 완성되었다(제2단계). 이후 10월에 유신헌법과 부수법안이 비상국무회의에 상정·의결되고, 11월 21일 국민투표로 확정되었다(제3단계). 아래에서는 유신헌법의 기초 과정을 간략히 살펴보고자 한다.

1) 10월 유신 선포와 유신헌법 구상

김종필 국무총리는 유신 선언 전날, 하비브(Philip Habib) 주한 미국대사에게 특별선언 성명서를 전달했다. 불과 3주 전, 필리핀 마르코스(Ferdinand Marcos) 대통령이 계엄령을 선포하고 유신과 유사한 조치를 했을 때, 미국은 개입하지 않았다.[29] 박정희 대통령은 필리핀 사태의 추이를 주시하고 있었다.

정부는 10월 27일 국무회의의 의결을 거쳐 '10·17조치를 10월 유신으로 개념화하여 모든 유신 작업을 계속 진행할 것'이라고 발표했다.[30] 이때부터 유신체제 또는 유신정치라는 용어가 사용되기 시작했다. 유신체제의 성립 과정에서 1961년과 같은 무력 사용은 없었지만 5·16쿠데타 이후의 상황과 유사했다. 박정희 대통령은 이날 오전 9시 청와대에서 비상국무회의를 주재하고 자신의 결정을 국무위원들에게 피력한 후, 전국의 라디오와 TV를 통해 공표했다. '10월 17일 대통령 특별선언'(유신 선언)의 목적은 유신체제의 성립을 정당화하는 논리를 제시하려는 것이었다. 그 요점은 세계는 탈냉전으로 가는 반면 동아시아는 신냉전으

---

29 돈 오버도퍼·로버트 칼린 저, 이종길·양은미 역, 『두 개의 한국』(길산, 2018), 78쪽. 80쪽.
30 김정렴, 『아, 박정희: 김정렴 정치 회고록』(중앙M&B, 1997), 170쪽.

로 가는 역설을 지적하고, 그로 인해 한국이 강대국 정치의 희생물이 될 위험성을 경계하는 것이었다. 즉, 탈냉전에도 불구하고 한반도의 준전시 상황은 전혀 변하지 않았다는 것이다. 이는 1년 전의 국가비상사태 선포와 국가보위법 제정을 정당화하는 상황 인식과 동일하다. 또 하나의 직접적 원인은 북한이었다. 박정희 대통령은 전쟁을 예방하고 평화통일을 모색하기 위해 남북대화를 시작해야 하며, 남북협상을 위해서는 먼저 남한의 국력 증강과 국민의 일치단결이 불가피하다고 주장했다. 요컨대 급변하는 국제환경에서 국가의 안전을 유지하고, 남북대화를 효율적으로 이끌려면 강력한 통치체제가 필요하다는 것이었다.[31]

박정희 대통령의 이러한 상황 인식이 전적으로 억설인 것은 아니다. 문제는 이를 정권 차원에서 권력 획득을 위해 이용했다는 점이다. 이산가족 상봉과 남북대화는 통일을 꿈꾸는 일반 대중에게 광범위한 지지를 받았기 때문에 박정희 대통령에게 정치적으로 매우 유용했다. 남북대화는 김일성에게도 유용했다. 남북 교류는 북한의 외교적 고립을 타파하는 중요한 계기가 되었다. 김일성은 1971년 8월 6일, 평양 시민대회 연설에서 "한국의 민주공화당을 포함한 모든 정당, 대중단체 및 개별적 인사와 언제든지 접촉할 용의가 있다"라고 말했다(『경향신문』 1971.8.7.). 1970년 말 북한과 외교관계를 수립한 나라는 불과 35개국에 불과했고, 대부분이 사회주의 국가였다. 남북대화가 시작되자마자 북한 정부는 서유럽 5개국으로부터 국가 승인을 받았다. 이후 단 4년 만에 승인국은 93개국이 되어, 남한의 96개국과 거의 대등해졌다. 북한은 처음으로 미국과도 직접 교류에 나섰다.[32]

---

[31] 대통령비서실, 「10월 17일 대통령 특별 선언」, 『박정희대통령연설문집』 제9집 (1972.10.17.).
[32] 돈 오버도퍼·로버트 칼린 저, 이종길·양은미 역(2018), 앞의 책, 89쪽.

대통령 특별 선언과 동시에 비상계엄이 선포됨에 따라 비상국무회의가 국회의 권한을 대신했다. 비상국무회의는 유신을 법적, 행정적으로 뒷받침하기 위해 헌법 개정과 국회법 및 선거법 개정 등 광범위한 입법 권한을 행사했다. 따라서 1972년의 비상국무회의는 1961년의 국가재건최고회의와 그 권한과 역할이 유사했다. 그런 점에서 1972년 유신은 '박정희의 제2쿠데타'였다. 유신헌법안은 비상국무회의에서 최종 의결되기까지 총 10일간 세 차례 회의에서 총 5시간 20분 동안 검토되었다. 1972년 10월 23일 개최한 제1회 비상국무회의는 유신헌법안을 통과시키는 데 필요한 관련 법안인 비상국무회의법, 국민투표에 관한 특례법, 선거관리위원회에 관한 특례법을 의결했다.[33] 개헌안에 대한 축조심의가 진행된 제2회 비상국무회의 기록을 보면, 신직수 법무부 장관이 헌법개정안 제안 이유서와 헌법개정안을 낭독한 것이 전부였다. 제3회 비상국무회의에서는 통일주체국민회의법과 통일주체국민회의 대의원선거법 등 유신과 관련된 중요 법률안을 통과시켰다. 이로써 모든 실무 작업이 완료되었다.

유신헌법안의 공식 작성 과정은 이처럼 신속히 진행되었다. 이를 보면 유신헌법의 구상과 초안 작성 작업은 훨씬 이전부터 진행되었을 것이다.[34] 유신헌법 기초와 관련하여 김철수는 다음과 같이 기술했다.

제4공화국 헌법의 기초과정에 관해서는 아직도 공식적인 발표가 없어 혼란이 야기되고 있(다.) […] 소위 한갈 헌법이라고 불리는 이 헌법은 비공식적으로 이분들이 기초한 것으로 알려지고 있으나, 사실에 있어서는 법무부, 중앙

---

33 총무처 의정국 의사과, 「제2회 비상국무회의회의록」(1972.10.26.), 6-8쪽
34 그런데 유신헌법이 누구에 의해 주도되고, 어떤 과정을 거쳐 작성되었는지를 구체적으로 검토한 연구는 거의 없다.

정보부, 법제처, 청와대 등의 실무자들에 의한 합작품이며, 이의 홍보 선전
을 담당한 것이 한국헌법학회의 한태연 회장과 갈봉근 상임이사였다. […]
공식 자료가 없기 때문에 그 신빙성은 희박(하다.) […] 학문 발전을 위하여
또 책임 소재를 밝히기 위하여서도 기초자들이 발표되는 것이 요망된다.[35]

김철수는 유신헌법을 '실무자들에 의한 합작품'으로 보았다. 그러나
유신헌법을 구상·기획하고 최종 완료까지 이를 주도한 것은 바로 박정
희였다.

2) 유신헌법의 제1·2단계 작성 과정

박정희가 유신헌법을 구상한 것은 1971년 4·27대선 직후부터였다.
4·27대선에서 박정희 후보는 불과 95만 표 차로 당선되었다. 한 달 뒤
총선에서도 공화당은 113석을 얻어 과반수 유지에 성공했지만, 신민당
도 개헌저지선을 훨씬 상회하여 89석을 획득했다. 이 때문에 3선 개헌
과 같은 국회 내 개헌을 통한 집권 연장이 불가능해졌다. 이런 상황에
서 박정희 대통령은 장기집권을 구상하기 시작했다. 김종필은 다음과
같이 회고했다.

대선(1971.4.27.) 다음 날, […] 청와대에서 연락이 왔다. […] (박정희 대통령
이-필자) 창밖을 내다보며 한참 '음…' 하고 있더니, 말문을 열었다. "이것
봐. 내가 그래도 그동안 잠자고 있던 국민이 일어서서 일하게 하는 세상을
만들고 나라를 위해 열심히 기여했다고 생각을 하는데, 김대중 씨가 뭐를

---

35   김철수, 「헌정 40년의 소회」, 『고시연구』(1988.7.), 55쪽.

했다고 95만 표 차이밖에 안 나? 내가 이름이 나도 김대중보다 더 났고, 선거비용을 써도 김대중보다 훨씬 더 많이 썼는데 말이야. 행정력은 또 얼마나 사용했나. 선거라는 게 민주주의를 위해 불가피한 것이긴 하지만 이게 큰일 날 수도 있어. 다음엔 김대중이 될지도 몰라. 선거를 하다 보면 앞날을 제대로 내다보고 건전하게 나라를 열어갈 위인이 아닌 엉뚱한 사람이 뽑힐 수 있어. 그럴 땐 조국 근대화라는 혁명 과업에 지장이 생길 수 있어. 그러니 내 좀 특수한 것을 생각하지 않을 수 없어."[36]

김종필은 "좀 특수한 것"이 무엇인지 즉각 이해했다. 그것은 "또 한 번의 개헌"이었다. 당시 그는 "또 한 번의 개헌을 시사하는 박 대통령의 말을 걱정 반, 긍정 반으로 받아들였다"라고 회고했다.[37] 그리고 이러한 "박 대통령의 흉중"을 읽고 "강력한 통치체제 구축이 필요하다"라고 건의한 인물은 이후락이었다. 건의 시점은 대체로 1971년 말이었다. 박정희가 김종필에게 구체적으로 유신이 추진되고 있음을 알려준 건 1972년 5월이었다. 한태연 교수도 1991년 다음과 같이 증언했다.

71년 가을쯤인가 청와대에서 나한테 '드골헌법 개요를 좀 보내달라'고 해요. 드골헌법이야 내가 평소에 연구하던 것이라 쉽게 정리해 보내주었죠. 나는 그때 '뭔가 체제변혁을 시도하고 있구나'라는 느낌을 가졌어요. […] 유신에서 중요한 건 뼈대예요. 여러 설이 많지만 내가 알기론 그 뼈대는 박 대통령이 직접 만들었어요. 박 대통령은 나한테 이렇게 말한 적이 있어. '한 교수, 내가 전문가는 아니지만, 공부를 많이 했어요. 이것저것 연구해 골자를

---

36 김종필, 『김종필 증언록 1』(와이즈베리, 2016), 389-390쪽.
37 김종필(2016), 위의 책, 390쪽.

만들어 법무부에 주었지요'라고요." […] 박 대통령이 구상한 권력구조 가운데 두 개의 핵심이 있어요. 하나는 대통령을 통일주체국민회의에서 선출한다는 것하고, 또 하나는 비상조치권입니다. 불란서 헌법 제16조의 비상대권, 이 양반이 여기에 매력을 느낀 모양이에요. 그것을 골자로 한 헌법 초안이에요.[38]

1971년 가을, 청와대(대통령)의 요청으로 한태연 교수가 프랑스 드골헌법 개요를 정리해서 보냈고, 박정희가 헌법에 착안하여 직접 헌법의 골자를 만들어 법무부에 주었다. 그 핵심은 드골헌법의 비상조치권과 통일주체국민회의에서의 대통령 간선제였다.[39]

그런데 드골헌법과 유신헌법은 성립 배경이나 실제 운영이 상이했다. 드골헌법이 성립된 것은 1958년 프랑스 제4공화국의 의원내각제가 정치적 불안정을 초래했기 때문이었다. 드골헌법에서 대통령은 직선에 임기 7년, 연임이 가능했다. 대통령은 총리를 임명하고, 총리의 제청에 따라 국무위원을 임면할 수 있으며, 각의를 주재한다. 국회를 통과한 법률안을 국민투표에 부칠 수 있는 권한을 가진다. 국회해산권도 갖지만 총리 및 양원 의장의 자문을 거쳐야 한다. 긴급조치권의 발동은 총리, 양원 의장 및 헌법위원회의 공식 자문을 거쳐야 하며, 또 최단 시일 내에 끝나도록 되어 있다. 즉, 국가긴급권을 발하는 경우에 "대통령

---

38 한태연, 「한국헌법과 헌법학의 회고」, 『헌법학 연구』 8-1(2002), 27-28쪽.
39 성낙인은 프랑스 제5공화국 드골 체제의 등장이 "제4공화국의 무능과 취약함에 따른 국민적 요구의 수용이라면, 한국에서의 유신체제의 등장은 강력한 대통령주의제적인 헌법 현실하에서 대통령 권력의 인격화를 통한 전체주의 체제적 성격을 띠고 있었다"라는 점에서 그 출발점에서 상이하다고 주장했다. 성낙인, 「프랑스 제5공화국헌법과 유신헌법상 대통령의 국가긴급권에 관한 비교 연구」, 『공법연구』 28-4(2)(2000), 152쪽, 158쪽.

의 개시 및 종료 결정만 대통령의 통치행위로 보고, 이를 정치적, 법적인 통제로부터 배제하고 있으나, 국가긴급권이 적용되는 기간 중에는 의회의 통제와 헌법위원회의 법적 통제를 받도록" 되어 있었다.[40] 그런데 실제로 드골헌법이 공포된 이래 20여 년간 긴급조치권이 발동된 것은 단 한 번뿐이며, 그것도 6개월을 넘지 않았다. 드골헌법은 이처럼 위기 시에는 대통령의 권한이 강화되지만, 평시에는 내각책임제로 운영되었다.[41]

유신헌법은 또한 인도네시아 헌법에 영향을 받았다.[42] 그 핵심은 대통령 간선제와 유정회 제도 등이다. 인도네시아 헌법과 관련하여 김정렴은 "인도네시아를 다녀온 국회 사절단이 수하르토의 통치 방식을 (박정희 대통령에게) 보고한 일도 있었다"라고 회고했다.[43] 인도네시아 1945년 헌법은 권력분립의 원리가 매우 불균형적으로 수용된 대표적인 헌법이었다.[44] 인도네시아 1945년 헌법과 이후 살펴볼 유신헌법을 비교해 보면, 첫째, 대통령이 임명한 국민협의회가 대통령 선출권을 갖

---

40 박인수, 「한국헌법상의 프랑스 헌법의 영향」, 『세계헌법연구』 14-3(2008), 193쪽.
41 성낙인(2000), 앞의 글, 159쪽.
42 유신헌법 구상 시기 전후에는 동남아시아의 많은 국가에서 권위주의 정권이 부상했다. 예컨대, 1970년 캄보디아 쿠데타, 1971년 태국 친위 쿠데타, 1971년 남베트남의 사회 통제 강화, 1971년 인도네시아 수하르트 권력 기반 강화, 1972년 필리핀 마르코스의 친위 쿠데타 등을 들 수 있다.
43 김정렴(1997), 앞의 책, 164쪽.
44 국민주권의 원리를 채택하나 주권은 대의기구인 국민협의회에 의해서만 행사될 수 있도록 제한했다. 국민협의회는 총선거로 선출되는 국민회의 의원과 각 지역대표회의 의원, 그리고 대통령이 임명하는 대표 등으로 구성되며, 입법권, 긴급명령승인권, 예산안 심의의결권, 그리고 정·부통령 선출권 등을 갖는다. 인도네시아 대통령은 구성원의 상당수를 자신이 임명한 국민협의회에 의해 선출했다. 대통령은 임기 중 어느 기관에 대해서도 탄핵 등 책임을 지지 않고, 입법권을 국민협의회와 나누어 가졌으며, 법률안거부권을 행사할 수 있었다. 또한 대통령은 국민협의회의 동의를 얻기는 하지만 법률제정권 및 명령권, 비상사태선포권 등을 가졌다. 변해철, 「인도네시아 헌법 개관」, 『아시아법제연구』 2(2004), 5-6쪽.

는다는 점에서 유신헌법이 규정한 통일주체국민회의와 매우 유사했다. 둘째, 유신헌법에서 대통령을 선거하는 통일주체국민회의 대의원을 선출하는 사항을 법률로 정한다는 규정, 국회의원의 3분의 1을 대통령의 추천을 받아 통일주체국민회의에서 선출하는 규정도 유사했다. 셋째, 대통령이 국회해산권, 긴급조치권 등의 권한을 갖는 점도 유사했다.

요컨대 박정희는 드골헌법과 인도네시아 1945년 헌법에 착안해 유신법을 구상했다. 본격적인 추진은 이후락 중앙정보부장 건의에 의해 1971년 12월 말부터 시작되었다. 김종필은 그가 "머리 회전이 빨랐던 독특한 책사형 인물"로서 "유신의 기본계획을 만들고 실무 책임을 맡았다"라고 기술했다.[45] 이후락은 1969년 3선 개헌안이 확정된 직후인 10월에 일본으로 떠났다. 1969년 당시 공화당 내에서 3선 개헌 찬성의 선행조건으로 이후락, 김형욱의 퇴진을 요구한 바 있었다. 이 때문에 1969년 10월 17일 국민투표가 끝난 직후, 박정희 대통령은 전격적으로 이후락 비서실장을 주일대사에 임명했다.[46] 그러나 그는 1970년 12월에 다시 중앙정보부장에 복귀하여 박정희 대통령의 의지에 따른 강력한 통치체제를 구축하고자 유신헌법을 준비했다.

유신헌법의 제2단계 작업(1972.5~10.)은 중앙정보부와 법무부 실무자, 법학자 들에 의해 수행되었다. 이 과정은 철저하게 비밀리 진행되어 실제 관여했던 몇 사람 이외에는 알지 못했다. 경호실장 박종규조차 소외될 정도였다. 그는 "각하가 정말 나한테 이러실 수 있을까. 그리고 HR(이후락) 그 친구하고 김 실장(김정렴)도 말이야. 아무리 비밀이라지만 나한테까지 감출 수 있"냐고 항의했다.[47] 유신헌법은 소수의 실무자

---

45 김종필(2016), 앞의 책, 90쪽, 394쪽.
46 이만섭, 『전 국회의장 이만섭 회고록: 나의 정치인생 반세기』(문학사상사, 2004), 204-205쪽, 208쪽.

중심으로 고도의 보안을 유지하며 작성되었다. 그런데 여러 증언을 대조해보면 유신헌법안 기초 작업은 대체로 1972년 5월경부터 이루어졌다. 김종필의 회고대로 "유신의 기본계획을 만들고, 실무 책임을 맡은 건 이후락"이었다.[48] 특히 『동아일보』 김충식 기자는 관련자 발언을 토대로 비교적 상세히 그 과정을 밝혔다(『동아일보』 1991.9.13.). 감나무 잎이 필 무렵, 코드네임은 풍년사업으로 이른바 유신의 토대를 구축하기 시작했다. 이후락은 김일성을 만나고 돌아와 박정희 대통령에게 유신헌법을 건의했다. 북한과 싸워 이기려면 그에 맞설 체제가 필요하다는 논리였다. 박정희 대통령의 영구집권 의지에 명분을 더해준 것이다.

중앙정보부 실무팀은 우선, 각국의 헌법 자료를 참조하여 1인 체제에서 정치, 경제, 사회 등 여러 분야가 어떻게 운용될 것인지를 검토했다. 실제 중앙정보부팀은 "프랑스의 드골헌법, 스페인의 프랑코 총통제와 대만의 장개석 총통제를 직접 현지에 가서 연구"했다.[49] 또한 이들은 기존 헌법을 폐기하고 국회를 해산하기 위한 사전 조치, 그리고 이에 대한 반발을 무마하고 국민투표에 부치기 위한 홍보 작업 등을 계획했다. 이는 유신의 마스터플랜을 세우는 작업이었다. 중앙정보부가 마련한 기획안은 거의 매주 박정희 대통령, 이후락 중정부장, 김정렴 비서실장이 참여한 3인 회의에 전달되어 논의되었다.[50] 가끔 대통령 수석비서관 홍성철, 유혁인, 김성진도 참여했다.[51] 수정안은 다시 중앙정보부 팀이 손

---

47 김진, 『청와대 비서실 1』(동아일보사, 1992), 208-209쪽.
48 김종필(2016), 앞의 책, 390쪽.
49 이만섭(2004), 앞의 책, 215쪽.
50 당시 대통령 비서실장이었던 김정렴은 "유신헌법안의 기초 작업은 중앙정보부가 주도했으며, 최종 조문 작업은 대통령비서실의 참여하에 법무부가 담당했다"라고 짧게 기술했다. 김정렴(1977), 앞의 책, 167쪽.
51 김성진 공보수석은 특별 선언의 초안과 헌법 개정안 골자를 접한 것은 1972년 8월경이었다고 회고했다. 그는 회고록에서 "헌법 개정안과 국회의원 선거법 개정안의 골자"를

표 1 　유신헌법안 작성 과정 개요

기간	1971.4~12.	1972.5~8.	1972.8~10.	1972.10~11.
단계	1단계	2단계		3단계
주체	청와대, 중앙정보부	중앙정보부, 청와대	법무부, 법학자	비상국무회의
참여자	박정희, 이후락	박정희, 이후락, 김정렴, 홍성철, 유혁인, 김성진, 김치열 등	신직수, 김기춘, 한태연, 갈봉근 등	대통령, 국무총리, 국무위원 등
내용	헌법안의 핵심 골자 결정 및 마스터플랜 기획	헌법 핵심 골자 및 마스터플랜 기획 및 수정	헌법안 조문화 작업, 자구 수정, 법령 정비, 이론적 근거 제시	유신 선언, 유신헌법 의결, 비상국무회의법, 국민투표법 확정

질해 청와대에 제출되었다. 이후 1972년 8월경 중앙정보부 팀이 주도한 마스터플랜이 마무리되면서 신직수 법무부 장관과 김치열 중정차장 등이 헌법 골격을 구체적으로 짜기 시작했다. 실무 작업은 김기춘 검사가 담당했다.[52] 법무부 법률가 팀은 유신헌법과 더불어 새 법령 및 포고령도 준비했다. 학계에서는 한태연·갈봉근 교수가 참여했다. 그리고 마침내 "감나무 열매들이 붉어갈 무렵" 유신헌법 준비가 마무리되었다. 이상 유신헌법안의 작성 과정을 정리하면 〈표 1〉과 같다.

접하고 "커다란 충격이 아닐 수 없었"고 "자유를 침해하는 정치 행위에 직접 관여하게 되었다는 현실이 믿어지지 않았다" 하고 토로했다. 김성진, 『한국정치 100년을 말한다』(동아출판사, 1999), 348-349쪽.

52 　이 가운데 신직수, 김기춘 등의 법무부의 역할과 한태연, 갈봉근 등 법학자들의 관여와 관련해서는 서희경, 『한국헌정사, 1948~1987』(도서출판 포럼, 2020), 848-855쪽을 참조.

3) 유신헌법 제3단계 작업(1972.10~11.)과 국민투표, 헌법안의 특징

　유신헌법의 제3단계 작업은 1972년 10월 17일 특별 선언이 발표되고, 유신헌법안이 비상국무회의에 상정·의결되어, 11월 21일 국민투표로 확정되는 과정을 말한다. 1972년 10월 23일 오전, 박정희 대통령은 첫 비상국무회의를 주재했다. 이날 비상국무회의에서 비상국무회의법, 국민투표에 관한 특례법 시행, 동 시행령, 선거관리위원회에 관한 특별법, 동 시행령 등 5건의 법률 및 대통령령을 의결했다. 통과된 국민투표에 관한 특례법은 개헌안에 관한 국민투표에 대해 찬반 운동을 금지하고, 정당 참관인 제도를 폐지하며, 그 대신 학식과 덕망이 있는 이로 하여금 투표 및 개표 상황을 참관토록 했다. 또한 선거관리위원회 특례법안은 정당에서 추천한 각급 선거관리위원회의 위원을 없애고, 그 대신 법관, 교육자 또는 학식 있는 이 중 상급선거관리위원회가 위촉토록 했다(『동아일보』 1972.10.23.).

　이후 1972년 10월 27일 오전에 열린 제3회 비상국무회의에서 전문과 12장 126조, 부칙 11조로 된 유신헌법안을 의결한 후 비상국무회의 이름으로 공고했다. 유신헌법안 공고문에는 비상국무회의 의장인 박정희 대통령이 서명하고 부의장인 김종필 총리와 전 국무위원이 부서했다.[53] 유신헌법 개정안의 제안 이유서는 다음과 같다.

　우리들을 둘러싼 주변 정세는 우리에게 많은 도전과 시련을 안겨주고 있다. […] 1. 조국의 평화적 통일이라는 역사적 사명 완수를 지향했으며, 2. 민주주의의 한국적 토착화를 기했고, 3. 국력을 조직화하고 능률을 극대화할 수 있도

---

[53] 총무처 의정국의사과, 「제3회 비상국무회의회의록」(1972.10.27.), 3쪽.

록 통치 기구와 관계 제도를 개혁했고, […] 6. 민족의 활로를 개척함으로써 […] 항구적 세계평화에 이바지할 것을 다짐했다.⁵⁴

유신헌법의 진정한 목표는 사실 2항뿐이다. 나머지는 부수적이거나 장식적인 것이다. 그리고 '민주주의의 한국적 토착화'는 구체적으로 박정희 대통령의 영구집권과 1인 통치체제를 뜻한다. 그런 의미에서 민주주의의 토착화란 민주주의의 '종언'이다. 주지하듯이 유신헌법은 첫째, 대통령을 종래의 직선제 대신 통일주체국민회의의 간선에 의해 선출하기로 규정했다. 둘째, 대통령 임기를 종래 4년에서 6년으로 연장하고, 중임 제한을 철폐했다. 셋째, 통일주체국민회의는 직선으로 선출되는 2,359명의 대의원으로 구성되었는데, 이들은 대통령 선출권 외에도 대통령이 추천하는 재적 3분의 1의 국회의원 선거권(인준권)도 갖게 되었다. 이는 사실상 대통령이 국회의원 3분의 1의 지명권을 갖는 것을 의미했다.⁵⁵ 넷째, 지역구 출신의 국회의원 임기는 6년으로 연장되었다. 통일주체국민회의에서 대통령의 추천에 의해 선출되는 재적 3분의 1의 국회의원 임기는 3년이었다. 다섯째, 종래 1구 1인의 소선거구제인 국회의원 선거제도는 몇 개 선거구가 합쳐진 중선거구제에서 1구 2인을 뽑는 제도로 바뀌었다. 이로써 종전의 비례대표제는 폐지되었다. 이 제도하에서는 여야의 공천만 받으면 지역구에서 동반 당선이 가능했고, 또한 대통령 추천에 의해 유정회 의원이 될 수 있었다. 여당에는 다수 의석

---

54 총무처 의정국의사과, 「제3회 비상국무회의회의록」(1972.10.27.), 6-7쪽.
55 그러나 실제로 대통령은 국회의원 총수의 3분의 2에 해당하는 의원들을 임명할 수 있었다. 제4공화국의 국회의원 선거구제는 종래의 소선거구제에서 1구에서 2인을 선출하는 중선거구로 변경했다. 1구 2인제 중선거구 선거에서는 집권 여당의 공천을 받으면 당선될 확률이 100%에 가까웠기 때문에 총재인 박정희 대통령의 국회의원 후보공천권은 국회의원 임명권이나 마찬가지 의미를 가졌다.

을 안정적으로 확보할 수 있는 제도였고, 정치 신인에 비해 자금과 조직이 상대적으로 우세한 야당의 현역, 중진 의원에게도 유리한 제도였다.

1972년 11월 21일, 계엄령하에서 개헌안에 대한 국민투표를 실시한 결과, 92.9% 투표율에 91.5% 찬성으로 확정되었다. 1962년 헌법 개정 때에는 국민투표 직전에 계엄령을 해제했다. 1969년 3선 개헌 때에는 계엄령을 발동하지 않았다. 유신헌법안은 투표자 총수의 90% 이상의 압도적인 찬성을 얻었다. 다음 날, 이러한 국민투표의 결과가 공표되었을 때 미국대사관은 "우리는 투표 결과를 개헌에 대한 찬반 의견의 반영보다는 일종의 순응 훈련(an exercise in conformity)으로 보고 있다"라고 국무부에 보고했다.[56] 당시 문공부 방송관리국의 통계에 따르면, 10월 17일부터 11월 21일까지 35일간 유신헌법 홍보 방송은 단독해설 218회, 좌담 398회, 특별프로그램 58회 등이었다. 이들 방송은 유신헌법안 자체에 대한 논의를 위한 프로그램이 아니라 국민의 개헌 찬성을 유도하는 기제였다.[57]

유신헌법 직후 상황과 관련하여 윤보선 전 대통령은 "비상계엄령이 선포되고 언론은 사전검열이라는 해괴한 절차를 거쳐야 했기 때문에 유신헌법에 대해서는 국민에게 비평의 기회가 주어지 않았"고, "국회 기능도 마비된 상태여서 박 정권이 자기들 마음대로 개정한 헌법에 대해 누구 하나 이의를 제기할 수도 없었다"라고 기술했다.[58] 당시 국민투표장 상황에 대해 보안사 대령이었던 백동림은 다음과 같이 기술했다.

---

56 The United States Department of State, *FRUS, 1969~1976*, Vol. XIX, United States Government Printing Office, p. 430.
57 김민환, 『한국언론사』(사회비평사, 1996), 546쪽. 이러한 유신헌법 홍보 방송 등에 의해 많은 국민들은 "박 정권의 강력한 정치적 통제로 인한 두려움 내지 급격한 국내외 정세 변화로 인한 위기의식에서 찬성표를 던"졌다. 김용호(2020), 앞의 책, 217쪽.
58 윤보선, 『(윤보선회고록)외로운 선택의 나날』(동아일보사, 1991), 364쪽.

투표장에서 나는 상상할 수 없는 일을 목격했다. 공무원들이 줄을 서서 투표하고 있는 장면이었다. 투표하는 사람들은 투표함 앞에 앉아 있는 참관인에게 투표한 부분이 보이도록 투표용지를 접어 투표함에 투입하고 있었다. 즉 자기는 찬성으로 기표했노라 하고 고지하는 투표였다. 이 장면을 목격한 나는 그대로 간과할 수 없었다. 즉각 참관인 대표자를 불러 따졌다. "지금 공개투표를 하고 있습니까? 비밀투표를 하고 있습니까?" "······." 국민학교 교장인 그 참관인은 대답을 하지 못했다. [···] 그 당시 행정기관을 비롯하여 많은 곳에서 과잉 충성으로 부당하고 불법적인 행위가 이루어지고 있는 실정이었다.[59]

선거관리위원회 구성과 투표 참관에 대한 공정성을 확보할 아무런 장치도 없이 국민투표가 진행되었다. 비상국무회의는 정당인의 투표 참관을 배제하고 선관위가 선정하는 '학식과 덕망이 있는 인물', 즉 국민학교 교장을 참관인으로 참여하도록 했다. 이처럼 국민투표제는 집권자의 권력 강화에 악용될 수 있었다. 국민투표가 민주주의를 강화하는 것이 아니라 오히려 파괴하는 제도가 될 수 있는 것이다. 현대 민주주의에서 국민투표를 엄격하게 제한하는 이유이다.

이후 12월 23일, 통일주체국민회의는 제8대 대통령으로 박정희 후보를 찬성률 99.9%로 선출했다. 유신헌법 의결에서 대통령 취임까지는 60일도 걸리지 않았다(『동아일보』 1972.12.22.). 곽상훈 대의원은 박정희 대통령을 후보로 추천한 이유로서 "대통령이 5·16 혁명 이후 대통령 취임 이래 국가 민족을 위한 업적이 많았고, 그중에서 1~3차 경제

---

59 백동림, 『멍청한 군상들: 전 보안사 베테랑 수사관의 자전적 수사 실화』(도서출판 답게, 1995), 68쪽.

개발5개년계획을 세워 국민생활의 진전을 가져왔고, 국제적으로 한국의 위상을 상당히 끌어올렸다"라고 밝혔다(『동아일보』 1972.12.22.).

찬성률 99.9%란 희극적인 동시에 비극적이다. 그것은 1948년 이후 어렵게 지켜온 민주주의를 위한 필수 요건이 붕괴되었음을 의미한다. 1인 지배의 독재체제로 가는 서막이었다. 6년 후인 1978년 7월 6일, 박정희는 통일주체국민회의에 의해 다시 제9대 대통령으로 선출되었다. 박정희의 5번째 임기였다. 박정희 대통령은 통일주체국민회의 개회사에서 "10월 유신의 이념을 반영한 헌법안은 전체 국민의 열렬한 지지 속에 채택되었으며, 조국의 평화통일은 이제 우리 스스로의 힘으로 주체성을 갖고 추진해나가야 할 우리의 국시요, 헌정의 지표로 확립되었다"라고 밝혔다(『동아일보』 1972.12.23.).

유신 헌법은 제4공화국의 이념을 명시하면서 대통령의 지위를 '헌법상의 영도자로서의 최고 책임자'로 규정했다. 종래 제3공화국 헌법에서 대통령은 행정권의 수반이자 외국에 대한 국가의 대표 자격을 가졌다. 그런데 제4공화국의 대통령은 행정권의 수반인 동시에 입법, 사법의 위에 서서 국가긴급권 등 국가적 차원의 권력을 행사할 수 있는 명실상부한 '영도자(Führer, 총통)'이다.[60] 영도자란 국가가 곧 영도자이고 영도자가 곧 국가라는 개념, 즉 국가와 지도자의 일체화, 국가의 사인화(私人化, privatization) 또는 인격화(personalization)를 의미한다. 즉, 국가는 없고, 국가와 일체화된 영도자만이 존재하는 것이다.

영도자로서의 대통령의 권한을 보면, 첫째, 대통령은 통일주체 세력

---

60 1934년 바이마르공화국의 힌덴부르크(Paul von Hindenburg) 대통령이 사망하자, 총리 히틀러(Adolf Hitler)는 총리와 대통령을 겸하는 퓌러(Führer, 총통)를 제안했다. 1934년 8월 19일, 총통직 신설에 대한 국민투표가 실시되었다. 국민의 압도적 지지 속에서 퓌러에 취임한 히틀러는 중앙은행 총재와 경제부장관을 겸직했다.

의 구심점으로서 조국통일에 관해 국민의 주권적 수임 기구인 통일주체국민회의의 의장으로서 통일에 관한 중요 정책을 결정하거나 변경함에 있어 국론 통일을 위해 필요하다고 인정할 때는 이를 국민회의 심의에 부칠 수 있다. 둘째, 대통령은 국회의원 정수의 3분의 1에 해당하는 국회의원 후보자의 일괄 추천권을 갖는다. 셋째, 대통령은 예방적 국가긴급권과 국가적 중요 정책의 국민투표 회부권, 국회해산권, 정부조직권, 대법원장 임명권과 법관 임명권 등 입법, 사법, 행정 영역에 걸친 막중한 임무와 권한이 있었다.

그런데 이러한 대통령의 무제한의 권한 행사를 위해 유신헌법은 국회, 정당 등 대통령의 권력을 제한하는 기관이나 조직의 권한을 최대한으로 약화시켰다. 특히 입후보 정당공천제의 폐지, 국회의 회기 단축(제82조), 국회가 가진 유효한 행정부 견제 수단인 국정감사권 폐지, 국무총리·국무위원의 국회출석 답변요구권의 제한(제96조), 국회의원 선거의 정당비례대표제 폐지와 대통령의 통일주체국민회의에서의 국회의원 선거를 위한 추천제(제40조 2항) 등이 그것이다.

유신체제에서는 야당이 국회 내 다수 의석을 차지할 수 없었고, 야당 출신이 대통령이 될 수도 없었다. 야당이 획득할 수 있는 최대 의석은 국회의원 총수의 3분의 1이었는데, 이는 정치적으로 무의미한 것이었다. 따라서 야당이 정당으로서의 존재 이유를 회복하기 위해서는 유신헌법을 폐지하고 민주 헌법으로의 개정이 반드시 필요했다. 요컨대 유신헌법의 핵심 특징은 국민의 기본권 침해, 삼권분립 부정, 대통령의 장기집권화 등으로 요약된다. 대한민국 헌법 제1조 "대한민국은 민주공화국이다"라는 규정을 허구로 만든 것이다. 민주공화정의 견제와 균형의 원리를 파괴했기 때문이다.

4. 유신헌법 반대운동과 긴급조치

1972년 유신체제의 목적은 의회 정치의 공간을 축소하고 일사불란한 관리형 정치체제를 구축하는 것이었다. 이러한 정치적 억압은 오히려 비제도권 영역의 정치참여를 확산시켰다. 그런 점에서 유신체제의 등장은 역설적으로 저항하는 정치세력들에게 민주적 가치를 내면화하고 도덕적 정당성을 획득하게 했다. 아래에서는 유신헌법 반대운동을 살펴보기로 한다.

1) 유신헌법 반대운동: 민주 회복과 개헌 청원

저항은 먼저 대학에서 시작되었다. 1970년 초반 대학생들의 의식화 수단은 대개 학내 지하신문과 유인물 등이었다.[61] 여기서 다룬 주제는 민주화와 노동문제였다.[62] 공개적인 유신 반대운동의 시작은 1973년 10월 2일, 서울대학교 문리대 학생 그룹이 주도한 시위에서 촉발되었다.[63] 이들은 선언문에서 "박정희 정권의 정보·파쇼통치가 자유민주주의의 신념을 철저히 말살하고 입법부의 시녀와 사법부의 계열화를 가져왔으며, 학원과 언론에 탄압을 가해 영구집권을 기도하고 있다"라고

---

61 유신 선포 직후, 전남대학교 학생들은 『함성』과 『고발』이라는 유인물을 제작한 바 있었다. 1973년 3월 12일에는 고려대학교 학생을 중심으로 조직된 NH회가 『민우』 등의 지하신문을 발행하여 활동했다. 민주화운동기념사업회(2012), 앞의 책, 94-95쪽.
62 1970년 11월, 노동자는 기계가 아니라고 외치며 분신한 전태일의 죽음이 결정적 영향을 미쳤다.
63 한국기독교교회협의회 추산에 따르면, 1973년 11월과 12월 중, 전국 대학의 시위 참가 인원은 약 2만 6,000여 명이었다. 이들은 외부 압력에 의한 휴교 조치 반대, 구속 학생 석방, 비상사태 해제, 학원 사찰 중지, 자유 민주주의 확립과 언론 자유 등을 외쳤다. 민주화운동기념사업회(2012), 앞의 책, 113쪽.

주장했다.[64] 그 핵심 내용은 박정희 정권의 민주주의 침해, 삼권분립 위협, 영구집권 비판 등이었다. 10월 5일 시위에서는 "자유민주주의의 확립은 우리의 살길이며 지상과제"라고 선언했다.[65]

12월 24일, 학생들의 시위에 고무된 함석헌, 천관우, 장준하, 김동길, 계훈제, 백기완 등 재야인사 30여 명은 '개헌청원운동본부'를 발족하고 유신헌법 개헌 청원을 위한 백만인 서명운동을 시작했다.[66] 이들은 개헌 청원 운동 취지문에서 "오늘의 모든 사태는 궁극적으로 민주주의를 완전히 회복하는 문제로 귀착"된다고 주장했다. 그리고 "국민의 청원권은 천부의 권리이며, 개헌 요구는 선동이 아닌 합법적인 권리이자 의무"임을 밝혔다. 이로써 1970년대의 정치적 저항을 상징하는 "민주 회복"의 기치(slogan)가 선언된 것이다. 이후 1987년까지 '민주 헌법으로의 회복'이 한국 헌정의 제1과제가 되었다.

그런데 유신헌법은 두 가지의 헌법 개정 절차를 규정해놓고 있었다. 대통령 발의로 제안된 헌법 개정안은 국민투표로 확정되도록 했다(제124조 1항과 2항). 반면, 국회의원 재적 과반수의 발의로 제안된 헌법개정안은 국회의 의결을 거쳐 통일주체국민회의의 의결로 확정되도록 했다(제124조 2항). 전자는 대통령의 의사와 관련된 것이 문제였고, 후자는 국회 심의 확정이나 통일주체국민회의의 의결로 확정된다는 것이 문제였다. 이러한 경직되고 모순적인 개헌 방식은 1979~1980년 개헌 시기에 크게 문제가 되었지만, 아직 1973년에는 이슈화되지 않았다. 일단, 헌법개정청원운동본부의 장준하는 "개정의 발의권이 사실상 대

---

64 한국기독교교회협의회 인권위원회편, 『1970년대 민주화운동 1』(한국기독교교회협의회, 1987), 274-276쪽.
65 한국기독교사회문제연구원, 『1970년 민주화운동과 기독교』(한국기독교사회문제연구원, 1982), 259쪽.
66 한승헌, 『불행한 조국의 임상노트: 정치재판의 현장』(일요신문사, 1997), 198쪽.

통령에게만 속해 있는 상황에서 대통령에게 자유화에 대한 요구를 하는 것"이라고 지적했다(『동아일보』 1974. 1. 5.).

김종필 국무총리는 12월 26일, 개헌 청원 운동이 "국가 안전이 허락할 수 있는 자유의 한계를 벗어난 행위"라고 주장했다. 그는 "유신체제를 굳히기 위해 국민들에게 과도하게 괴로움을 주었던 점도 없지 않"았지만, "자기 분수를 넘는 월선 행위를 할 때 나라는 어지러워"지므로 "국민이 총단결할 필요가 있다"라고 표명하고, 개헌 청원 운동의 즉각적인 중단을 요구했다(『동아일보』 1973. 12. 27.). 이어서 12월 29일, 박정희 대통령은 "유신체제는 불가피한 체제"라는 담화를 발표했다.[67] 그는 개헌 서명운동이 "유신체제를 뒤엎고 사회 혼란을 조성하려는 불순한 움직임"이라고 규정하고, 서명 중지를 요구했다(『동아일보』 1973. 12. 29.). 이와 같은 대통령과 총리의 담화 발표에도 불구하고, 여러 갈래로 퍼져 있던 반유신 운동은 개헌 청원 서명운동을 구심점으로 하여 힘이 모아졌으며, 정치조직과 학생들을 중심으로 확산되기 시작했다.

1973년 12월 31일, 윤보선, 유진오, 이인 등 각계의 지도급 인사 15인은 '시국간담회' 모임을 구성하여 박정희 대통령에게 건의서를 제시했다. 이들은 이 건의서에서 정상적인 민주주의 체제로의 회복에 필요한 최소한의 요건으로 "첫째, 국민의 기본권을 철저히 보장할 것, 둘째, 삼권분립의 체제를 재확립할 것, 셋째, 공명선거에 의한 평화적 정권교체의 길을 열 것"을 주장했다.[68] 이러한 방식은 정부와 재야 간 물리적 대립이 아닌 협의를 위한 대화가 진행될 수 있는 유일한 희망이었다. 그러나 박정희 대통령의 태도는 냉담했다.

---

[67] 대통령비서실, 「백만 개헌청원 서명운동에 대한 담화문」, 『박정희대통령연설문집』 제10집(1973).
[68] 윤보선(1991), 앞의 책, 369쪽.

1974년 1월 7일에는 이희승 등 61명의 문인들이 개헌 청원 지지 성명을 내었다. 이들은 양심의 자유와 표현의 자유를 포함한 국민의 기본적 인권이 보장되어야 하고, 헌법 개정 청원은 국민의 당연한 권리이며, 이 권리를 포기하지 않을 것이라는 내용의 결의를 밝혔다(『동아일보』 1974.1.7.). 1월 8일에는 서명자가 30만 명에 달하게 되었다. 이것은 유신헌법을 철폐하고 국민의 기본적 인권의 실현과 민주적 제도를 보장하는 것이 당면한 과제였음을 보여주는 것이었다.

2) 긴급조치와 민주구국선언: '총화' 대 '민주'의 대립

정부는 1974년 1월 8일, 대통령 긴급조치 제1·2호를 선포했다. 개헌 청원 운동에 강경 대응을 천명한 것이다. 이후 1975년 5월 선포된 긴급조치 제9호가 1979년 12월 8일 해제될 때까지 약 4년 7개월간 존속되었다. 이러한 대응은 1958년 자유당이 국가보안법과 지방자치법 등의 개정을 통해 언론과 사회 전체, 그리고 행정기구를 장악하려는 조치와 유사했지만 보다 구체적이고 강압적이었다.[69] 긴급조치 제1호는 1조에 "대한민국 헌법을 부정, 반대, 왜곡 또는 비방하는 일체의 행위를 금한다"라고 규정했다(『경향신문』 1974.1.9.). 헌법 개정이나 폐지를 주장하거나 발의, 청원하는 것도 금지했다. 방송, 보도, 출판 등의 방법

---

[69] 1958년 국가보안법 개정안의 핵심이자 가장 논란이 된 것은 제17조 5항의 '인심 혹란죄'였다. 일명 언론 조항으로 그 내용은 "허위인 줄 알면서 적시 또는 유포하거나 사실을 고의로 왜곡하여 적시 또는 유포함으로써 인심을 혹란케 하여 적을 이롭게 한 자는 5년 이하의 징역에 처한다"라는 것이다. 이 조항의 취지는 "반드시 정당한 비판이라고 해석될 수 없는 언론의 폭력"을 규제하기 위한 것이라고 설명되었다. 하지만 이는 구성요건이 모호하고, 수사기관의 자의적 해석의 우려가 있는 것이었다. 서희경(2020), 앞의 책, 324쪽.

으로 이를 알리는 것도 금지했다. 긴급조치를 비판하는 것도 유죄였다. 이를 어길 경우 영장 없이 체포 구속하며, 비상군법회의에서 최고 15년의 징역까지 처할 수 있도록 했다. 긴급조치 제2호는 비상군법회의를 설치하고, 중앙정보부장이 사건의 정보, 조사, 보안 업무를 조정, 감독하도록 규정했다. 군대와 정보기관에 사법부의 권한을 부여한 것이다. 유신체제에 대한 비판을 원천 봉쇄하기 위한 초법적 조치였다.

긴급조치 선포는 박정희 대통령 등 유신헌법 작성자들이 "미리 계산한 작전"에 의해 행해진 것이었다.[70] 유신헌법의 긴급조치 조항이 이를 입증한다. 1969년 헌법 제73조는 "중대한 재정·경제상의 위기"와 "국가의 위기에 관계되는 중대한 교전상태에 있어 국가를 보위하기 위하여 긴급한 조치가 필요하고, 국회의 집회가 불가능한 때에 한하여, 대통령은 법률의 효력을 가지는 명령"을 발할 수 있도록 했다. 그런데 유신헌법 제53조는 이를 변경하여 "신속한 조치를 할 필요가 있다고 판단할 때에는 내정·외교·국방·경제·재정·사법 등 국정전반에 걸쳐 필요한 긴급조치를 할 수 있"고, 심지어 "필요하다고 인정할 때에는 이 헌법에 규정되어 있는 국민의 자유와 권리를 잠정적으로 정지하는 긴급조치를 할 수 있다"라고 규정했다. 1948년 이래 헌법에 규정된 대통령의 긴급명령권은 안보와 경제 문제 등 국가적 위기가 발생했을 때 발동하는 것이었다. 헌법에 보장된 국민의 기본권(개헌 청원권)을 봉쇄하기 위해서 긴급조치를 발동한다는 것은 정상적인 국가 운영이라고 볼 수 없었다. 더욱이 긴급조치 제1호는 유신헌법에도 어긋났다.[71] 긴급조치 제1호 위반으로 처음 구속된 인사는 장준하와 백기완이었다. 구속 이유는 헌법

---

70 윤보선(1991), 앞의 책, 371쪽.
71 유신헌법 제8조 국민의 기본권 규정, 유신헌법 제23조 1항 문서 청원권, 유신헌법 제53조 제5항 긴급조치 해제 관련 조항에 어긋났다.

개정 서명운동을 벌이면서 유신헌법과 긴급조치를 비방했다는 것이다. 1월 25일, 이들이 비상군법회의에 기소된 지 불과 6일 만인 1월 31일 첫 공판이 열렸고, 다음 날인 2월 1일에 각 15년 징역이 전격적으로 선고되었다. 한승헌은 "이런 형량은 검찰관의 구형과 일치되는 '정찰제 판결'로서, 그 후의 여러 사건에서도 이런 '정찰제'는 많이 활용되었다"라고 기술했다.[72]

1974년 신학기 시작과 더불어 대학에서 일제히 반유신 시위가 시작되었다. 4월 3일, 학생들은 '전국민주청년학생총연맹', 이른바 '민청학련'이라는 조직체의 명의로 '민중·민족·민주 선언'이라는 유인물을 발표했다.[73] 이 유인물에서 학생들은 "구속된 모든 인사의 석방, 유신체제의 폐기, 진정한 민주주의체제의 확립, 중앙정보부 즉각 해체" 등을 요구했다. 이에 대응하여 4월 3일 밤 10시 정부는 긴급조치 제4호를 선포했다. 박정희 대통령은 특별 담화에서 "작금 우리 사회의 일각에서 공산주의자들이 상투적으로 전개하는 적화 통일을 위한 이른바 통일전선의 초기 단계적 불법 활동 양상이 대두되고 있음에 감하여 이 같은 불순 요인을 발본색원함으로써 국가의 안전보장을 공고히 다지고자 헌법 절차에 따라 긴급조치를 선포"한다고 밝혔다.[74] 하지만 긴급조치 제4호는 국가의 안전보장을 위한 것이 아니라 민주 회복을 촉구한 민청학련 관련자 처벌에 주안을 둔 조치였다. 이 조치에는 '정당한 이유 없는 학생

---

[72] 한승헌, 『불행한 조국의 임상노트: 정치재판의 현장』(일요신문사, 1997), 200쪽.
[73] 전국민주청년학생총연맹이란 명칭은 "어떤 경우에도 명칭을 사용하지 않기로 했"지만, 1974년 3월 27일, 이철, 김병곤, 정문화, 황인성 등이 유인물을 만들면서 "아무 이름도 없어서는 안 되겠기에 그냥 붙인 것"이었다. 이후 긴급조치 4호가 발동하면서 조직의 이름이 되었다. 민청학련운동계승사업회 편(2004), 앞의 책, 32쪽; 민주화운동기념사업회(2012), 앞의 책, 130쪽.
[74] 대통령비서실, 『박정희대통령연설문집』 제11집(1975), 128-129쪽.

의 결석이나 시험 거부 또는 집단적 행동에 대해서 징역 5년 이상 최고 사형'에 처할 수 있다고 규정했다. 또한 문교부 장관이 긴급조치 위반자가 소속된 학교를 폐교 처분까지 할 수 있도록 했다.

그런데 유신체제의 등장이 비제도권 영역의 정치참여의 확산을 가져온 것과 마찬가지로 긴급조치 제4호는 오히려 반유신 세력 진영의 단결과 확산에 기여했다.[75] 민청학련은 전국적인 반유신 시위를 일으키기 위해 각 대학의 운동 서클이 중심이 된 연대 조직이었다.[76] 하지만, 1974년 4월 25일, 신직수 중앙정보부장은 민청학련 사건 "배후에는 과거 공산계 불법단체인 인혁당 조직을 비롯해 재일 조총련계, 일본 공산당계, 국내 좌파혁신계 등이 복합적으로 관련되었다"라고 발표했다(『동아일보』 1974.4.26.). 이 내용은 4월 3일 박정희 대통령이 이미 민청학련 관계자들을 불순세력으로 규정하여 담화한 내용과 유사했다. 인혁당은 북쪽과 관계를 맺은 것은 아니었지만 실재 조직이었다.[77] 그러나 민청학련은 어떠한 외부의 지도나 영향을 받은 조직이 아니었다.[78] 유인태는 "정보부가 민청학련이 마치 배후 조종을 받아서 된 것처럼 근사하게 도표를 그리고, 그것을 단풍잎처럼 빨갛게 물들였지만 실제 배후란 있을 수 없었다"라고 회고했다.[79] 안병직 또한 "인혁당이 경북대 학생 여정남 씨를 넣어서 민청학련을 지도하려고 했"지만, "이미 학생운동의 수준이 그들의 지도를 받을 만큼 어리지 않았기 때문에 인혁당의 지도

---

75 민청학련 관계자들은 '민주화운동관련자명예회복및보상심의위원회'에서 '민주화운동 관련자'로 인정되었다.
76 민청학련운동계승사업회 편(2004), 앞의 책, 25-30쪽.
77 안병직 편, 『한국 민주주의의 기원과 미래: 보수가 이끌다』(시대정신, 2011), 156-157쪽.
78 민청학련운동계승사업회 편(2004), 앞의 책, 25쪽, 27쪽; 민주화운동기념사업회(2012), 앞의 책, 135쪽.
79 민청학련운동계승사업회 편(2004), 앞의 책, 29쪽.

가 먹혀들지 않았"다고 증언했다.[80]

민청학련 사건과 관련해서 유인태, 이철, 유근일 등 203명이 구속되었고 이중 54명(32명은 민청학련 사건, 22명은 인혁당 사건)이 1차로 기소되었다. 여기에는 윤보선 전 대통령, 김동길 교수, 박형규 목사, 지학순 주교도 포함되었다. 이들은 학생들의 반유신 시위에 동조하여 "합숙과 각종 자료 구입 비용"을 지불했다.[81] 기소된 관련자들은 징역 3년부터 사형까지 중형을 선고받았다. 그러나 오히려 이를 계기로 역사적·도덕적 정당성을 획득함으로써 큰 힘을 발휘하게 되었다. 법정 변론은 이 점을 잘 보여준다. 윤보선 전 대통령의 비상군사재판 최후진술을 보자.

> 내가 어떤 법에 의해서 징역 15년의 구형을 받았는지 모르겠으나 15년형뿐만 아니라 사형장에 끌려가는 한이 있어도 민주주의를 성취시켜야 하겠다는 결심은 변할 수가 없(다.) […] 오직 이 나라에 진정한 반공과 함께 인권이 존중되고 자유가 보장되는 참된 민주주의가 성취되길 바랄 뿐(이다.)[82]

김동길은 "한 시대의 지식인의 사명은 권력을 비판하는 데 있"으므로 "앞으로도 계속 권력을 비판하는 지식인의 소임을 다"할 것이라고 소신

---

[80] 안병직은 "제2차 인혁당 사건은 실체는 분명히 있었"지만, "한 일은 대단한 것이 없었는데도 그 사건으로 8명이 바로 사형되었"는데 "가혹한 처벌이 이루어진 이유는 반정부 학생운동으로 당시에 통치자가 노이로제에 걸려 있었기 때문"이라고 밝혔다. 안병직 편(2011), 앞의 책, 147쪽.
[81] 민청학련운동계승사업회 편(2004), 앞의 책, 30쪽.
[82] 윤보선(1991), 앞의 책, 382쪽. 군사재판부는 선고공판에서 윤보선에게 징역 3년에 집행유예 5년을 선고했다. 이후 그는 항소이유서에서 "학생 데모의 목적은 극도로 위축되어 있는 민주주의를 회복하는 데 있으며, 결코 내란을 일으키는 데 있는 것이 아니므로 전복을 한다는 의논도 한 일이 없고 계획도 한 일이 없다"라고 밝혔다. 윤보선(1991), 앞의 책, 386쪽.

을 밝혔다. 학생들의 변호를 맡았던 강신옥 변호사는 변론의 내용이 긴급조치 비방을 금지한 긴급조치 4호에 위배된다는 이유로 구속되었다. 강신옥 변호사는 "법은 정치의 시녀이며 권력의 시녀이다. 지금 검찰관이 애국학생을 내란죄, 국가보안법 위반, 반공법 위반 등으로 사형에서 무기를 구형하는 것은 사법살인 행위이다. 악법과 정당하지 않은 법에 대하여는 저항"할 것을 선언했다.[83] 유신헌법에 더하여 긴급조치에 이르자 결국 유신체제의 성격이 보다 명료해졌다. 긴급조치의 정국은 민주주의의 중단뿐만이 아니라 정치 자체의 소멸을 의미했다. 그러므로 긴급조치는 "유신헌법 수호의 방패이면서 동시에 그 파멸을 자초한 화약"이었다.[84]

이후 구속자 석방과 유신헌법 철폐를 외치는 재야 인사와 학생들의 반정부 시위는 계속되었다. 1974년 11월 27일, 함세웅·함석헌·김재준·강원용 등의 종교계, 이희승·안병무 등의 학계, 천관우·부완혁 등의 언론계, 윤보선, 백낙준·이인·유진오·정일형·김영삼 등의 정계 인사 71명이 '민주회복국민회의'를 조직했다. 이들은 민주회복국민선언대회에서 6개항을 선언하고 평화적 공동행동으로 자유와 민주주의를 쟁취할 것을 공표했다. 6개항은 다음과 같다. ①유신헌법은 민주헌법으로 대체되어야 한다.[85] ②공산주의와 같은 억압체제에서는 국민 저항이 확대된다. ③정부가 국가라는 사고방식은 민주주의에 역행한다. 반정부는 반국가가 아니다. 정치적 권리와 언론의 자유를 보장하라. ④정책

---

83 한국기독교교회협의회 인권위원회편(1987), 앞의 책, 361쪽.
84 한승헌(1997), 앞의 책, 199쪽.
85 학생들과 재야의 유신 반대 투쟁이 고조되던 1974년 10월 21일 신민당은 '헌법개정기초심의특별위원회 구성 결의안'을 국회에 제출했다(『동아일보』 1974.10.22.). 이후 11월 14일에는 대통령 직선, 3선 금지, 통일주체국민회의를 폐지한 개헌대강을 발표했다(『동아일보』 1974.11.14.).

을 전환하여 자유경제 토대를 구축하고 가난한 사람들의 생활과 복지를 보장함으로써 부패된 특권층만의 정부가 아닌 전 국민의 정부임을 입증하여야 한다. ⑤민주체제를 재건·확립하는 것만이 국제적 고립을 면하는 길이다. ⑥우리 공통의 의사를 국민의 이름으로 선언하여 범국민적 운동을 벌이고자 한다. 이후 민주 회복 투쟁과 유신헌법을 반대하는 재야와 학생들의 시위가 전국적으로 확산되었다. 그런 점에서 국민회의는 유신체제에 정면 도전하는 비제도권 운동 정치의 본격적 시작이었다.

이에 1975년 1월 22일, 박정희 대통령은 "국민이 유신헌법의 철폐를 원한다면 자신에 대한 불신임으로 간주하여 즉각 대통령직에서 물러나겠다"라는 특별 담화를 발표하고, 자신과 유신체제의 신임을 묻는 국민투표를 공고했다. 이는 헌법 개정을 위한 국민투표가 아닌 국가정책 국민투표로서 1954년 헌법(제7조 2항)에 도입된 이후 1975년 단 1회만 실시된 것이다. 재야세력과 야당은 찬반 토론의 길이 막힌 유신헌법 아래에서는 진정한 민의를 파악하지 못한다는 이유로 국민투표를 거부했다. 민주회복국민회의의 윤형중 신부는 "민주 회복과 헌법 개정을 요구하는 민주 세력의 소리를 침묵케 하려는 것이 이번 국민투표의 목적이라면 우리는 승복을 거부하지 않을 수 없으며 국민투표는 현재의 시국 수습에 아무런 도움이 되지 못한다"라고 주장했다. 1975년 2월 8일, 윤보선, 김영삼, 김대중 등은 국민투표일을 '국민투표 거부의 날'로 규정하고, 11개항의 국민투표 거부 행동강령을 발표했다. 그러나 국민투표는 1975년 2월 12일 고압적인 분위기 속에서 강행되었고, 유신체제와 박정희 대통령의 재신임이 확정되었다(『동아일보』 1975.2.14.). 1972년 11월 유신헌법에 대한 국민투표와 비교해 보면, 투표율은 91.9%에서 79.8%로 감소했고, 찬성 비율도 91.5%에서 73.1%로 감소했다. 투표와 개표 과정에서 명백한 부정 사례가 잇따라 드러난 상황에

서 나온 숫자였다.[86]

국민투표 후 학생들의 시위는 더욱 확산되었다. 정부는 국민투표가 끝난 3일 후인 2월 15일, 긴급조치 위반자 중에서 인혁당 사건 관련자와 반공법 위반자를 제외한 구속자 전원을 석방했다. 그런데 이들은 석방되자마자 '민주회복구속자협의회'를 결성하고 민주 회복을 위한 투쟁에 적극 참여할 것임을 성명했다. 그뿐만 아니라 석방된 구속 학생들은 고문에 의해 조서가 허위로 꾸며졌고, 범죄 사실이 조작되었다고 폭로했다.[87] 학생들은 "수사관들의 공갈과 고문에 선배들이 공산주의 폭동을 일으키도록 '지시'했다는 내용의 진술서를 강제로 쓰기도 했다"라고 했다.[88] 야당 국회의원들도 수사기관에 연행되어 참혹한 고문을 당한 사례를 폭로했다.[89] 이에 대응하여 정부는 1975년 4월 8일, 긴급조치 제7호를 선포하여 고려대학교에 휴교령을 내려 집회와 시위를 금지시키고 군대를 진주시켰다. 이어 5월 13일에는 긴급조치 제9호를 발동했다. 유신헌법에 대해 부정·반대·개폐를 주장하거나 이를 보도하는 행위를 금지하고, 위반자는 영장 없이 체포할 수 있다는 내용이었다(『동아일보』1975.5.13.). 이 긴급조치 제9호는 1974년 1월 8일 이래 발표된 긴급조치의 비민주성을 모두 포괄하고, 헌법 언급 자체를 중지시키는 긴급조치의 완결판이라고 볼 수 있다.[90] 이 조치로 인해 야당과 재야 단

---

[86] 1975년 2월 14일 공화당 지구당원 김진환과 능북초등학교 교사 허헌구는 지구당 간부와 교장으로부터 투표용지를 받아 대리투표를 했다고 폭로했다(『조선일보』1975.2.14.).
[87] 민청학련 관련자로 구속되었던 나병식(서울대 4학년)과 김정길(전남대 2학년) 등은 전기고문을 당했다고 폭로했다(『동아일보』1975.2.17.).
[88] 민청학련운동계승사업회 편(2004), 앞의 책, 38쪽.
[89] 2월 28일 조윤형, 최형우, 김상현 등 야당 의원 13명은 「고문정치의 종식을 위한 선언」을 발표했다. 이들은 1972년 10월 27일 이후 자신들이 보안사령부와 중앙정보부 등 수사기관에 끌려가서 물고문 등 온갖 고문을 당했다고 폭로했다(『동아일보』1975.2.28.).
[90] 긴급조치 제5호, 제6호, 제8호는 제1호(헌법 반대 행위 금지 등), 제2호(비상군법회의

체의 개헌 추진 활동이 일시 중지되었다.

하지만 다음 해인 1976년 3월 1일, 명동성당에서 윤보선, 김대중, 문익환, 함석헌, 정일형 등은 '3·1민주구국선언'을 거행했다. 이 사건은 1974년의 민청학련 사건 때와 달랐다. 우선, 전직 대통령, 야당 대통령 후보, 재야 원로 등은 유신체제와 긴급조치에 대한 시민불복종운동으로서 이에 주체적으로 참여했다. 이들은 선언문에서 "1919년 3월 1일 전 세계에 울려 퍼지던 민족의 함성, 자주독립을 부르짖던 그 아우성이 쟁쟁히 울려와서 이대로 앉아 있는 것은 구국선열들의 피를 땅에 묻어버리는 죄가 되는 것 같아 우리의 뜻을 모아 민주구국선언을 선포"한다고 그 취지를 밝혔다. 이들은 자신들의 선언 행위를 1919년 3·1운동의 정신을 계승한 것임을 천명했다. 그리고 민주주의는 대한민국의 "국시"이며, "정통성"이므로 "어떤 구실로도 민주주의가 위축되어서는 안 된다"라고 선언하고, 긴급조치 철폐, 의회정치 회복, 사법부 독립, 정권교체를 주장했다. 그런데 이들이 말하는 민주주의는 "어떤 특정한 제도"를 말하는 것이 아니었고, "사회를 형성하는 성원들의 뜻에 따라 최선의 제도를 창안하고 부단히 개선해나가면서 성원 전체의 권익과 행복을 도모하는 자세요, 신념"이었다. 그리고 이러한 민주주의를 실천하기 위해서는 "'국민을 위해서'보다는 '국민에게서'가 앞서야 한다"라고 주장했다. 그런데 '국민에게서'를 구체적으로 실현하기 위해서는 "국민들이 정신적, 신체적 위협을 받는 일 없이 자유로이 자신을 표현할 수 있는 자유가 보장되어야 한다"라는 것이다.[91]

명동 사건을 계기로 재야세력과 야당의 긴밀한 연대가 형성되기 시작

설치 등), 제3호(저소득층 조세 감면 등), 제4호(학원 데모 금지 등), 제7호(고려대학교 휴교령 등)의 해제를 위한 조치였다.
[91] 윤보선(1991), 앞의 책, 403쪽.

했다. 신민당은 정부의 탄압 조치를 정면으로 비판하고 정치범의 석방을 주장했다. 1976년 3월 16일, 제9대 국회 국정에 관한 보고(질의)에서 김수한 신민당 의원은 "긴급조치의 장기화"로 "국민의 기본권에 대한 염증과 반발을 조성시키고 있는 현실 속에 그것을 앞장서서 적극적으로 분출시키려 했던 것이 3·1사건의 성격"이라고 표명했다.[92] 한병채 신민당 의원은 "3·1사태는 정권적 차원에서가 아니고 국가적 차원에서 보아야 하고 현실적으로 긴급조치 9호하에서의 위법 사건으로만 볼 것이 아니라 조국의 백년대계를 걱정하는 애국적 측면"에서 신중히 다뤄야 한다고 표명했다.[93]

그러나 최규하 국무총리는 야당 의원의 이러한 주장에 대해 "소위 선언문이라는 것이 선동문"이며, "결과적으로 북괴에 대해서 남침야욕을 고무시켜서 국내외 정세를 오판케 할 수도 있는 그러한 사건"이라고 주장했다. 나아가서 그는 "반안보적인 이러한 사고방식 혹은 반총화적인 행동, 반유신적인 처사는 이것이 결과적으로 중대한 사태를 야기할 수 있는 문제"라고 주장했다.[94] 황산덕 법무부 장관은 "구국선언문을 낭독한 의도가 정부 전복을 하기 위한 선동"에 있고 "총화와 안정을 바라는 국민적 여망을 외면한 채 종교와 정치는 분리된다는 헌법의 기본 정신마저도 유린"한 사건이라고 강조했다.[95] 요컨대 정부는 명동 사건을 "일부 반정부인사들이 주동이 되어 종교행사를 악용하여 민중을 선동한 행위로서 사회 안녕질서를 파괴하는 중대한 사건"이라고 규정했다. 긴급조치와 민주구국선언의 세계관의 대립은 일말의 타협의 여지가 없이 극

---

92 대한민국 국회사무처, 「제95회국회회의록」 제4호(1976.3.16.), 12쪽.
93 대한민국 국회사무처, 「제95회국회회의록」 제5호(1976.3.17.), 1쪽.
94 대한민국 국회사무처, 「제95회국회회의록」 제5호(1976.3.17.), 26쪽.
95 대한민국 국회사무처, 「제95회국회회의록」 제5호(1976.3.17.), 31쪽.

단적 대결과 파국을 향해 달려가고 있었다.

　1976년 3월 26일 문익환, 김대중, 함세웅 등 11명이 긴급조치 9호 위반 혐의로 구속 기소되고, 윤보선, 정일형, 함석헌 등 7명은 불구속 기소되었다. 윤보선 전 대통령은 명동 사건 재판에서 "검사와 한국의 민주화, 유신체제에 관해 공방전을 벌"였다. 또한 그는 "피고인들도 법정에 선 죄인이 아니라 검사와 더불어 민주주의, 정치, 사상 문제를 토의하는 토론자와 같았다"라고 회고했다.[96] 3·1민주구국선언 사건의 대법원 판결일인 1977년 3월 22일, 재야의 원로급 인사들은 「민주구국헌장」을 발표하고, '민주구국헌장 서명운동 추진본부'를 한국기독교교회협의회(KNCC, The National Council of Churches in Korea, 약칭 교회협) 인권위원회에 설치하여 보다 지속적으로 반유신 운동을 전개했다. 민주구국헌장 발표를 계기로 반체제 민주화운동을 총괄하고 투쟁의 방향과 목표를 일원화하게 되었다. 요컨대 재야와 야당은 명동 사건을 계기로 범국민적으로 단합된 연합체를 형성하여 조직적인 반유신체제 활동을 전개할 수 있게 된 것이다.

5. 1978년 12·12총선과 유신체제 붕괴

　1978년 이후 2년간 유신체제의 뿌리를 흔드는 정치적 사건들이 연속적으로 발생했다. 1973년 이래 계속된 민주화 투쟁은 박정희 정권의 경직성과 악순환을 불러왔고, 결국 유신의 파국을 재촉하는 결정적 요인이 되었다. 유신체제를 지탱해준 힘은 공포와 물리력, 그리고 '국력의

---

[96] 윤보선(1991), 앞의 책, 408쪽.

조직화'와 '능률의 극대화'를 통해 이룩한 급속한 경제성장이었다. 박정희 정부는 절차적 정통성의 훼손을 메우기 위해 업적에 의한 정통성을 확립하려고 최대의 노력을 경주했다.[97] 1976년 3월 17일, 최규하 국무총리는 국회 본회의에서 "우리가 자랑할 수 있는" 박정희 정부의 세 가지 업적을 다음과 같이 말했다.

> 그것은 북한 공산침략주의자들의 남한 적화통일 야욕을 분쇄하면서 현재까지 한반도에 있어서의 전쟁 재발을 방지를 해왔던 것입니다. 둘째로, […] 자타가 공인하고 세계공업국가에서도 찬사를 아끼지 않는 우리나라의 경제 건설을 이룩했다는 것이 사실이올시다. 그러나 이 두 가지 문제에 더 이상 중요한 점이 […] 나라를 잃었던 백성으로서 자칫하면 자학심을 가지기 쉬웠던 그런 과거를 말끔히 씻고 우리들도 '하면 된다'는 이 자신감을 우리 한국 국민에게 주입했다는 이 사실이올시다. 이 세 가지 점을 저는 우리 박 대통령 각하의 크나큰 공적이라고 말씀드려두도록 하겠습니다.[98]

박정희 대통령 개인적 역량 때문만은 아니겠지만, 한국 경제가 경제개발계획의 성공적 수행으로 크게 성장하고 있었던 것은 객관적 사실이었다. 그렇지만 다른 한편으로 여러 여건의 미비로 저임금에 의한 노동자층의 희생과 유신체제에 기초한 시민들의 정치적 자유에 대한 억압이 강요되고 있었다. 그럼에도 유신체제하에서 경제가 발전할수록 교육받고 부유한 중산층이 성장했고, 이들이야말로 민주주의의 정치적 기반이었다. 이것이 유신체제의 역설이자 근본적 딜레마였다.

---

97 이정복, 『한국정치의 분석과 이해』(서울대학교 출판부, 2006), 679쪽.
98 대한민국 국회사무처, 「제95회국회회의록」 제5호(1976.3.17.), 26쪽.

그런 역설이 선거를 통해 정치 현실로 나타났다. 1978년 12월 12일, 제10대 총선 결과는 유정회 77석, 공화당 68석, 신민당 61석, 통일당 3석, 무소속 22석이었다. 지역구에서 신민당은 공화당에 겨우 7석 뒤졌다. 그러나 득표율은 신민당 32.8%, 공화당 31.7%로 신민당이 1.1%p 앞섰다. 대통령 소속당의 득표율이 반대당의 득표율보다 떨어진 것은 "건국 이래 처음 있는 일"이었다.[99] 국회의원 선거에서 "정당 간에 진정한 경쟁은 이루어지지 않았으며, 집권당이 늘 승리를 보장받는 패권적 정당체제가 유지"되었다.[100] 정치적 자원의 측면에서 신민당은 공화당과 비교할 수 없을 정도로 열악했다. 억압적 국가기구의 역할이 증대된 반면, 선거, 의회, 정당을 비롯한 대표 메커니즘의 역할이 크게 축소되었기 때문이다.[101]

그 결과 유신 후반기에는 야당의 온건 세력조차 강경 세력으로 전화되었고, 재야세력과의 연대도 촉진되었다.[102] 1.1%p 앞선 신민당의 득표율은 유신체제에 대한 유권자의 불신과 민주주의 열망이 광범하게 확산되었음을 보여주었다. 이는 결국 유신체제에 대한 유권자들의 평가가 변곡점을 넘어섰다는 것을 의미했다. 따라서 1978년 12·12선거는 1956년 '제2의 5·15선거'였다. 한국 민주주의의 역사는 짧지만 결정적인 순간에 선거 혁명이 발생했다. 1956년 5·15 정부통령 선거가 첫 시

---

99 김용호, 「한국정당정치의 역사: 정당다원주의의 변천」, 『현대 정당정치의 이해』(백산서당, 2009), 40쪽.
100 장훈, 「정당과 선거」, 심지연 편, 『현대 정당정치의 이해』(백산서당, 2009), 186쪽.
101 박명림, 「박정희 시대 재야의 저항에 관한 연구, 1961~1979: 저항의제의 등장과 확산을 중심으로」, 『한국정치외교사논총』 30-1(2008), 53쪽.
102 1979년 1월, '민주주의와 민족통일을 위한 국민연합(약칭 국민연합)'이 결성되었다. 윤보선, 함석헌, 김대중이 공동의장이었다. 윤보선(1991), 앞의 책, 420쪽. 3월 1일 국민연합은 선언문을 통해서 "유신체제를 종식시키고 1인 절대권력과 장기집권을 끝장내는 것만이 노예로 전락한 국민이 주권자로 되는 민주회복의 길"이라고 천명했다.

작이었다. 당시 자유당은 이기붕을 '포스트 이승만 체제'의 대안으로 만들기 위해, 만반의 제도적 준비를 갖춘 다음 행정력을 총동원하여 선거에 임했다. 하지만 이기붕 대신 장면이 당선되었다. 그러자 자유당은 5·15선거에서 나타난 민의를 뒤집기 위해 3·15부정선거라는 정치적 무리수를 강행했다. 그 결말이 4·19혁명이었다.

1978년 12·12선거 결과에 대해 김영삼 신민당 총재는 국민들이 "유신 제2기를 불신임"한 것이라고 평가했다.[103] 박용만 의원도 "공화당과 정부는 겸허하게 유신체제 문제를 새로이 검토하고, 야당과 대다수 국민의 소리에 귀를 기울"여야 한다고 주장했다.[104] 실제로 12·12총선의 결과는 유신체제를 붕괴시키는 첫 시발점이었던 것이다. 이후 정치발전에 대한 정치적 논쟁이 야기되었고, 민주 회복을 위한 구체적 방안이 논의되기 시작했다.

12·12선거를 통해 민심의 변화가 드러나자, 야당의 중심세력도 바뀌었다. 유신 이후 신민당은 헌법 개정과 체제 개혁을 추진해온 김영삼을 누르고, 대여온건노선을 표방하는 이철승에 의해 집단지도체제로 운영되었다. 그러나 12·12선거 이후 당선된 신민당 다수 의원은 "평화적인 정권교체의 기틀을 마련하는 등 체제 개선 투쟁과 효율적인 당 운영을 위해 당 지도체제가 강력한 단일지도체제로 환원되는 것이 바람직하다는 견해"를 밝혔다.[105] 요컨대 정권교체를 위해 강력한 단일지도체제로 바꾸자는 것이었다. 그 결과 5월 30일, 유신체제와 정면 대결을 주장한 김영삼이 타협적 태도를 견지한 이철승을 누르고 당 총재에 선

---

103 국회사무처, 「제102회국회회의록」 제2호(1979.7.23.), 2쪽.
104 국회사무처, 「제102회국회회의록」 제3호(1979.7.24.), 22쪽.
105 1979년 『동아일보』에서 실시한 10대 국회의원을 대상으로 한 인터뷰에 따르면, "강력한 단일지도체제로 환원돼야 한다"라고 주장한 의원은 59.3%였다. 이에 비해 '현 집단지도체제가 좋다'는 견해는 7.4%뿐이었다(『동아일보』 1979.2.20.).

출되었다. 윤보선, 김대중 등의 인사들이 상임고문으로 추대되었다. 김영삼 당선자는 "이제까지 재야와 여당이 따로 있고, 신민당이 중간에 있는 셈이었으나 앞으로는 재야·신민이 하나가 될 것"이라고 선언했다 (『동아일보』 1979.6.4.). 이 결과는 1979년의 한국정치를 근본적으로 바꾸는 계기이자, 동시에 유신체제 나아가 1961년 이후 군부정치체제를 붕괴시키는 첫걸음이 되었다.

신민당이 당 체제를 투쟁 모드로 일신하면서 정치적 긴장이 높아졌다. 특히 신민당 김영삼 총재는 국회 연설에서 유신체제를 강력히 비판할 예정이어서 여야 간의 대립과 긴장이 고조되었다. 임시국회 개회 전날인 1979년 7월 19일, 박정희 대통령은 야당의 유신체제 비판과 관련하여 "현행 헌법 질서와 제도를 근본적으로 부정하고 선동을 일삼아 정치 불안을 조성하려하는 것"으로 규정하고, "이는 불순하고 매우 위험한 생각"이라고 공박했다. 또한 그는 "소위 민주 회복 운운하는데, 현행 헌법은 두 번에 걸친 국민투표로 확정된 민주 헌법"이며,[106] "현행 헌법 질서 테두리 내에서 정부 시책을 비판하는 것은 있을 수 있는 일이나, 만약 헌법 질서 테두리 밖에서 헌정 질서를 근본적으로 부정하는 태도로 나온다면 이는 용납할 수 없다"라고 경고했다(『동아일보』 1979.7.20.). 1972년 10월 유신 선언 이래로 조금도 변하지 않았다. 그리고 그는 "엄연히 국민이 선택한 민주 정부인데, 임기가 만료되기도 전에 합법적이 아닌 방법으로 정권을 빼앗아보겠다고 한다면 그거야말로 비민주적 태도라고 하지 않을 수 없다"라고 주장했다(『동아일보』 1979.7.20.). 이는 김영삼 총재가 이끄는 신민당의 민주화 투쟁에 대한 경고였다. 정부

---

[106] 1972년 11월 21일에 처러진 유신헌법 관련 국민투표와 1975년 2월 12일의 유신헌법 찬반 및 대통령 재신임 국민투표를 말한다.

와 야당 간의 갈등과 대립은 점점 첨예해지고 있었다.

　1979년 7월 23일, 신민당 김영삼 총재는 제102회 임시국회 연설에서 유신체제에 정면 도전하는 강경노선을 공개적으로 천명했다. 그는 12·12선거에서 신민당의 1.1% 승리를 유신체제에 대한 부정이자 국민주권의 승리로서, "신민당의 집권에 대한 국민적 승인"으로 해석했다.[107] 유신체제에 대한 치명적 일격이었다. 그 이유로 "국민이 장기집권을 싫어하고, 유신체제가 국민의 자유를 억압했기 때문"이라고 지적했다.[108] 국민의 인권 유린도 신랄하게 비판했다. 당시 윤보선 전 대통령, 김대중 신민당 상임고문은 가택연금 상태였다. 그는 "오늘과 같은 인권의 억압 분위기 속에서는 숭고한 양심을 지킬 자유도 없고, 양심범에 있어서는 그 양심을 지킬 유일한 성역이 감옥밖에 없다"라고 표명했다.[109] 결론적으로 김영삼 총재는 박정희 대통령이 민주, 자유, 인권 파괴의 모든 책임을 지고, "조속한 시일 내에 정권을 평화적으로 이양할 준비를 갖"출 것을 촉구했다. 그리고 이를 위해 헌법 개정을 요구했다.

　<u>(헌법을 개정한 것을)</u> 현행 헌법은 한 사람의 단독 출마를 허용함으로써 국민에게 선택권을 주지 않을 뿐만 아니라 무한정 연임을 허용하고 있으며, 또한 대통령에게도 무한권력을 부여하는 반면 그 견제세력은 전면 봉쇄하고 있기 때문에 <u>(민주 헌법이)</u> 아니라는 비판을 피할 길이 없습니다. 나는 여기서 우

---

[107] 『동아일보』의 여론조사에 따르면, 10대 국회의원 선거에서 신민당이 공화당보다 1.1%p 앞선 사실에 대해 응답자의 68.5%가 신민당의 승리로 해석한 반면, 9.3%는 9대 총선 때보다 0.2% 증가에 그쳤으므로 '답보'로 평가했다. '총선 민의가 신민당에 던진 여망을 무엇으로 받아들여야 하는가'의 물음에는 55.6%가 '장기 집권에 염증을 느낀 정권교체 여망'으로 해석했으며, '신민당에 마지막 기회를 준 것', '야당의 신뢰 회복'이 각각 20.4%, 18.5%를 차지했다. 5.6%는 '집권당에 대한 불신'으로 봤다(『동아일보』 1979. 2. 20.).
[108] 국회사무처, 「제102회국회회의록」 제2호(1979. 7. 23.), 2쪽.
[109] 국회사무처, 「제102회국회회의록」 제2호(1979. 7. 23.), 5-6쪽.

리가 국회가 (헌법개정)을 뒷받침하기 위하여 국회에 (헌법개정)특별위원회를 구성할 것을 이 기회에 정식으로 제의하는 바입니다.[110]

당시의 삼엄한 상황을 고려할 때, 김영삼 총재의 연설은 매우 과감한 도전이었다. 그 자신 스스로도 "이 나라의 자유와 민주주의를 위해서라면 결코 감옥을 두려워하지 않을 것"이라는 결의를 다졌다. 7·23 연설을 계기로 유신체제 붕괴가 본격적으로 전개되었다. 이 연설이 제시한 유신체제의 종식과 '민주 회복'이란 목표는 1973년 개헌 청원 운동 이래 지속된 것으로 이제 그 결실에 가까워지고 있었다.

1979년 8월 9일, 와이에이치(YH) 사건이 터졌다. 이 사건은 단순한 노동문제의 징후가 아니었다. 이 사건을 계기로 경제성장 이면의 경제적 모순이 극명하게 드러났기 때문이다. 김영삼 신민당 총재의 의원직 제명안이 가결된 직후인, 10월 16일에는 부산 일원에서 5만 명에 이르는 시위 인파가 유신철폐, 박정권 타도 등을 외치며 가두시위를 벌였다. 10월 17일, 부산의 모든 신문사와 방송국, 경찰서, 10곳의 파출소 등 17개 공공기관이 습격당해 파손되었다. 부산대학교와 동아대학교 학생들은 「민주투쟁선언문」에서 "타율과 굴종으로 노예의 길을 걸어 천추의 한을 맺게 할 것인가 아니면 박정희와 유신의 긴급조치 등 불의와 날조와 악의 표본에 의연히 투쟁함으로써 역사 발전의 장도에 나설 것인가"라고 호소했다.[111] 다음 날 격렬한 시위가 마산으로 확산되었다. 부마사태는 10·26 사태가 발생하게 된 직접적 요인이 되었다. 박정희

---

[110] 국회사무처, 「제102회국회회의록」 제2호(1979.7.23.), 7쪽. 밑줄 친 부분은 국회회의록에 공란으로 되어 있다. 그 이유에 대해 국회회의록에는 "의장이 게재하지 아니하기로 한 부분임"이라고 명기했다. 그런데 국회회의록 녹음파일이 존재한다. 녹음파일에도 공란 부분은 음성이 지워졌으나, 이 부분은 남아 있다.

[111] 윤보선(1991), 앞의 책, 429쪽.

정권 내부의 갈등을 표면화시켜 결국 대통령을 암살하는 직접적인 동기가 되었기 때문이다. 다급한 정부는 10월 18일 새벽, 부산 일원에 비상계엄을 선포했다. 20일에는 마산, 창원에 위수령을 발동했다(『경향신문』 1979.10.20.).

6. 결론: 유신헌법 반대의 헌정사적 의미

이상에서 유신헌법과 반유신의 논리 및 운동을 살펴보았다. 박정희 정부와 '야당-재야'의 정치발전(political development)에 대한 견해는 극명하게 갈렸다. 양자의 논쟁을 검토해보면, 한국 민주공화주의 헌정의 핵심 이슈를 이해할 수 있다.

최규하 국무총리는 "유신체제하에서 많은 발전"을 이뤘다고 평가했다. 그는 "국가 목표를 보다 효율적으로 추구해나갈 수 있는 총체적인 능력을 제고해나가는 것"이 정치발전이라고 주장했다.[112] 박정희 대통령의 견해는 1979년 1월 19일자 연두 기자회견에 잘 나타나 있다. 그는 서구 민주주의의 무비판적 모방이 "비생산적이고, 비능률적이고 혼란과 무질서만 가져"왔다고 비판했다. 유신은 그런 결과를 반성하고, 한국적 현실에 맞게 재창조한 한국적 민주주의라는 것이 그의 결론이었다.[113] 그에 따르면, 정치발전이란 "한 나라의 정치체제가 그 사회의

---

[112] 국회사무처, 「제101회국회회의록」 제6호(1979.3.23.), 23쪽.
[113] 박정희 시대의 정치이념은 초기의 '행정적 민주주의', 1967년의 '민족적 민주주의', 1972년 유신 시기의 '한국적 민주주의'로 각각 표현된다. 정윤재는 "행정적 민주주의나 한국적 민주주의는 내용상 민족적 민주주의와 동일하며 다만 달라진 상황에 따라 수사적으로 달리 표현된 결과"라고 보았다. 정윤재, 『한국정치리더십론』(나남, 2012), 312쪽.

모든 문제를 보다 더 능률적으로 해결할 수 있는 능력을 제고시켜나가는 것"이었다. 그는 정치발전을 자유(freedom), 정치참여(political participation), 정당성(legitimacy)이 아닌 '능력(capability)'의 관점에서 규정했다. 서구식 자유민주주의 개념과는 다른 것이다. 또한 그는 유신의 구체적 성과로서 첫째, 정치적 안정과 질서유지, 둘째, 경제적 성장, 셋째, 국력의 신장을 들었다.

근대화 정치론에 대한 1970년대 한국정치학계의 연구는 초입 단계였다. 다수의 근대화 정치론자들은 정치발전과 경제발전의 직접적 상관성을 강력하게 주장했다. 오르간스키는 정치발전이 경제발전에 불가결한 조건이라고 보았고(A. F. K. Organski 1965), 립셋은 경제발전이 정치발전에 기여한다고 주장했다(S. M. Lipset 1959). 헌팅턴은 사회적 변화에 대응할 수 있는 제도화 능력(institutional capability)을 정치발전과 정치적 근대화로 평가했다.[114] 하지만 정치발전이란 용어처럼 보편적으로 널리 사용되는 개념도 드물지만, 그처럼 정의의 일관성을 결여하고 다양한 정의를 허용하고 있는 것도 흔하지 않다.[115]

널리 알려진 파이(Lucian W. Pye)의 정치발전 개념은 다음과 같다. ①경제 및 산업발전을 위해 필수적인 것, ②행정 능력의 증가, ③업적성, 구체성과 같은 근대적인 행위 유형, ④정치체계의 능력, ⑤국가 건설, ⑥민주정치의 발전, ⑦대중 동원과 정치참여, ⑧안정과 질서 있는 변화, ⑨정치적 근대화, ⑩사회 변화의 다차원적인 과정.[116] 이 중 6,

---

[114] Samuel P. Huntington, "Political Development and Political Decay," *World Politics* 17-3(1965), pp. 386–430.
[115] 박한식, 「정치발전이론소고」, 『한국정치학회보』 9(1975), 11쪽.
[116] Lucian W. Pye, "The Concept of Political Development," in Jason L. Finkle and W. Gable (eds.), *Political Development and Social Change* (New York: John Willey & Sons, 1971), pp. 43–50.

7번을 제외한 8개 항목이 박정희 대통령의 '능력' 개념과 연관된 것임을 알 수 있다. 박정희 대통령은 근대화 정치론 중 유신체제를 정당화할 수 있는 요소를 채택한 것이다. 그중 가장 핵심 개념이 체제의 능력이며, 구체적으로 정치적 안정과 경제성장이었다. 바로 박정희 대통령이 제시한 유신체제의 성과였다.

반면에 정치발전에 대한 '야당-재야'의 인식은 첫째, 국민적 일체감의 조성, 둘째, 정치참여의 확대, 셋째, 헌법 및 제도 개혁의 관점에서 판단했다. 신민당 이택돈 의원은 "정치발전이란 국민이 얘기할 수 있는 채널의 전개"라고 주장했다(『동아일보』 1979.1.20.). 신민당 이철승 대표 최고위원도 "그동안의 사회구조의 변화로 크게 등장한 서민계층의 의사를 현실화시키고 그 힘을 정치제도적으로 참여"시킬 것을 강조했다. 그리고 그는 민주주의를 회복하기 위하여 "헌정심의기구의 설치, 선거제도의 개선, 긴급조치의 해제" 등을 주장했다(『동아일보』 1979.1.24.). 김수한 의원은 "신민당이 9대 국회에서 낸 6번의 긴급조치 해제 건의안이 외면당한 것은 정치발전이 없었음"을 단적으로 보여주는 것이라고 비판했다(『동아일보』 1979.3.23.). 요약하면, 정치발전에 대해 박정희 대통령은 국가의 '능력'을, 야당은 주권자의 '대표(representation)', 즉 민주주의를 우선시했다.

정치발전과 민주주의를 위해 무엇이 우선적(primary)인가에 대해 의견이 극명히 갈리는 이유는 무엇인가? 1948년 대한민국이 취약국가로 출발했기 때문이라고 볼 수 있다. 대한민국 정부가 출범했지만 안보와 경제 문제를 스스로 해결할 수 없었다. 국민의 교육적 수준도 낮고, 민주주의 경험은 일천했다. 그런 조건에서는 어떤 국가에서도 민주주의가 용이하지 않을 것이다. 현실적으로 민주주의가 가능하려면, 박정희의 주장처럼 우선 국가의 능력을 증대해야 했다. 그런데 그 과정은 모든 제3세계 국가에서 보듯, 곧 민주주의를 훼손하는 과정이기도 했다. 5·16쿠데타과 유신체제도 그런 근본적 딜레마를 안고 탄생했다. 대부분의 정치 행위는 당위와 현실의 긴장 속에서 이루어진다. 문제는 네체시타(necessità, 불가피성)의 정도이다.[117] 오늘날과 달리, 5·16쿠데타는 당대에 네체시타를 어느 정도 인정받았다.[118] 그 반면 유신체제는 달랐다. 긴급조치 사례에서 보듯, 민주주의와 자유를 유보하고 훼손하는 정도가 과도했다고 인식되었기 때문이다.

  1948~1972년 사이 민주주의 헌정의 파란은 모두 기본적으로 권력 연장 때문에 야기되었다. 유신헌법의 목적도 기본적으로 다르지 않았다. 그러나 두 가지 점에서 이전과 달랐다. 첫째, 이전에는 선거 자체를 없애지는 않았다. 그러나 유신헌법은 실질적 의미에서 선거를 없앴다. 둘째, 이전에는 인격과 국가를 일체화시키지는 않았다. 유신헌법은 대통령의 인격(personality)과 국가(state)를 거의 일체화시켰다. 이른바 '영도자로서의 대통령(president as the führer)'을 제도로서 구현한 것이다. 요컨대 대통령의 의지가 곧 국가의 의지였다. 박정희 대통령은 국가를 고도로 조직화한 뒤 국가의 다원적 요소를 거의 제거하고 그 자신과 일체화시켰다. 그런 의미에서 역설적으로 그것은 더 이상 국가가 아니라 리바이어던이었다.

  대표적인 다원성의 결여는 삼권분립의 파괴이다. 정헌주 의원은 "삼

---

[117] 퀜틴 스키너 외 저, 강정인 역, 『마키아벨리의 이해』(문학과지성사, 1996), 208쪽.
[118] 1961년 군사쿠데타가 발생했을 때, 4·19혁명 때와 달리, 학생과 시민의 저항은 전혀 없었다. 5·16쿠데타 후 양호민은 "물질적 생산력의 뒷받침이 없이는 민주주의는 지탱하기 어렵다는 것은 모든 경제적 후진국들이 쓰라린 경험에서 얻은 극중한 정치적 교훈"이라는 관점에서 쿠데타를 지지했다. 양호민, 「민주주의와 지도세력」, 『사상계』 11월호(1961), 48쪽. 장준하의 『사상계』는 "누란의 위기에서 민족적 활로를 타개하기 위하여 최후 수단으로 일어난 것이 다름 아닌 5·16군사혁명"이라고 지지했다. 사상계사, 「권두언: 5·16혁명과 민족의 진로」, 『사상계』 6월호(1961), 34-35쪽.

권분립의 원리가 파괴되고도 민주주의가 그대로 유지되었다는 전례를 보지 못했"으며, 이는 "국가의 존립 그 자체가 근본적으로 동요되는 것" 이라고 주장했다.[119] 그런 점에서 유신체제의 궁극적 종말은 유신헌법 변경의 절차와 내용에서부터 이미 예정된 것이었다. 유신헌법 작성 과정에서 최종 마무리 작업을 담당한 법무부 출신 관리들은 "유신헌법은 박정희란 카리스마 인물만을 위한 갑옷"이라고 생각했다.[120] 즉, 유신헌법이 일반적인 권위주의 헌법이 아니라 박정희라는 인격의 외연적 확장으로서, 박정희 개인과 헌법이 표리일체를 이룬 것으로 본 것이다. 영도자로서의 대통령은 한때 '국부'로 인정받은 이승만 대통령도 성취하지 못한 것이었다.

유신이 선언된 날, 김종필 국무총리는 "유신헌법 자체가 국가의 생존을 위해 국민을 누를 수밖에 없다는 인식에서 태어났"고, "국가와 국민을 다 만족시킬 수 없는 시대도 있는 것"이라고 주장했다.[121] 즉, 특정한 상황에서는 국민을 무력화시켜서라도 국가의 생존을 유지해야 한다는 인식이다. 그러면서도 그는 유신체제가 자유민주주의를 근본적으로 부정하는 것이 아니라고 주장했다.[122] 그의 주장처럼 박정희가 유신체제를 "안보와 경제를 위한 부득이한 일"로 주장하며 강압적인 긴급조치의 정치를 강행했지만, 국민과 역사는 그 네체시타를 거부했다. 만약 박정희가 유신체제의 한계를 인식하고 '도덕적·역사적 자각'을 했다면 유신체제의 네체시타는 어느 정도 인정을 받았을까? 그러나 그는 이 기회를 끝까지 갖지 못했다.

---

119 국회사무처, 1972, 「제82회국회회의록」 제11호(1972.7.22.), 2쪽, 4쪽, 6쪽.
120 김진(1992), 앞의 책, 206쪽.
121 김종필(2016), 앞의 책, 405쪽.
122 김종필(2016), 앞의 책, 402-403쪽.

오늘날 유신헌법은 완전히 종식되고, 삼권분립도 회복되었다. 하지만 민주공화국의 헌법 정신이 온전히 구현되었다고 보기 힘들다. 1987년 이후에도 민주 헌정은 현실 정치에서 늘 위기에 처해 있었다. 대통령의 권력 남용과 독단, 인치에 의한 법치의 대체, 의회와 야당 무시, 협치의 소멸, 직접민주주의를 앞세워 국회를 우회하는 정치 등은 민주공화정의 원리를 깨뜨리고 위협하는 유신적 정치 요소이다. 1987년 민주화 이후 권력 집중에 대한 한국적 대통령제의 본능적 충동은 여러 제도에 의해 제한되었다. 그러나 완전히 사라진 것은 아니다. 오히려 제도의 공백을 이용해 형태를 바꾸어 지속적으로 확장되어왔다. 그만큼 권력 집중과 연장에 대한 한국 대통령제의 본능적 충동은 강인하고 집요한 것이다. 민주 헌정에 대한 위협은 오직 국민의 자각과 저항에 의해서만 저지할 수 있다. 1970년대 반유신 운동은 그런 자각과 저항의 역사에서 위대한 전통을 창조했다.

참고문헌

1차 자료 · 준1차 자료

김대중, 『김대중자서전 1』(삼인, 2011).
김정렴, 『아, 박정희: 김정렴 정치 회고록』(중앙M&B, 1997).
김종필, 『김종필 증언록 1』(와이즈베리, 2016).
대통령비서실, 『박정희대통령연설문집』 제9집(1972).
대통령비서실, 『박정희대통령연설문집』 제10집(1973).
대통령비서실, 『박정희대통령연설문집』 제11집(1975).
대한민국 국회사무처, 「제72회국회회의록」 제2호, 제5호(1969).
대한민국 국회사무처, 「제82회국회회의록」 제9호, 제11호, 제15호(1972).
대한민국 국회사무처, 「제95회국회회의록」 제4호, 제5호(1976).
대한민국 국회사무처, 「제102회국회회의록」 제2호, 제3호, 제6호(1979).
박정희, 『우리 민족의 나갈 길』(동아출판사, 1962).
백동림, 『멍청한 군상들: 전 보안사 베테랑 수사관의 자전적 수사 실화』(도서출판 답게, 1995).
양순직, 『대의는 권력을 이긴다: 양순직 회고록』(에디터, 2002).
윤보선, 『(윤보선회고록)외로운 선택의 나날』(동아일보사, 1991).
이만섭, 『전 국회의장 이만섭 회고록: 나의 정치인생 반세기』(문학사상사, 2004).
총무처 의정국 의사과, 「제2회 비상국무회의회의록」(1972.10.26.).
총무처 의정국 의사과, 「제3회 비상국무회의회의록」(1972.10.27.).

『경향신문』, 『동아일보』, 『매일경제』, 『조선일보』.

The United States Department of State, *FRUS*, 1969~1976, VOL. XIX, United States Government Printing Office.

2차 자료

갈상돈, 「정치리더십과 마키아벨리의 네체시타(necessità)」, 『정치사상연구』 17-1(2011).
강원택, 『어떻게 바꿀 것인가: 비정상 정치의 정상화를 위한 첫 질문』(이와우, 2016).
곽상훈, 「유신적 개혁과 민족의 활로」, 『북한』 12(1972).
김민전, 「정당과 국회」, 심지연 편, 『현대 정당정치의 이해』(백산서당, 2009).

김민환, 『한국언론사』(사회비평사, 1996).
김비환, 「아렌트의 정치사상에서 정치와 법의 관계: 민주공화주의 체제에서의 법의 본질을 중심으로」, 『법철학연구』 6-2(2003).
김성진, 『한국정치 100년을 말한다』(동아출판사, 1999).
김용호, 「한국정당정치의 역사: 정당다원주의의 변천」, 『현대 정당정치의 이해』(백산서당, 2009).
김용호, 『민주공화당 18년, 1962~1980년』(아카넷, 2020).
김종철, 「헌법전문과 6월항쟁의 헌법적 의미: 민주공화국 원리를 중심으로」, 『헌법학연구』 24-2(2018).
김진, 『청와대 비서실 1』(동아일보사, 1992).
김철수, 「헌정 40년의 소회」, 『고시연구』(1988).
린쯔, 바렌주엘라 저, 신명순·조정관 역, 『내각제와 대통령제』(나남출판, 1995).
민주화운동기념사업회, 『한국민주화운동사 2: 유신체제기』(돌베개, 2012).
민청학련운동계승사업회 편, 『1974년 4월: 실록 민청학련 2』(학민사, 2004).
박명림, 「박정희 시대 재야의 저항에 관한 연구, 1961~1979: 저항의제의 등장과 확산을 중심으로」, 『한국정치외교사논총』 30-1(2008).
박인수, 「한국헌법상의 프랑스 헌법의 영향」, 『세계헌법연구』 14-3(2008).
박종홍, 「한국사상, 오늘의 과제: 민족정신, '경건의 사상'을 통한 새 진로」, 『박종홍 전집 5』(민음사, 1998).
박찬욱, 「정치과정」, 『한국정치연구』 10(2000).
박한식, 「정치발전이론 소고」, 『한국정치학회보』 9(1975).
변해철, 「인도네시아 헌법 개관」, 『아시아법제연구』 2(2004).
비롤리, 모리치오 저, 김경희·김동규 역, 『공화주의』(인간사랑, 2006).
사상계사, 「권두언: 5·16혁명과 민족의 진로」, 『사상계』 6월호(1961).
서희경, 「1950년대 후반 '포스트 이승만 정치'의 헌정사: 1956년 이후 자유당과 민주당의 개헌 논의를 중심으로」, 『한국정치학회보』 50-4(2016).
서희경, 『한국헌정사, 1948~1987』(도서출판 포럼, 2020).
성낙인, 「프랑스 제5공화국헌법과 유신헌법상 대통령의 국가긴급권에 관한 비교연구」, 『공법연구』 28-4(2)(2000).
스키너, 퀜틴 외 저, 강정인 역, 『마키아벨리의 이해』(문학과지성사, 1996).
안병직 편, 『한국 민주주의의 기원과 미래: 보수가 이끌다』(시대정신, 2011).
양호민, 「민주주의와 지도세력」, 『사상계』 11월호(1961).
오버도퍼, 돈·로버트 칼린 저, 이종길·양은미 역, 『두 개의 한국』(길산, 2018).

윤천주, 『한국의 정치체계』(서울대학교 출판부, 1963).
이정복, 『한국정치의 분석과 이해』(서울대학교 출판부, 2006).
이택선, 『취약국가 대한민국의 탄생』(미지북스, 2020).
임혁백, 『비동시성의 동시성: 한국 근대정치의 다중적 시간』(고려대학교 출판부, 2014).
장훈, 「정당과 선거」, 심지연 편, 『현대 정당정치의 이해』(백산서당, 2009).
전재호, 『박정희 대 박정희: 개혁과 반동 사이 박정희 제자리 찾아주기』(이매진, 2018).
정윤재, 『한국정치리더십론』(나남, 2012).
한국기독교사회문제연구원, 『1970년 민주화운동과 기독교』(한국기독교사회문제연구원, 1982).
한국기독교교회협의회 인권위원회 편, 『1970년대 민주화운동 1』(한국기독교교회협의회, 1987).
한승주, 『제2공화국과 한국의 민주주의』(종로서적, 1983).
한승헌, 『불행한 조국의 임상노트: 정치재판의 현장』(일요신문사, 1997).
한태연, 「한국헌법과 헌법학의 회고」, 『헌법학 연구』 8-1(2002).
해밀턴, 알렉산더 외 저, 김동영 역, 『페더랄리스트 페이퍼』(한울아카데미, 1995).
헨더슨, 그레고리 저, 박행웅·이종삼 역, 『소용돌이의 한국정치』(한울, 2006).

Ackerman, Bruce A., *We the People*, Vol. 1: *Foundations* (Cambridge, Mass.: Belknap Press of Harvard University Press, 1991).
Huntington, Samuel P., "Political Development and Political Decay," *World Politics*, 17-3 (1965).
Lipset, S. M., "Some Requisites of Democracy," *American Political Science Review*, Vol. 53, No. 1 (1959).
Organski, A. F. K., *The Stages of Political Development* (New York: Alfred A. Knopf, 1965).
Pye, Lucian W., "The Concept of Political Development," in Jason L. Finkle and W. Gable (eds.), *Political Development and Social Change* (New York: John Willey & Sons, 1971).

4장

유신체제의 정당과 선거

윤왕희

1. 서론

　유신시대는 지금 우리에게 어떤 의미로 남아 있는가. 입법, 행정, 사법의 3권 위에 군림하는 절대적 권력자 1인의 종신집권을 가능케 한 비민주적 독재체제는 10·26의 총성과 함께 영원히 역사 속으로 사라졌는가. 특히 유신시대가 정당과 선거 분야에 남긴 유산은 어떻게 평가될 수 있는가. 유신체제는 1970년대의 민주화운동을 거쳐 붕괴되었지만, 그 이후에도 전두환 신군부의 '유사 유신체제'는 계속되었고, 1987년 민주화운동을 통해 절차적 민주주의는 성취되었을지 몰라도 정당은 그 후로도 오랫동안 '3김'으로 불리는 '1인 지도자'의 영향력 아래 놓여 있었기 때문에 이러한 질문은 여전히 유효하다.

　한국정치에서 민주화의 바람이 가장 늦게 불어온 곳도, 안정적인 제

---

*　이 글은 필자의 「유신시대의 정당과 선거: 현재적 의미에 대한 재해석과 성찰을 중심으로」, 『21세기정치학회보』 33-3(2023), 59-82쪽에 게재된 것을 일부 수정·보완했다.

도화를 달성하지 못하고 사인화된 영향력이 여전히 지배하는 곳도 정당이다. 민주화 이후 지역주의를 바탕으로 '3김식 정당'이 지속되었고, 그들의 퇴장 이후에도 정당은 새로운 당 건설의 방향을 정교하게 설계하지 못한 채 외부 개방이라는 거친 방식에 의존했다. 그 결과 지금도 정당은 대권 후보를 중심으로 한 인물 대결만 남아 극단적인 팬덤정치의 모습을 보여주고 있다. 정당이 여전히 실체로서의 역할을 제대로 하지 못하고 있는 것이다.

이 글은 한국 정당의 발전 과정에서 유신시대가 갖는 규정력에 대해 집중적인 조명을 해보려는 데 목적이 있다. 한국 정당은 유신시대 정당과 얼마나 달라졌다고 할 수 있나. 정당의 조직, 공천, 당내 의사결정 구조는 당시에 형성된 관행적 경로를 얼마나 벗어났다고 볼 수 있을 것인가. 이와 같은 문제의식 아래 이 글에서는 주로 세 가지 사항에 초점을 맞춰 논의를 전개한다.

첫째, 유신시대가 남긴 반정치적 정향, 특히 반정당적 정서의 강한 영향력에 대해 분석한다. 한국사회는 아직도 정당을 대의민주주의가 원활하게 작동하도록 하는 데 있어 핵심적 기구로 인정하지 않고 있다. 오히려 정당을 우회하는 혹은 정당을 의도적으로 축소, 해체하는 것이 민주주의에 도움이 될 것으로 보는 경향이 강하다. 이러한 인식은 유신시대의 중요한 제도적 구성이 반정당적 시각을 기본으로 한 것이었을 뿐만 아니라, 실제로 정당이 제대로 기능하지 못했던 당시의 상황이 국민들의 의식 속에 깊이 남아 있기 때문이다.

둘째, 정당의 중요한 기능 중의 하나인 공천 영역에 국한해서 볼 때, 유신시대는 사실상 당의 1인자에 의한 공천을 공식적으로 제도화한 시기였다. 제3공화국 시기까지만 해도 그나마 민주적인 외양을 갖추고자 했던 당헌당규의 공천 규정들이 유신시대부터 최고 권력자에 의한 의사

결정을 당연한 것으로 명문화함으로써 정당 내에서 민주주의는 찾아보기 어려워졌다. 더구나 중선거구제 도입으로 공천 후보자가 절반으로 줄어들면서 공천 경쟁은 더 치열해졌고, 공천권자를 향한 충성 경쟁과 줄세우기는 심해졌다.

셋째, 여당과 야당은 공히 대중정당으로서의 발전이 저해되고, 당내 소수 엘리트 간의 파벌 대립이 정당 운영을 규정짓게 되었다. 야당은 파벌 대립의 양상에 따라 지도체제가 변경되고 대정부 투쟁의 노선 전환이 이루어지는 등 중요한 국면적 계기가 마련되기도 했다. 즉, 체제에 대한 저항의 강도가 파벌들 사이의 성격을 가르는 요소였다기보다는 파벌 투쟁에서의 우위를 점하기 위한 전략의 하나로 선명성 경쟁이 이뤄졌다고 보는 것이 더 합리적이다.

이러한 측면에서 본다면, 유신시대의 선거가 갖는 의미도 재해석해 볼 수 있을 것이다. 유신시대에 의미를 찾을 수 있는 전국 단위의 선거는 국회의원 총선거가 유일했다. 그마저도 의원 총정원의 3분의 1은 사실상 대통령에 의해 임명되는 구조였기 때문에, 유권자들은 3분의 2에 대해서만 선택권을 가질 뿐이었다. 그러나 여야 후보가 1명씩 '밀월당선'이 될 수 있는 중선거구제하에서는 그마저도 실질적인 선택이 되기는 어려웠다. 그동안 야당이 여당보다 득표율에서 앞섰던 1978년 제10대 총선을 유신체제 붕괴의 전조로 해석하는 것이 일반적이었다면, 선거라는 제도적 장치가 극히 제한적 의미만 지녔던 강권적 권위주의하에서 그러한 해석이 과연 보편적으로 받아들여질 수 있을지에 대해 되짚어볼 필요가 있다.

유신체제에 대한 저항의 구심점도, 유신 붕괴의 시곗바늘을 앞당긴 것도 재야를 비롯한 비제도권 정치였다. 야당은 오히려 1972년 유신 선포 이전의 정국에서도 반당대회(半黨大會)와 같은 분열상을 드러내며 정권의 독주에 아무런 제동을 걸지 못했을 뿐만 아니라, 유신 붕괴 이후에도 김대중의 신민당 입당을 둘러싼 갈등으로 인해 결집된 모습을 보여주지 못했다. 결국 야당의 그러한 지리멸렬한 모습이 1972년의 유신과 1980년의 신군부 등장의 빌미로 반복해서 작용했던 것이다.

이 글에서는 유신시대가 낳은 정치적 유산을 보다 자세히 들여다봄으로써 오늘날에도 계속되고 있는 정당정치의 한계를 새롭게 성찰하고자 한다. 한국의 정당과 선거정치는 유신시대의 그림자에서 여전히 벗어나지 못한 측면이 크다. 유신은 붕괴했지만, 그 운영 원리와 제도적 장치들은 완전히 제거되지 못한 것이다. 이에 대한 직접적인 성찰은 현재 한국정치가 마주하고 있는 많은 문제들에 대해 새로운 시각을 제공할 수 있을 것으로 판단된다.

2. 기존 연구와 새로운 시각

유신시대의 정당과 선거를 폭넓게 분석하고 있는 연구는 많지 않다. 선행연구는 주로 파벌정치의 시각에서 야당을 분석하면서 주류 계파의 교체에 따라 야당의 저항 방식이 바뀌고 있는 점을 주목하고 있다(김수진 2008). 심지연(2017)은 박정희 시기 야권의 분열과 통합을 분석한 후 이 시기의 정당정치 역시 "정당이 내부적으로 분열할 경우 위기에 처해 선거에 부진을 면하지 못하게 되나, 구성원이 단합하여 통합에 성공하면 위기를 극복하여 좋은 선거 결과를 가져올 수 있다는 가설"에 부합한다고 보았다. 제3공화국과 유신시대의 정당을 폭넓게 연구한 김용호(2001)는 유신체제에서 공화당과 유신정우회는 박정희 대통령의 개인적 정치도구(political machine)가 되었고, 야당인 신민당과 재야세력 내에 여러 파벌들이 공존하고 있어서 정부의 공작정치도 가능했다고 지적한다. 정상호(2005)는 유신시대의 파벌정치가 이권투쟁이라기보다는 '노선투쟁'이었으며, '민주주의와 평화통일'에 대한 인식 차이가 원인이라고 주장했다.

호광석(2005) 역시 파벌정치의 시각에서 정당들을 분석하고 있는데, 이 시기의 정당들은 조직적 차원에서 공식적 조직보다 비공식적 조직인 '파벌'이 더 큰 비중을 차지하며, 기본적으로 간부정당으로서의 성격을 탈피하지 못하고 있다는 점을 지적했다. 따라서 야당을 비롯한 정당들이 외양과 달리 비효율적인 모습을 보여주고 있다는 것이다. 이와 달리 정상호(2005)는 신민당의 당보인 『민주전선』과 민주통일당의 『민주통일당보』를 꼼꼼히 분석하고 있는데, 신민당이 이른바 '신중산층'을 공략하기 위한 강령과 공약 개발을 시도했다는 점을 드러내고 있다.

박정희 시기 야당의 당내 분파 간 갈등을 연구한 지병근(2015)은 사회경제적 조건과 정치제도, 이들의 조직적·이념적 특성 등 야당 내부의 갈등을 억제 혹은 촉진하는 요인들을 밝혀내고자 했다. 그의 연구에 의하면, 신민당이 장기간 생존할 수 있었던 이유는 유신체제의 등장에 따른 당내의 위기의식이나 집단지도체제를 통한 당권 공유가 이루어졌기 때문이 아니라, 심각한 내분에도 불구하고 당내 주요 파벌들이 제1야당의 지위를 유지하며 기득권을 향유할 수 있었기 때문이라는 것이다. 물론, 당권 경쟁의 불확실성(uncertainty)이 존재했다는 점도 신민당의 지속성을 설명해주는 요인으로 제시되고 있다.

김용욱(1996)은 당시 여당인 공화당에 대한 연구를 통해, 제3공화국의 집권 초기에는 공화당이 당 총재인 박정희를 중심으로 몇 개 파벌 간의 경쟁, 적대를 통한 파벌정치 구도가 지배적인 특징으로 나타났지만, 집권 중반 이후부터는 박정희 자신이 파벌 간의 갈등을 이용하여 그의 영향력을 강화하고 확대해서 적극적으로 파벌을 관리한다는 입장을 취했다는 점을 강조한다. 특히 3선 개헌 이후부터 당 운영은 박정희의 완전한 친정체제로 굳어지는 말기적 현상이 나타났으며, 이러한 공화당의 체제를 '일원적 파벌연합체제'라고 부를 수 있다고 했다. 한편, 유숙란(1996)은 야당에 대한 연구를 통해, 박정희 정권하에서 야당의 활동공간은 권위주의 정권 자체가 제도적으로 설정한 야당에 대한 통제, 일당 우위의 정당체계 속에 제1야당에 가해지는 제약, 행정부의 의회에 대한 우위성, 보수 이념의 단일 공간, 정권의 수단적 정당성 확보를 위한 경제성장 정책 및 외세, 특히 미국의 영향력 등으로 인해 정치적 활동공간은 심각하게 제약된다는 점을 강조했다. 특히 박정희 정권이 유신체제로 전환되면서 제도 내 야당의 공식적인 활동공간이 사실상 상실됐다고 보았다.

한편, 고성국(1995)은 1978년에 실시된 제10대 국회의원 선거에서 역대 선거사상 처음으로 제1야당이 집권당보다 1.1%p나 높은 득표율을 획득했다는 점에서 중요한 의미를 부여하고 있다. 신두철(2016)도 유신체제의 선거를 폭넓게 분석하면서 제10대 국회의원 선거에서 여당인 민주공화당은 전국 득표수에서 제1야당에 뒤지고도 의석을 더 많이 얻은 최초의 선거로 기록되고 있다는 점을 강조했다. 나아가 강원택(2019a)은 제10대 총선을 유신체제 종말의 시그널로 해석하면서, 제1공화국의 몰락이 1956년의 정·부통령 선거에서 예견되었던 것처럼 유신체제의 몰락도 1978년 총선거에서 공화당의 패배를 통해 이미 조짐을 보이고 있었다고 주장한다. 권위주의 체제에서의 선거가 결코 공정하고 자유롭지 않았지만, 그럼에도 언제나 민심은 정치적 격변을 선거를 통해 예고했다는 것이다.

이러한 선행연구의 연구 성과를 토대로 진행된 이 글은 다음과 같은 차별점을 지닌다. 첫째, 유신의 체제적 특성과 그러한 특성에서 기인한 정치적 유산을 큰 틀에서 조망했다. 둘째, 유신 시기 정당의 파벌정치를 파벌의 발생 원인과 메커니즘, 파벌의 유형, 파벌의 속성, 파벌정치의 결과 등 다양한 각도에서 분석했다. 특히 유신체제에서 수립된 정당의 공천제도가 이후에도 어떻게 영향을 미치게 되는지에 대해 자세히 살펴보았다. 셋째, 유신시대 선거정치의 의미에 대해서 제10대 총선을 중심으로 기존 연구와는 상이한 해석에 초점을 맞추었다. 이를 통해 유신체제하 야당의 역할과 성과에 대해 보다 객관적인 평가가 필요함을 강조했다.

3. 유신의 탈정치적·반정당적 유산

유신체제는 무엇보다 '탈정치화 전략(depoliticization strategy)'을 작동 원리로 하고 있었다. 유신헌법의 편제상 통일주체국민회의는 통치기구 중 가장 앞에 위치함은 물론 '국민의 주권적 수임기관'이라는 점이 명시돼 있는 최고의 권력기구였다. 대통령 선출은 물론, 국회의원 3분의 1을 선출하고, 국회가 발의한 헌법 개정안을 최종 의결할 권한도 지닌다. 그뿐만 아니라 통일에 관한 중요 정책에 대한 심의권을 갖기도 한다. 그런데 이러한 최고 권력기구의 구성원인 "통일주체국민회의 대의원은 정당에 가입할 수 없"(유신헌법 제37조 제3항)도록 규정돼 있었다. 즉, 대통령 선출과 관련해 정당이 아무런 역할을 할 수 없도록 한 것이다.

박정희의 시각에 의하면, 정당은 '주권적 수임기관'의 올바른 주권 행사를 방해하고 오염시키는 존재에 지나지 않는다. 따라서 정당이 중요한 국가적 의사결정에 개입하지 못하도록 제도적 장치를 만들 필요가 있었던 것이다. 그것이 국가의 최고통치자를 선출하는 일일지라도 예외는 없었다. 사실상 대의민주주의의 핵심적 장치로서 정당의 존재는 인정되지 않았다. 정당에서 정권 창출의 가능성을 박탈하는 것은 본질적인 기능을 없애버리는 것과 같다.

대통령의 추천으로 통일주체국민회의에서 일괄 찬반 투표를 통해 선출되는 유신정우회(국회의원 정수의 3분의 1)에 대해서도 당적 보유가 허용되지 않았다. 물론 유정회 의원들의 당적 보유가 법적으로 금지된 것은 아니었지만, 그들은 공화당에 합류하지 않고 무소속으로서 유신정우회라는 명칭의 교섭단체를 별도로 구성했다. 실제로 공화당의 중진 의원들이 대통령의 추천으로 유정회 의원이 되자 당을 탈당했는데, 이는 공화당의 리더십이나 무게감을 약화시키는 중요한 요인이 되었다. 즉, 유정회 소속 의원들의 무당적 원칙을 통해 여당이 공화당과 유정회로 이원화되었는데, 이는 제3공화국 시기에 여당 내에서 내부 충돌이 끊이지 않았던 경험을 바탕으로 박정희가 의도한 '분할통치'의 일환으로 볼 수 있을 것이다.

이에 따라 정당정치는 다시 한번 약화될 수밖에 없었다. 집권 여당인 공화당은 전체 의석의 3분의 1가량을 확보한 가운데, 국정 운영에서 핵심적 역할을 하지 못했을 뿐만 아니라 대통령의 '친위부대'인 유정회가 사실상 국회 운영의 키를 쥐고 있었기 때문이다. 유정회의 존재는 향후 비례대표제도에 대한 회의적 시각과도 연계된다고 볼 수 있다. 제3공화국에서 전국구 제도가 도입된 이래 각계의 전문성 있는 인사들을 충원하는 통로로 기능하는 것이 목적이었지만, 불과 10년 만에 전국구 제도는 대통령의 '친위부대'를 양산하는 통로로 노골적으로 변질되고 말았다. 현재 일반 국민들이 비례대표 국회의원들에 대해 가지고 있는 부정적 인식, 즉 유권자가 아니라 당내 권력자에 의해 국회의원이 사실상 임명된다는 생각은 유신시대의 유정회로부터 연원한 바가 크다고 할 것이다.

따라서 대통령이 임명하는 3분의 1에 이르는 국회의원들(유정회)은 당적을 이탈하도록 돼 있었지만, 결과적으로는 정당정치에 부정적 영향을 강하게 미쳤다. 최근 선거제도 개편 논의가 있을 때마다 국민의힘은 비례대표제도 폐지를 들고나올 뿐만 아니라, 국민 여론의 다수는 비례대표 의원 정수 증대에 우호적이지 못하다. 연동형 비례대표제 논의로 나아가기도 전에 비례대표의 존재 이유에 대해 근본적인 의문을 제기하는 것이 현재 국민들의 대체적인 정서로 보인다. 국민이 후보자를 지역구별로 일일이 직접 뽑을 수 없는 상황에서 간접선거라는 명목으로 사실상 임명된 국회의원들이 어떻게 최고통치자의 꼭두각시 노릇을 할 수 있는지를 유신시대 내내 명확히 지켜본 국민들은 명부의 순번에 따라 당락이 사전에 결정돼버리는 비례대표제도의 정당성에 대해서도 의문을 품고 있는 것이다.

또한 통일주체국민회의 대의원 선거제도도 현행 선거제도 논의와 일정 정도 관련을 갖는다. 통일주체국민회의 대의원 선거법 제14조 제3항은 "1선거구에서는 1인의 대의원을 선거하되 1선거구의 인구가 2만을 초과하는 경우에는 초과하는 인구 2만까지마다 1인의 대의원을 더 추가하여 선거한다. 다만, 제1항 단서의 규정에 의하여 1선거구를 인구 10만을 초과하여 획정한 경우에 그 선거구의 대의원 정수는 5인으로 한다"라고 규정했다. 즉, 소선거구제를 기본으로 하되, 인구수에 따라 2~5인까지 선출하는 중대선거구제를 병행한 것이다. 이는 현재 국민의힘이 선거제도 개편의 대안으로 내세우고 있는 '도농복합 선거구제'와 유사한 측면이 있다. 인구가 많지 않은 농촌 지역은 소선거구제를 적용하고, 인구가 많은 도시 지역은 2~5인 선출의 중대선거구제를 적용하자는 것이기 때문이다. 결국, 비례대표제도뿐만 아니라 선거구제 문제 등 여러 차원의 제도적 논의가 유신시대의 역사적 경험에 영향을 받고 있다고 봐야 할 것이다.

한편, 공화당이 제3공화국 초기부터 만든 새로운 관행 중에는 '당정협의회'가 있다. 초기에 당정협의회는 청와대 연석회의부터 당무위원-국무위원 연석회의, 경제정책회의, 정책협의회 등의 각료와 당 간부 수준의 협의체를 거쳐 아래로는 시·군 당정협의회에 이르기까지 폭넓게 구축되었다(김일영 2011, 217). 당시 공화당 의장이었던 김종필은 "당과 정부의 지도체제 단일화를 천명하고, 모든 문제는 당의 결정에 의거하여 행정부와 입법부가 실천하도록 할 것을 당 총재에게 건의하여 수락받았다"는 점을 명백히 하면서, "당과 행정부가 협조하고 단결해나갈 것"을 역설했다(민주공화당 1973, 150-151).

그러나 당과 정부 간의 우열관계는 오래가지 못했다. 당정협의회의 무게 중심이 점점 정부 쪽으로 옮겨간 것이다. 정부가 추진하는 주요 정책을 당과 일일이 협의하고 보완해야 하기 때문에 애당초 당정협의는 관료들 입장에서 불편한 것일 수밖에 없었다(강원택 2022). 더구나 발전국가형 경제발전 모델에 따라 정부가 계획의 입안과 추진에서 주도권을 쥐고 강한 드라이브를 걸어야 하는 상황이었기 때문에 당으로부터의 투입 기능이 원활하게 작동하기는 어려웠다. 따라서 이미 3공화국 후반부로 갈수록 당정협의는 정부 측의 의제를 당이 수용하여 입법화할 수 있도록 지원하는 기능으로 치우치고 있었다. 특히 3선 개헌 이후 당에서의 파벌 간 견제와 균형이 무너지면서 이러한 상황은 더 가속화될 수밖에 없었다.

역설적인 것은, 국무총리 훈령으로 '당정 협조에 관한 처리 지침'이

처음으로 제도화된 것이 유신체제에서였다는 점이다. 제4공화국에서는 1973년 5월 국무총리 훈령 제112호로 '당정 협조에 관한 처리 지침'을 제정했는데, 이 지침이 사실상 현 정부에까지 이어지고 있는 당정협의에 관한 국무총리 훈령의 근간이 되고 있다. 그동안 당정협의의 주무 부처, 여당의 정의, 당정협의의 주요 내용 등에 대한 부분적인 수정 정도만 있었을 뿐 대체로 유신시대의 국무총리 훈령의 기본적인 틀이 이어져 내려오고 있는 것이다.

당시 훈령의 내용을 보면, "제1, 제2무임소 장관의 기능 개편에 따라 행정부와 민주공화당 및 유신정우회 간의 정책 및 정무 협조를 위한 처리 지침을 다음과 같이 시달하니 시행에 착오 없기 바랍니다"라는 총론 아래, "①각 원·부·처가 법률안이나 국민생활에 영향을 미치는 중요 정책안을 입안했을 때에는 원칙적으로 정부의 공식 심의기구에 제안하기에 앞서 제1 또는 제2무임소 장관실을 경유하여 각각 공화당 및 유정회 정책기구의 협조를 얻어야 한다.", "③제1, 제2무임소 장관은 각각 공화당 및 유정회와 협조하여 공화당이나 유정회에서 입안된 법률안과 정책안을 그 발표에 앞서 관계 원·부·처에 통보하여 협의하도록 조정하고 공화당과 유정회에서 추진 중인 제반 사항을 국무회의에 보고하여야 한다"라는 내용이 포함되어 있다.[1]

즉, 정부의 입장에서는 여당 의원들에게 중요 정책이나 법안의 내용을 미리 설명하고 동의를 구할 뿐만 아니라(훈령 제1호), 여당으로부터도 법률안 발의나 주요 의정활동에 대해 사전에 보고를 받고(훈령 제3호) 협조 및 통제를 할 수 있도록 한 것이다. 그러나 당정협의의 실제 작동은 이러한 상호 대등하고 수평적인 조율과 협력의 체계가 아니라

---

[1] 이상의 내용은 법제처의 국가법령정보센터를 참고했다.

일방적인 정부 우위의 구도에서 진행되었다. 정책 입안과 입법에서 정부가 여당과 사전에 조율을 거치는 것은 여당의 확고한 지지를 담보하기 위한 것일 뿐, 여당의 의견을 정책에 반영하거나 입법 내용에 수정을 가하려는 의도는 아니었다. 마찬가지로 여당은 법안 발의나 의정활동에서 독자성, 자율성을 전혀 지닐 수 없었다. 항상 청와대와 행정부에 사전 보고 후 승인을 받아야 국회 활동이나 당의 정책 발표가 가능했던 것이다.

따라서 당정협의회는 규정과 실제가 괴리되는 대표적인 사례에 해당한다. 총리 훈령에 규정된 것과는 전혀 다른 현실이 당정관계에서 펼쳐졌다. 1969년 3선 개헌 전에는 권오병 문교부장관에 대한 해임건의안이 공화당 일부 의원들의 동조 속에 통과된 적이 있고, 1971년에는 오치성 내무부장관에 대한 해임건의안이 통과되었는데, 당시 이에 대한 사후 처리는 당정관계의 일단을 여실히 보여주는 것이었다. 야당이 주도한 해임건의안에 동조했던 세력들은 김종필계(권오병 해임건의안)와 반김종필계(오치성 해임건의안)로 각각 달랐지만, 그들이 감당해야 했던 결과는 모두 동일했다. 박정희는 이를 '항명'으로 규정했고, 해당 의원들을 중앙정보부로 끌고 가 무자비한 폭력을 가하는 것도 서슴지 않았다. 위세를 떨치던 공화당 내 소위 '4인방'들도 제명될 뿐만 아니라 영원히 정계를 떠날 수밖에 없었다.

즉, 당내의 어떤 이견도, 다원적 목소리도 허용되지 않았다. 3선 개헌과 유신 선언을 거치면서 이러한 일원주의적 일방 노선은 한층 더 강해졌다. 박정희에 저항할 수 있을 만한 세력은 이미 제거됐을 뿐만 아니라, 공화당과 유신정우회라는 두 번의 공천 기회를 교묘히 활용해서 여당의 구성원들이 충성과 복종을 극대화할 수 있도록 기획해나간 것이다. 최고통치자의 거칠고 일방적인 통제 속에서 의원들은 공화당이 아니라 지도자 1인만 쳐다볼 수밖에 없었다. 따라서 유신체제에서 여당은 정당정치 자체가 작동하지 않는 상태에 놓이게 되었다.

한편, 유신체제하의 선거법도 탈정치적·반정당적 의도를 명확히 보여주는 것이었다. 국회의원선거법은 "유신헌법의 정신에 따라 정부는 종래와 같은 선거의 과열화와 타락상을 일소하고 돈 안 들고 깨끗한 공명선거를 보장할 수 있는 선거제도를 확립한다"라는 취지 아래, 선거관리위원회에 의한 선전벽보의 첩부, 선거공보의 발송, 후보자 합동연설회에 의해서만 선거운동을 할 수 있도록 함으로써 선거공영제를 강화했다(신두철 2016, 152). 이로써 선거 기간에도 유권자와 직접 접촉할 기회는 거의 사라지게 되었다. 나아가 유신체제에서 개정된 '국민투표법'(1973.3.3. 시행)에서는 정당인의 투표 참관과 개표 참관을 배제하고, 선거관리위원회가 선정하는 '학식과 덕망이 있는 인물'들로 참관인을 꾸리도록 했다(국민투표법 제42조 및 제57조). 결국 국민투표의 투개표 참관 업무에서도 정당을 배제함으로써 사실상 정당은 불공정한 집단 내지 선거의 공정성을 해칠 수 있는 집단으로 격하되었던 것이다. 이로써 유신체제에서 정당은 대통령 선출은 물론 국민투표에서도 아무런 역할을 하지 못하는, 극히 제한적 기능을 가질 수밖에 없었다. 따라서 선거를 단지 행정적 절차로 치부하는 탈정치적 시각, 정당을 중요한 정치과정에서 배제하려는 반정당적 시도가 유신체제를 규정짓는 가장 큰 특징이며, 이와 같은 유신체제의 부정적 유산이 오늘날의 한국사회에도 강한 영향을 미치고 있는 것이다.

4. 유신체제의 정당

1) 공천과 정당정치

　유신시대에도 그나마 명맥을 이어온 유일한 전국 단위 선거는 국회의원 총선거였다. 그러나 그 제도적 맥락은 많은 변화를 겪지 않을 수 없었다. 유신 이전의 제8대 총선까지는 한 선거구에서 최다 득표자 1인을 선출하는 단순다수 소선거구제였던 데 비해 유신체제에서는 한 선거구에서 2인을 선출하는 중선거구제가 채택되었다. 총의원정수는 204석에서 219석으로 늘고, 지역구 의석도 143석에서 146석으로 소폭 늘었지만, 대통령의 추천으로 통일주체국민회의가 선출하는 의석도 총정원의 3분의 1인 73석을 차지했다. 그뿐만 아니라 민주공화당은 2명을 선출하는 중선거구에서 1명의 후보자만 내세우는 것을 사실상 원칙으로 하고 있었기 때문에, 공화당의 지역구 공천 가능 인원은 73명에 지나지 않았다. 지역구 공천 인원이 제8대 총선의 143명에서 제9대 총선에서는 73명으로 줄어들었다는 사실은 공천 경쟁이 더 치열해졌다는 의미를 내포한다.
　게다가 당으로부터의 어떤 개입도 없이 대통령이 독단적으로 추천할 수 있는 유신정우회의 존재는 대통령으로 하여금 당과 유정회 사이에서 공천권을 효과적으로 활용할 수 있도록 하는 지렛대를 제공해주는 것과 마찬가지였다. 국회의원 후보자 공천과 관련한 대통령의 권한은 누구도 침해할 수 없는 절대적 권한이 되었으며, 이는 당헌당규와 같은 공식적인 규정에 명문화되기에 이르렀다. 따라서 유신시대 이전과 이후를 통시적으로 살펴보면서 유신시대의 공천제도가 갖는 의미를 되짚어볼 필요가 있다. 아직까지 한국의 공천제도는 본질적으로 유신체제의 규정에서 크게 벗어나지 못했기 때문이다. 국민참여경선제 도입을 통해 정당 외부에 공천을 개방하는 개혁 조치가 있었지만, 아직 그러한 변화가 한국 정당들의 하향식 공천 관행을 완전히 바꿔놓았다고 보기는 어렵다. 당헌당규를 통해 추적해본 한국의 공천제도에는 여전히 유신체제의 유산이 짙게 드리워져 있음을 알 수 있다.

먼저, 제1공화국 시기의 자유당, 민국당, 민주당에는 당헌에 공식적으로 공천에 관한 규정이 나타나 있지 않다. 다만, 자유당의 경우 최초의 정당공천제가 시행된 1954년 총선에서 점수제를 도입하여 공천을 민주적으로 시행하기 위해 노력했지만, 당 총재인 이승만의 재가를 받는 과정에서 최고 득점자가 낙천하는 등 결국은 하향식으로 공천이 이뤄졌다는 연구가 있다(김용호 2003, 9-10).

제3공화국에 와서는 정당의 당헌에도 공천 관련 규정이 반영되는데, 정당법의 제정과 함께 정당의 당헌이 갖는 의미가 좀 더 중요해졌기 때문에 공천 과정도 공식적인 당의 규칙 수준에서 명시된 것으로 보인다. 먼저, 공화당 당헌에서는 "국회의원 지역구, 각급 지방의원 및 지방자치단체장의 후보자 당 추천은 당해 구 당위원회 및 시·도지부 당무협의회의 심의와 선거대책위원회의 자문을 거쳐 당무회의가 결정한다"라고 돼 있다.[2] 명목상으로는 지구당과 시·도당, 중앙당(선거대책위원회)이 고루 관여한 후 권한 있는 당기구(당무회의[3])가 결정권을 가지도록 돼 있는 구조이다. 그러나 공화당의 당무회의는 사실상 당 총재인 박정희의 지배하에 놓여 있었기 때문에 결국은 이승만의 자유당처럼 공화당의

---

[2] 민주공화당(1963) 당헌 제48조.
[3] 민주공화당의 당무회의 구성원은 15인 이내이며 당의장, 중앙위원회의장, 정책위원회의장, 사무총장, 의원총회 총무, 당소속 국회부의장, 당소속 무임소 국무위원, 당 총재가 지명한 자 약간인 등이다. 당무회의는 당무에 관한 중요 사항을 심의·의결하는 사실상 당의 최고 집행기관의 역할을 했다.

공천도 총재의 의지를 그대로 구현하는 데 불과한 것이었다.

제3공화국의 야당에서도 이와 유사한 규정이 발견된다. "국회의원 후보자의 공천은 당해 지구당부의 의견을 참작하고 선거대책위원회의 심의를 거쳐 당무위원회에서 결정한다"(민주당 당헌 제42조), "국회의원 후보자 추천은 당해 지구당부 및 시·도지부의 의견을 감안하여 당무회의에서 이를 결정한다"(민정당 당헌 제66조), "국회의원 후보자의 공천은 중앙선거대책위원회의 내신에 의하여 당무위원회의 의결을 거쳐 최고위원회와 지도위원회의 합동회의에서 이를 결정한다"(민중당 당헌 제47조) 등이 그러한 규정들이다. 제3공화국 여야 정당들의 공천에서 나타나는 특징은, 실제 행태에 있어서는 총재 1인의 의중에 따라서 공천이 행해졌지만 당헌상으로는 아직 그러한 규정이 노골적으로 표출되지 않고 민주적 외양을 갖추고자 했다는 점이다.

그러나 유신시대로 접어들면서 총재 중심의 비민주적인 '1인 공천 시스템'은 극대화된다. 당헌상으로도 독재체제가 그대로 정당화되기에 이른 것이다. 우선, 공화당은 당헌 제48조를 "국회의원 후보자의 당추천은 당해 지구당위원회의 건의와 당무회의에서의 심의를 거쳐 당 총재가 결정"하는 것으로 수정했다.[4] 이로써 총재의 공천권이 명문화되었다. 지구당과 당무회의는 공천과 관련해 단지 '건의'와 '심의'만 할 수 있을 뿐, 실질적인 권한은 총재 1인에게 있음을 분명히 한 것이다.

그런데 공천에 관한 총재의 절대적 권한은 5공화국 이후의 여당에도 당헌을 통해 그대로 계승되었다. 전두환의 민정당은 "지역선거구 국회의원 후보자의 추천은 지구당의 의견을 들어 중앙집행위원회의 심사를

---

[4] 민주공화당(1974) 당헌 제48조.

거쳐 총재가 결정한다"라는 규정을 두었다.[5] 지구당 등 하급당부의 권한은 단지 의견 제시 정도에 그치며, 공천에 관한 최종 결정권은 총재에게 그대로 남아 있게 된 것이다. 1987년 민주화 이후에도 민정당의 공천은 달라지지 않았다. 다만, 3당 합당 이후 민자당에서는 "지역선거구 및 전국선거구 국회의원 후보자의 추천은 당무회의의 심의를 거쳐 총재가 최고위원들과 협의하여 결정한다"라는 규정으로 변하게 되는데,[6] 이는 합당 이후 각 당의 지분을 보장하기 위해 최고위원들과의 협의 조항을 삽입한 정도의 변화였다.

이 시기에 야당도 나름대로의 공천 패턴을 보이고 있다. 유신 시절의 신민당에서는 "국회의원 후보자의 공천은 특별히 구성하는 심의위원회의 심의를 거쳐 정무회의가 이를 결정한다"라는 규정이 발견된다.[7] 야당의 공천심사에서 발견되는 새로운 점은 기존의 당무집행기구 산하에 공천을 전담하는 특별기구를 만들었다는 것이다. 2000년대 이후의 총선에서 거의 모든 정당이 구성하고 있는 '공심위'와 비슷한 역할을 하는 기구의 원형이 바로 이 시기 야당에서 출발한 것임을 알 수 있다. 유신 시절에 야당은 특히 파벌 간의 대립과 갈등이 심했는데, 이를 조정하고 관리하기 위해서는 당권파가 장악한 당무집행기구 이외에 일정 정도 독립성을 띠는 것처럼 보이는 특별 공천기구에 심사 기능을 맡길 필요가 있었던 것이다. 5공 시절 야당인 민한당에서도 "국회의원 후보자의 공천은 특별히 구성하는 심사위원회의 심사를 거쳐 당무회의가 이를 결정한다"라는 유사한 규정이 발견된다.[8]

---

5 민주정의당(1983) 당헌 제72조 1항.
6 민주자유당(1990) 당헌 제69조.
7 신민당(1979) 당헌 제43조.
8 민주한국당(1981) 당헌 제41조.

1987년 민주화 이후에도 야당의 공천 규정은 단절적이기보다는 지속성을 드러낸다. 민주당의 1991년 당헌을 보면, "국회의원 후보자 및 서울특별시장, 직할시장, 도지사 후보자는 당무위원회와 최고위원회 심의를 거쳐 대표최고위원이 추천한다. 다만, 당무위원회는 후보심사특별위원회를 설치하여 이를 위임할 수 있다"라고 돼 있다.[9] 이는 당 지도자의 공천권을 더 명확히 규정하고 있는 것으로서 민주화의 흐름이 국회의원 공천에까지 파급되지는 못하고 있음을 보여준다. 당무위원회 산하에 특별 공천기구를 설치함으로써 독립성 보장의 모양새를 띠게 하려는 것도 이전 시기와 별로 달라지지 않은 것이다.

여야 정당에서 공히 보이는 당 지도자에 의한 중앙집권화된 공천 행태는 유신시대 독재정치의 유산과 3김 정치의 지속 때문이었다. 군부독재는 1987년 민주화와 함께 막을 내렸지만 야권의 분열은 사실상 군정의 연장을 가져왔고, 1987년 대선부터 첨예화된 지역주의적 대립은 3김을 지역의 맹주로 군림하게 함으로써 권위주의적 정당 문화를 더 고착화시키는 결과를 초래했다. 따라서 당내 정치는 오랫동안 총재 1인의 사당화 현상을 그대로 노정했고, 국회의원 공천은 당 총재의 지배권을 보장하는 가장 중요한 수단으로 남게 된 것이다. 그 결과 민주화 이후에도 오랫동안 한국 정당의 공천은 사실상 유신시대와 크게 달라지지 않은 모습을 보일 수밖에 없었다.

이와 같은 상황에서 2002년 국민참여경선제의 도입은 당의 최고지도자 1인이 행하던 공천을 당 외부의 유권자에게 개방하는 형태로 이뤄졌다. 그러나 이는 하잔과 라핫(Hazan & Rahat 2010)의 분석틀에 의하면 공천주체(selectorate)를 가장 폐쇄적인 극단에서 가장 개방적인 극

---

9   민주당(1991) 당헌 제66조 4항.

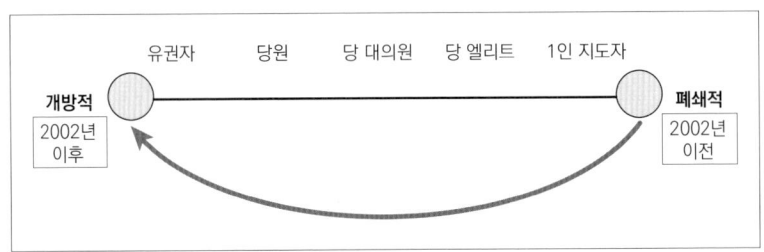

그림 1 한국 정당의 공천주체 변화

단으로 급격히 옮기려 했던 조치로서, 공천 과정에서 정당이 제 역할을 하기가 어렵도록 만드는 것이었다. 결국, 중앙당에 모든 권한이 집중된 구시대적 정당 시스템은 그대로 남아 있는 상태에서 공천 과정에서의 국민참여만 강조하다 보니, 정당의 하부 조직 단위가 활성화되지 못하고 실질적 당 활동이 부재한 상태로, 경선 투표권만 행사하기를 원하는 일시적 참여자들이 목소리를 높여나갈 수밖에 없었다.

이는 당 밖에 있는 유력 대권주자의 추종세력들이 일종의 정치팬덤을 형성하여 정당을 좌지우지하려는 것으로, 정당 중심의 민주주의가 퇴조하고 유권자가 소비자화하면서 '개인화된 정치(personalized politics)'로 변형되었음을 의미한다(Bennett 2012). 현재 한국 정당은 양당을 모두 합쳐 1000만 명이 넘는 당원을 보유하고 있지만, 이들을 진정한 의미의 당원으로 보기 어려운 것은 그 기저에 정당정치가 아니라 팬덤정치가 자리 잡고 있기 때문이다. 결국 극단에서 극단을 오간 한국 정당의 공천제도는 유신시대와 별로 다르지 않은, '특정인 중심의 사인화된 인물정치'의 굴레를 여전히 강화하고 있다는 평가를 하지 않을 수 없다.

2) 파벌정치

유신체제에서 파벌정치의 모습은 여당과 야당에서 각기 다르게 나타났다. 두 가지 조건이 상이했기 때문이다. 먼저, 파벌정치는 차기 권력과 강한 연관을 갖는다. 유력한 차기 권력자를 중심으로 정치 엘리트들이 모여드는 것이 파벌의 기본이다. 그런데 유신체제에서 여당에 차기 권력을 상정하는 일은 있을 수 없는 것이었다. 사실상 박정희의 1인 종신집권체제가 유신이었기 때문에 현재의 권력이 곧 영원한 차기 권력을 의미했다. 따라서 여당에서 차기 권력은 없는 것과 마찬가지였다. 또한 파벌은 당내에서 국회의원 공천권을 두고 경쟁을 벌이는 집단이라는 의미도 있다. 그런데 앞에서 살펴봤듯이 유신 시기에 민주공화당의 국회의원 후보 공천은 "총재가 결정"하는 것으로 명문화돼 있었다. 박정희 1인에 의한 공천, 그 이외에 다른 여지는 없었다. 따라서 국회의원 후보에 대한 공천권을 둘러싸고 여당 내에서 파벌 경쟁이 벌어지는 일 또한 발생하기 어려웠다. 결국 유신체제에서 민주공화당은 파벌정치의 동학이 발현할 수 있는 환경 자체가 형성되지 못했고, 최고 권력자 박정희에 의한 개인적 통치가 당내에서 폭넓게 관철되는 상황이었던 것이다.

그러나 야당은 이와 다른 상황이었다. 물론 차기 권력에 대한 기대가 존재하지 않는 것은 여당과 마찬가지였다. 유신체제는 정권 교체 자체를 불가능하게 하는 체제였기 때문이다. 야당은 결코 집권의 대안세력이 아니었다. 대안세력은커녕 대통령 선거의 장에 초대조차 받지 못하는 배제의 대상일 뿐이었다. 앞에서 살펴봤듯이, 철저히 반정당적인 환경에서 진행되는 통일주체국민회의 대의원 선거는 야당의 역할을 정권과는 무관한 구경꾼으로 만들어놓는 것이었다. 이런 상황에서 차기 권력과 관련된 야당 내 파벌의 형성은 불가능한 일일 수밖에 없다.

하지만 국회의원 후보에 대한 공천권을 둘러싸고 벌어지는 당내 경쟁은 상당히 치열했다. 이는 선거제도가 중선거구제로 바뀌면서 지역구의 수가 153개에서 73개로 대폭 줄어든 데 따른 것만은 아니다. 실제로 각 지역구마다 선출하는 의원 정수는 2명이었지만 여당과 야당은 사실상 지역구마다 1명씩 후보자를 내세움으로써 여야가 동반 당선되는 구조였기 때문이다. 즉, 후보 출마(공천) 자체가 당선을 보장하고 있었던 것이다. 따라서 야당에서 공천할 수 있는 후보자의 숫자는 절반으로 줄어든 가운데 그들이 공천받기만 하면 당선을 보장받는 구조라 당내의 공천 경쟁은 치열할 수밖에 없었다.

유신체제에서 있었던 두 차례의 총선(제9대, 제10대)을 보면, 1973년의 제9대 총선에서는 여당인 공화당이 7개 지역에서 복수의 후보를 공천함으로써 모두 80명의 후보자를 공천했고, 야당인 신민당은 14개 지역에서 복수의 후보를 공천함으로써 총 87명의 후보자를 내세웠다. 이 가운데 공화당은 73명의 당선자를 냄으로써 공천자 대비 91%의 당선율을 보였으며, 신민당은 52명이 최종적으로 당선하여 공천자 대비 60%의 당선율을 보여주었다. 1978년의 제10대 총선에서는 공화당이 모든 지역구에서 1명의 후보자만 공천함으로써 총 77명의 후보자를 배출했으며, 신민당은 4곳을 복수 공천함으로써 총 81명을 출마시켰다. 결국, 제10대 총선에서 공화당의 공천자 대비 당선율은 88%, 신민당의 공천자 대비 당선율은 75%에 이른다.

〈표 1〉에서 보듯이 복수 후보 공천 지역은 전국에 산재해 있다. 제9대 총선에서 공화당은 경기, 강원, 충북, 전남, 경북, 경남 등 7개 지역에, 신민당은 서울, 부산, 경기, 대구, 경북 등의 14개 지역에 복수 공천을 했는데, 신민당은 서울의 한 곳에서만 2명의 복수 당선자를 냈

표 1 유신체제의 총선에서 양당의 복수 공천 현황

제9대 총선		제10대 총선	
공화당(7곳)	신민당(14곳)	공화당(0)	신민당(4곳)
경기 김포·고양·강화 강원 영월·평창·정선 충북 충주·중원·제천·단양 전남 장흥·강진·영암·완도 경북 영덕·청송·울진 경남 충무·통영·거제·고성 경남 하동·남해	서울 종로·중구 서울 동대문구 서울 성동구갑·을 서울 성북구갑·을 서울 마포·용산 서울 소할영등포구 서울 영등포구일부 부산 중구·영도구 부산 서구·동구 경기 여주·광주·이천 대구 서구·북구·중구 경북 포항·울릉·영일·영천 경북 안동시·의성군·안동군 경북 달성·경산·고령		서울 마포·용산 서울 강서 충북 영동·보은·옥천 충남 서산·당진

밑줄은 복수의 후보를 공천하여 2명이 모두 당선된 지역구임.
※ 출처: 중앙선거관리위원회 선거통계시스템.

을 뿐이고, 공화당은 4곳에서 복수 당선자를 냈다. 즉, 유신시대에는 지금과 달리 특정 지역을 절대적으로 지배하는 정당이 없었다는 얘기다. 민주화 이후 지역주의하에서는 국민의힘 계열 정당이라면 영남권에서 2명의 후보를 공천하더라도 2명 모두 당선시킬 가능성이 높고, 더불어민주당 계열 정당이라면 마찬가지로 호남권에서 2명의 후보를 공천하더라도 역시 2명 모두 당선시킬 수 있을 테지만, 지역주의가 두드러지기 이전인 유신체제에서는 그렇지 않았던 것이다. 오히려 지역의 말단 행정조직을 총괄하는 별정직 신분의 면장들을 정권 차원에서 임명할 뿐만 아니라 지방의 당조직도 원활하게 가동되는 등 여당의 권력 자원과 조직적 역량이 컸던 만큼 여야 모두 전국적으로 고르게 당선자를 배출하는 상황이었다.

따라서 제10대 총선에서는 한 지역구에서의 복수 후보 공천이 결국 당선 가능성을 낮출 수 있다는 점을 우려해 양당 모두 복수 공천을 최대한 자제한 것이다. 공화당은 복수 후보 공천 지역이 없으며, 신민당도 4곳에서만 복수 후보를 냈다. 따라서 공천 경쟁에 대한 압박은 갈수록 가중될 수밖에 없었다. 공천자의 숫자가 제한돼 있을 뿐만 아니라, 특히 복수 공천의 여지도 많지 않아 파벌 간에 조정과 타협이 쉽지 않았기 때문이다. 더구나 유신체제에서 야당이 가져갈 수 있는 공직 자원은 선출직 국회의원이 유일한 상황이었다. 이런 상황에서 일단 공천을 받기만 하면 거의 당선이 보장된다는 사실은 국회의원 공천을 파벌들 간에 사활적 이익이 걸린 문제로 만들어낸 것이다.

베처(Bettcher 2005)의 논의에 의하면, 한국 정당의 파벌들은 후견주의(clientele) 혹은 이익의 파벌(faction of interest)로 분류할 수 있는데, 유신체제의 신민당에서 가장 중요한 이해관계(이익)가 바로 국회의원 후보 공천이었다. 또한 벨로니와 벨러(Belloni & Beller 1978)는 파벌 발생의 원인으로 사회적·정치적·구조적 원인을 들고 있는바, 신민당은 세 가지 원인에 모두 해당되는 상황이었다. 후견주의 문화가 크게 작용하는 한국적 상황은 파벌 발생의 사회적 요인을 충족하는 것이며, 정당의 기원에서 여러 정당들의 합당을 통해 정당이 형성된 경우 파벌의 출현 가능성이 크다는 구조적 요인 또한 신민당의 파벌을 설명하기에 충분하다. 1967년 대선을 앞두고 통합야당으로 탄생한 신민당은 신한당, 민중당 등 여러 야권세력의 결합으로 이뤄진 정당이기 때문이었다.

특히 벨로니와 벨러는 당내 비례대표제 도입과 같은 정치적 요인의 중요성을 강조하는데, 신민당의 공천 과정 또한 이와 유사하다고 볼 수 있을 것이다. 공천 과정에서 각 파벌은 일정 정도의 지분을 배정받게 되고, 이러한 몫 내에서 각 파벌은 구체적으로 누구에게 공천을 줄 것인지를 정하는 형식이기 때문이다. 물론 파벌들 간의 힘겨루기를 통해 지분의 크기에 변동이 생길 수는 있고, 협상 결과에 따라 변수도 발생할 수 있다. 따라서 이러한 공천 과정 아래서는 당내의 파벌로부터 떨어져 존재한다는 것은 당내 권력의 향배로부터 소외되는 것을 의미한다. 당의 후보가 되기 위해서는 파벌의 도움을 반드시 필요로 하기 때문이다. 1976년 전당대회를 통해 신민당이 집단지도체제를 도입한 것도 파벌 간 지분의 배분과 협상 과정의 제도화 조치였다고 해석할 수 있다.

결국, 유신체제의 후반부로 갈수록 신민당의 파벌 분화는 한층 복잡해지고, 이로 인해 당권을 둘러싼 파벌 간 다툼 또한 더 격해진다. 1979년 5월 30일 신민당 전당대회에서는 김영삼이 결선투표에서 이철승을 누르고 당 총재로 복귀하게 되는데, 당시 총재 경선에는 7명(김영삼, 이철승, 신도환, 이기택, 김재광, 조윤형, 박영록)이 도전하는 과열 양상을 보였다. 그뿐만 아니라 전당대회에서 패배한 비주류 측은 일부 전당대회 대의원들의 자격을 문제 삼아 법원에 총재단 직무집행정지가처분 신청을 하기에 이르고, 법원은 이를 인용하여 정운갑을 총재권한대행에 선임하기까지 했다. 명분상으로는 이철승의 체제 수용적인 중도통합론과 김영삼의 체제 저항적인 선명야당론이 맞서는 모양새였지만, 그 기저에는 공천권과 같은 핵심적인 당권의 향방을 두고 벌이는 파벌 간 대결이라는 의미가 더 짙게 깔려 있었다고 봐야 할 것이다.

이에 따라 유신 직전인 1972년 신민당의 파벌은 범주류에 김홍일계, 유진산계, 김영삼-고흥문계, 이철승계, 양일동계가 있었고, 비주류에 김대중계, 중도계, 소장계가 있었다면,[10] 유신 말기에는 〈표 2〉와 같이

---

10 박종성, 『정치는 파벌을 낳고 파벌은 정치를 배반한다』(한울, 1992), 67-68쪽.

표 2 유신 말기 신민당의 파벌 현황(1979.5.)

구분	명단
이철승계	송원영, 고재청, 한영수, 김육덕, 김준섭, 오홍석, 임종기, 허경만, 조규창, 조세형, 김원기, 김동욱, 김승목, 박해윤, 양해준, 진의종, 황호동, 윤완중
김영삼계	이민우, 박한상, 황낙주, 박일, 박용만, 김동영, 이필선, 박권흠, 김형광, 문부식
고흥문계	김현기, 채문식, 이진연, 이택돈, 유용근, 이중재, 윤철하
신도환계	이상신, 신상우, 김상진, 엄영달, 김종기, 조일환, 김창환
이충환계	김수한, 김제만, 유기준
유치송계	황병우, 신동준
민사회	이기택, 오정보
자주구락부	조윤형, 최형우, 정대철
자민동지회	이택돈, 유한렬, 박병호, 정재원
박영록계	한건수, 천명기, 최성석
김재광계	노승환, 이용희, 조중연, 김영배

※출처: 신두철(2016), 161쪽.

11개의 파벌이 존재했다.

한편, 부첵(Boucek 2009)은 파벌주의가 낳을 수 있는 정치적 결과를 3가지로 나누고 이를 각각 협력적(cooperative) 파벌주의, 경쟁적(competitive) 파벌주의, 퇴행적(degenerative) 파벌주의로 명명했다. 유신시대 야당 신민당의 파벌주의는 당의 집합적 역량을 증대시키고 당내 협력을 촉진하는 협력적 파벌주의라고 보기는 어려울 것이다. 파벌 간 대립이 원심적 경쟁과 결합하면서 정당의 단합을 위협하고 분열과 불화로 이어졌다는 측면에서 경쟁적 파벌주의에 해당한다고 보는 것이 적절하다. 다만, 파벌 정치가 공적 자원의 교란, 낭비와 부패로까지 이어지지는 않았다는 점에서 퇴행적 파벌주의로 규정하기에는 다소 무리가 있어 보인다. 하지만 제1야당이 가질 수 있는 선거 시기의 이점 때문에 당이 완전히 분열하지는 않았지만, 신민당의 극단적 파벌정치는 야당의 역량을 결집시키지 못하고 중앙정보부의 공작 정치에 휘둘리는 부정적 결과를 가져오기도 했다. 따라서 신민당의 파벌정치는 경쟁적 파벌주의와 퇴행적 파벌주의의 중간 지점 어딘가에 놓여 있었다고 해석할 수 있다. 또한 이러한 파벌정치의 동학은 현재 한국 정당들이 보여주고 있는 당내 역학과도 별반 다르지 않아 보인다. 이상에서 살펴본 것처럼, 한국에서 협력적 파벌주의가 제도화되지 못하는 것은 오랜 역사적 경로에 갇혀 있기 때문일 것이다.

5. 1978년 제10대 총선과 유신체제 붕괴

흔히 민주화 이전 시기에 한국 선거정치의 역동성을 보여주는 대표적인 총선으로 1978년의 제10대 총선과 1985년의 제12대 총선을 꼽는다(신두철 2016; 강원택 2019b). 1978년 총선은 유신체제라는 억압적 상황에서도 야당의 총득표율이 여당을 앞지름으로써 국민들의 정권에 대한 민심 이반을 명확히 보여줬을 뿐만 아니라 부마항쟁 등 유신 말기 대대적인 국민 저항의 기폭제가 되었다는 측면에서, 1985년 총선은 창당 후 1개월도 지나지 않은 신생 야당 신한민주당이 관제 야당들을 제치고 제1야당의 지위를 차지함으로써 제도정치권이 일거에 독재세력과 반독재세력 간의 대결로 재편되어 향후 민주화운동의 실질적인 추동력을 만들었다는 측면에서 두 선거의 의미는 남다르다는 것이다.

물론 1985년 총선이 갖는 의미에 대해서는 재고의 여지가 없다. 패권 정당을 추구하던 전두환의 의도를 완전히 붕괴시키며, 국민들에게

표 3   제9대 국회의원 총선 결과(1973.2.27.)

현황 지역구	민주공화당		신민당		민주통일당		무소속	
	득표수(득표율)	의석수	득표수(득표율)	의석수	득표수(득표율)	의석수	득표수(득표율)	의석수
서울	638,788(34.22)	7	827,251(44.32)	8	271,989(14.57)	0	128,591 (6.89)	1
부산	246,387(35.68)	4	340,361(49.29)	4	66,463 (9.63)	0	37,310 (5.40)	0
경기	492,974(43.41)	9	411,002(36.19)	6	112,533 (9.91)	0	119,122(10.49)	1
강원	282,188(42.49)	5	216,800(32.65)	3	40,686 (6.13)	0	124,430(18.74)	2
충북	247,619(45.25)	5	113,007(20.65)	2	63,666(11.63)	0	122,974(22.47)	1
충남	363,505(35.41)	6	326,927(31.85)	6	143,026(13.93)	0	193,006(18.80)	2
전북	249,813(29.37)	4	236,401(27.79)	4	82,752 (9.73)	0	281,573(33.11)	4
전남	662,148(47.33)	10	319,521(22.84)	6	183,696(13.13)	2	233,529(16.69)	2
경북	574,767(34.67)	12	463,674(27.97)	5	83,261 (5.02)	0	536,211(32.34)	5
경남	444,239(43.73)	10	309,857(30.50)	8	60,338 (5.94)	0	201,461(19.83)	0
제주	49,326(35.85)	1	12,499 (9.08)	0	5,794 (4.21)	0	69,971(50.85)	1
합계	4,251,754(38.68)	73	3,577,300(32.55)	52	1,114,204(10.14)	2	2,048,178(18.63)	19

의원 정수는 총 219석(지역구 146석 + 유정회 73석).
※ 출처: 중앙선거관리위원회 선거통계시스템.

    제도권 야당의 가능성과 이를 중심으로 한 체제 전환의 희망을 보여 줬다는 점에서 신한민주당의 승리가 상징하는 선거정치의 역동성은 매우 높은 평가를 받을 수밖에 없다. 그러나 1978년 총선에 대해서도 그러한 평가를 공유할 수 있을지에 대해서는 다소 의문스러운 점이 있다.

    먼저, 신민당이 총득표율(32.8%)에서 공화당의 총득표율(31.7%)을 앞선 것은 출마 후보자 수의 차이에도 일정 정도 기인하고 있다는 점을 부인하기 힘들다. 신민당은 제10대 총선에서 지역구 4곳을 복수 공천함으로써 총 81명의 후보자가 등록했고, 공화당은 복수 공천 없이 모든 지역구에 한 명씩만 공천하여 총 77명의 후보자를 내세웠다. 신민당의 총득표수는 4,861,204표로서 공화당의 4,695,995표보다 165,209표를 더 얻었는데, 이는 복수로 출마한 후보자들이 평균적으로 각각 41,000표 가량을 득표했을 경우 가능한 수치이다. 즉, 비교의 기준(출마 후보자 수)이 동일하지 않은 상태에서 득표율만 따로 떼어 과도하게 해석하는 것은 객관적이지 않은 평가일 수 있다.

더구나, 다른 맥락은 사장하고 득표율이라는 기준만 따로 떼어놓고 얘기하더라도, 이미 야당(신민당+민주통일당)의 득표율은 1973년의 제9대 총선에서 여당(공화당)을 넘어선 상태였다. 제9대 총선에서 신민당(32.6%)과 민주통일당(10.1%)의 득표율 합계는 42.7%인 데 반해 공화당은 38.7%에 그쳤기 때문이다. 1973년에도 이미 야당의 득표율은 여당을 4%p 이상 앞서고 있었던 것이다. 특히, 신민당으로부터 분당한 민주통일당은 이념적으로 볼 때 더 진보적인 색채를 띠고 있었기 때문에 두 야당의 표를 하나의 블록으로 묶는 것은 전혀 어색하지 않은 일이다.

물론 제10대 총선에서도 신민당(32.8%)과 민주통일당(7.4%)의 득표율 합(40.2%)은 공화당(31.7%)보다 높다. 그러나 야당의 득표율 합계가 1973년(42.7%)보다 높아진 것도 아니고, 신민당 또한 1973년 총선에 비해 0.2%p라는 매우 소폭의 지지율 상승을 보였을 뿐이다. 오히려 득표율로 보자면, 무소속에 대한 지지가 크게 확대됐다는 점을 발견할 수 있다. 무소속 후보자들의 총득표율은 제9대 총선의 18.6%에서 제10대 총선에서는 28.1%로 무려 10%p가량 늘었다. 그뿐만 아니라 무소속 당선자들 또한 22명이나 배출되었다. 즉, 제10대 총선은 제도권 여야 정당에 대한 국민들의 실망이 표출된 선거로 이해하는 것이 더 합리적일 수 있다는 얘기다.

한편, 유신체제하의 총선이 1선거구 2인 선출의 중선거구제 형태로 치러졌기 때문에 각 선거구에서 1위 당선자를 어느 정당이 얼마나 배출

표 4 제10대 국회의원 총선 결과(1978.12.12.)

현황 지역구	민주공화당		신민당		민주통일당		무소속	
	득표수(득표율)	의석수	득표수(득표율)	의석수	득표수(득표율)	의석수	득표수(득표율)	의석수
서울	819,137(26.61)	9	1,578,279(51.26)	11	278,971 (9.06)	1	402,338(13.07)	1
부산	348,730(29.76)	4	464,539(39.64)	5	145,308(12.40)	0	213,255(18.20)	1
경기	643,850(35.71)	8	594,871(33.00)	7	90,138 (5.00)	0	474,041(26.29)	1
강원	301,503(39.09)	5	183,340(23.77)	3	22,149 (2.87)	0	264,333(34.27)	2
충북	233,775(36.46)	3	214,283(33.42)	4	82,179(12.82)	1	110,952(17.30)	0
충남	495,342(40.11)	7	286,878(23.23)	5	104,226 (8.44)	0	348,502(28.22)	2
전북	286,024(29.43)	6	301,349(31.01)	4	80,796 (8.31)	0	303,603(31.24)	2
전남	525,508(34.28)	8	370,203(24.15)	7	197,160(12.86)	1	440,212(28.71)	4
경북	564,171(27.81)	9	478,025(23.56)	8	60,192 (2.97)	0	926,207(45.66)	5
경남	433,726(31.13)	8	373,143(26.78)	7	33,938 (2.44)	0	552,551(39.66)	3
제주	44,229(23.94)	1	16,294 (8.82)	0	–	0	124,193(67.23)	1
합계	4,695,995(31.70)	68	4,861,204(32.82)	61	1,095,057(7.39)	3	4,160,187(28.09)	22

의원 정수는 총 231석(지역구 154석 + 유정회 77석).
※ 출처: 중앙선거관리위원회 선거통계시스템.

했는지를 파악해볼 필요가 있다. 당선자라는 지위는 동일하게 부여받을 지라도 누가 더 많은 지지를 받았느냐에 따라 1위와 2위의 차이가 생겨나기 때문이다. 전국적으로 볼 때, 1위 당선자가 더 많다는 사실은 그 정당이 고르게 유권자들로부터 더 많은 지지를 받았다는 사실을 의미한다고 볼 수 있다. 그런데 〈표 5〉에서 보는 바와 같이, 이 지표에서도 신민당은 공화당을 앞서지 못하는 것으로 나타난다.

공화당은 모두 46개 선거구에서 1위 당선자를 배출한 반면, 신민당은 그 절반에 그치는 23개 선거구에서만 1위로 당선되었다. 물론 신민당이 서울과 부산 등 대도시에서는 압도적인 모습을 보여주고 있지만,

표 5 제10대 총선의 정당별 1위 당선자 현황

구분	공화당	신민당	민주통일당	무소속
서울	2	9	0	0
부산	0	4	0	1
경기	4	4	0	0
강원	4	1	0	0
충북	3	0	1	0
충남	6	0	0	1
전북	4	1	0	1
전남	8	2	0	0
경북	7	1	0	3
경남	7	1	0	1
제주	1	0	0	0
합계	46	23	1	7

※출처: 중앙선거관리위원회 선거통계시스템.

다른 모든 지역에서는 그렇지 못하다. 오히려 무소속이 7개 지역에서나 1위로 당선됨으로써 무소속 강세를 다시 한번 확인시켜주고 있다. 이처럼, 득표율에서 1.1%p 앞섰기 때문에 제10대 총선은 사실상 신민당이 승리한 선거라는 말은, 정치적 레토릭은 될 수 있을지언정 선거 결과를 객관적으로 표현하고 있다고는 보기 어렵다. 한국정치에서 격변적인 사건이 있기 전에 선거가 그에 앞서 그러한 징후를 먼저 드러내주는 선행 지표로서의 역할을 했다는 말은 한국 선거정치의 역동성을 드러내기 위해 자주 쓰이고 있지만, 제10대 총선의 결과도 그러한 예가 될 수 있을지에 대해서는 의문이 남는다.

물론, 권위주의 시기 민주화 투쟁 과정에서 제도권 야당의 역할과 기여를 무시할 수는 없을 것이다. 그러나 민주화를 바라는 국민들의 열망에 미치지 못하는 수준의 정당 운영과 당내 행태들 또한 그 자체로 평가될 필요가 있다. 특히 유신시대에 보여준 야당의 분열상과 내부 폭력, 이익 정치 속에서 야당으로서의 결집된 역량이 발휘되지 못한 것은 안타까운 일이 아닐 수 없다. 이러한 상황에서 유신체제의 붕괴를 이끌고 야당을 견인해나간 것은 재야의 몫이었다. 거기에 더해 학생들의 헌신, 언론인들의 분투가 유신과 맞서는 주요한 동력이 되었다. 야당이 보다 충실한 역할을 했더라면 유신체제의 붕괴는 앞당겨질 수 있었거나 혹은 유신 붕괴 이후에 또다시 '유사 유신체제'가 등장하는 것을 막을 수 있었을지도 모른다.

한국 헌정사에서 전국비상계엄이 선포된 것은 모두 세 차례이다. 1961년 5·16쿠데타와 1972년 유신, 1980년 전두환과 신군부의 비상계엄 확대 조치가 이에 해당하는데, 그중 두 차례의 전국비상계엄에서는 모든 정당을 해산시키는 조치가 있었다. 1961년과 1980년이다. 그러나 1972년에는 기존 정당들을 해산하지 않았다. 헌법의 기능을 정지시키고, 국회를 해산하는 등 초헌법적 조치를 취했다는 점에서는 모두 공통점이 있지만, 정당 해산과 관련해서는 판단이 달랐던 것이다. 어쩌면 유신을 준비하던 박정희에게 당시 야당은 별로 위협적인 존재로 느껴지지 못했을지도 모른다.[11] 또한 이철승 체제의 신민당은 1978년 총선의 선거운동 과정에서도 선명성을 보여주지 못했다. 신민당은 대통령 직선제 개헌, 긴급조치 폐지와 같은 반체제적인 내용을 직접적인 공약

---

11 서희경, 『한국헌정사, 1948~1987』(도서출판 포럼, 2020), 882-883쪽에서는 유신체제로 전환하기 전에 박정희가 이미 1971년 12월 6일 국가비상사태 선언, 12월 27일 국가보위특별조치법 국회 통과를 통해 대통령이 어떤 통제나 견제 없이 초헌법적 권한을 행사할 수 있도록 사전 조치를 마쳤기 때문에 굳이 정당 해산이라는 새로운 분란을 일으킬 필요가 없었다는 점을 지적하고 있다. 즉, 1961년, 1980년의 정치적 환경과 1972년의 정치적 환경은 서로 달랐다는 점에 주목해야 한다는 것이다.

으로 제시하지 않은 채, 현행 헌법의 개정, 긴급통치의 지양과 같은 미온적인 구호를 외치는 데 그쳤다. 따라서 그동안 다소 과대평가되어온 제10대 총선 결과에 대한 해석과 유신체제에서 신민당의 역할에 대해 보다 객관적인 재검토가 필요하다고 판단된다.

6. 결론: 유신체제의 현재적 의미

현재 한국사회는 정치 개혁의 의제들을 한 발짝도 진전시키지 못하고 있다. 국회 정치개혁특별위원회의 논의에서는 국회의원 정수를 단 1석도 늘리지 못했고, 연동형 비례대표제 등 선거제도 개혁 논의도 여의치 못하다. 학계에서는 국회의 대표성을 높이기 위해 비례대표 의석을 확대할 것을 주문하고 있지만, 국민들은 비례의석의 확대에 동의하지 않는다. 오히려 비례의석을 줄이거나 심지어 비례대표제도를 폐지해야 한다는 여론도 존재한다. 한마디로, 정치개혁 의제와 관련한 학계의 논의와 국민 정서는 서로 반대 방향을 가리키고 있는 것이다.

지금까지 살펴봤듯이, 이와 같은 상황은 한국정치에 그동안 강하게 내재됐던 탈정치적·반정당적 정향과 깊은 관련을 갖는다. 정치의 영역은 최대한 축소하고 행정이나 사법이 그 자리를 메워야 한다는 생각, 정치과정의 바람직한 작동을 위해서는 정당의 개입 폭을 줄여나가야 한다는 주장이 그러한 정향의 핵심에 자리 잡고 있다. 물론, 이것은 대한민국 현대 정치의 전개와 함께 심화돼온 오랜 발전의 결과물이겠지만, 이 글에서는 특히 유신체제의 특성에 초점을 맞추어 탈정치적·반정당적 정향의 형성과 착근에 대해 집중적으로 분석해보았다.

유신체제는 절차적 민주주의가 송두리째 유린된 비민주성에만 문제가 있는 것이 아니었다. 그보다 더 심각하게 한국의 민주주의에 해악을 끼친 것은 '정치 행위' 그 자체, 특히 정치과정에서 가장 핵심적 위치를 차지해야 할 '정당' 그 자체의 존재 이유를 근본적으로 흔들어놓았다는 데에 있다. 그 결과, 한국은 이미 유신체제를 벗어난 지 40년이 넘었고, 전 국민적인 민주화 투쟁으로 절차적 민주주의를 쟁취한 지도 30년이 넘었지만, 아직까지 민주주의의 질적 심화라는 새로운 단계로 진입하지 못한 채 오히려 진영 간의 극단적 대립과 팬덤형 동원 정치로 퇴행하고 있는 실정이다.

따라서 한국정치가 한 단계 진보하기 위해서는 물리적으로 유신체제에서 벗어나는 것만으로는 충분치 않다. 유신체제의 유산들이 국민의 정치적 정향을 규정짓고 있는 가치체계의 틀에서 벗어나야 하는 것이다. 정치는 대립하는 양 진영이 일거에 승부를 내고, 승자가 패자들을 단죄하면서 지지자들을 만족시켜나가는 적대적 게임으로만 규정될 수는 없다. 더구나 국민들은 그 속에서 단지 개별 유권자의 지위만 가진 채 수동적으로 한 표를 행사하는 객체적 존재로만 머물러서도 안 된다. 또한, 정당은 유신체제의 여당처럼 어떠한 파벌도 허용되지 않는 반다원적 공간이 돼서도 안 되며, 그 시절의 야당처럼 공적 이익을 앞에 두고 대립과 분열만 되풀이하는 지리멸렬한 모습이어서도 안 된다.

이러한 시각을 바탕으로, 이 글에서는 유신체제하의 정당과 선거에 대해 기존의 통념과는 다소 상이한 해석을 시도해보고자 했다. 결과적으로 유신체제를 붕괴시키고 곧바로 이어진 신군부세력의 독재까지 물리치면서 민주화를 쟁취한, 전 세계적으로도 몇 안 되는 성공 사례가 대한민국이라 하더라도 그 과정과 내용에 대한 평가는 보다 객관적일 필요가 있기 때문이다. 특히 유신체제에서 야당의 역할은 1978년 제10대 총선을 사실상 승리로 이끌면서 유신 붕괴의 전조를 만들어냈다고 볼 만큼 긍정적이지 못하다는 게 이 글의 주장이다. 오히려 유신 반대의 구심은 재야에 있었고, 학생운동세력을 비롯해 양심적 언론인들의 희생과 헌신이 중단 없는 저항의 물결을 일구어낸 것으로 봐야 한다. 그 과정에서 야당은 당외 세력과의 연대나 지원을 바탕으로 파벌 간 당권의 향방을 정리해나가는 등 혼란스러운 노선 전환의 모습을 보여줄 뿐이었다.

물론, 유신체제라는 극도로 위축된 제도정치적 환경 속에서 야당의 활동공간 또한 극히 제약될 수밖에 없었으리라는 점은 분명하다. 그럼에도 불구하고 아쉬운 점 또한 분명히 남는다. 사실상 일정 정도의 의석을 보장받는 것과 마찬가지의 제도적 상황에서 야당이 보다 성숙한 모습을 보여줬다면 민주주의의 진전은 조금은 다른 방향일 수도 있지 않았을까 하는 의문 때문이다. 이러한 질문은 지금 현재의 한국정치에도 그대로 유효하다. 우리 사회에서 과연 선거는 어떤 의미를 지니며, 그 속에서 정당은 어떤 역할을 하고 있는가. 특히 야당은, 여당을 압도할 만큼의 초다수 의석을 지닌 거대 야당은 민주주의의 진전에 어떤 유의미한 역할을 해내고 있는가. 유신체제의 의미에 대한 성찰은 한국정치와 관련된 현재진행형의 질문을 남기고 있다.

참고문헌

1차 자료
민주공화당, 『민주공화당사 1963~1973』(1973).
민주공화당, 『당규집』(1974).
민주당, 『정강·정책, 당헌·당규』(1991).
민주정의당, 『당헌·당규집』(1983).
민주자유당, 『당헌·당규집』(1990).
신민당, 『당헌·당규집』(1979).

2차 자료
강원택, 『한국정치의 결정적 순간들: 독재부터 촛불까지, 대한민국은 어떻게 만들어졌는가』(21세기북스, 2019a).
강원택, 『한국정치론』(박영사, 2019b).
강원택, 『정당론』(박영사, 2022).
고성국, 「1960년대 이후 한국 정당정치의 역사적 전개과정과 특징」, 안희수 편, 『한국 정당 정치론』(나남출판, 1995).
김수진, 「박정희 시대의 야당연구」, 『한국과 국제정치』 24-4(2008).
김용욱, 「민주공화당의 위상과 당·정관계」, 한배호 편, 『한국현대정치론Ⅱ: 제3공화국의 형성, 정치과정, 정책』(도서출판 오름, 1996).
김용호, 『한국 정당정치의 이해』(나남출판, 2001).
김용호, 「한국 정당의 국회의원 공천제도: 지속과 변화」, 『의정연구』 9-1(2003).
김일영, 『한국 현대정치사론』(논형, 2011).
박종성, 『정치는 파벌을 낳고 파벌은 정치를 배반한다』(한울, 1992).
서희경, 『한국헌정사, 1948~1987』(도서출판 포럼, 2020).
신두철, 『권위주의 시대 선거: 제3공화국과 유신체제』(마인드탭, 2016).
심지연, 『한국정당정치사: 위기와 통합의 정치』(백산서당, 2017).
유숙란, 「야당의 활동공간과 역할」, 한배호 편, 『한국현대정치론Ⅱ: 제3공화국의 형성, 정치과정, 정책』(도서출판 오름, 1996).
정상호, 「반유신 야당운동의 성과와 한계」, 『유신과 반유신』(도서출판 선인, 2005).
지병근, 「권위주의 정권하에서 야당의 내부갈등: 3·4 공화국 시기를 중심으로」,

『한국정치외교사논총』 37-1(2015).
호광석, 『한국의 정당정치: 제1공화국부터 제5공화국까지 체계론적 분석』(들녘, 2005).

Belloni, Frank and Dennis Beller (eds.), *Faction Politics: Political Parties and Factionalism in Comparative Perspective* (Santa Barbara: ABC-Clio, Inc., 1978).

Bennett, Lance, "The Personalization of Politics: Political Identity, Social Media and Changing Patterns of Participation," *The ANNALS of the American Academy of Political and Social Science*, 644-1 (2012).

Bettcher, Eric, "Factions of Interest in Japan and Italy: The Organization and Motivational Dimensions of Factionalism," *Party Politics*, 11-3 (2005).

Boucek, Francoise, "Rethinking Factionalism: Typologies, Intra-Party Dynamics and Three Faces of Factionalism," *Party Politics*, 15-4 (2009).

Hazan, Reuven Y. and Gideon Rahat, *Democracy within Parties: Candidate Selection Methods and Their Political Consequences* (Oxford: Oxford University Press, 2010).

5장
한미관계 변동과 유신체제의 붕괴

정일준

1. 서론: 한미관계에서 권력은 어떻게 작동하는가

박정희 정권은 1961년 5·16쿠데타로 시작해서 1979년 10·26사건[1]으로 끝났다. 박정희 대통령은 1972년 10월 17일 비상계엄령을 선포하고 정당과 시민의 모든 정치활동을 금지했다. 이런 억압적 분위기 아래서 국민투표를 통해 유신헌법을 통과시키고 유신체제를 출범시켰다. 유신체제는 박정희를 정점으로 하는 일인 독재체제였기에 박정희가 사망하자 곧바로 붕괴했다. 유신체제는 박정희의 '마키아벨리적' 결단으로 시작되었고, 김재규 중앙정보부장의 '브루투스적' 배신에 무너졌다.[2] 유신체제 아래서는 박정희의 자발적인 퇴임 이외에 민주적인 정

---

*   이 글은 『공공사회연구』 13-4(2023)에 실린 필자의 논문을 일부 수정한 것이다.
1   10·26사건은 1979년 10월 26일 청와대 근처 궁정동에 위치한 중정 안가에서 열린 만찬석상에서 김재규 중앙정보부장과 그 부하들이 박정희 대통령과 차지철 경호실장, 그리고 대통령 경호원들을 사살한 사건을 일컫는다.
2   이는 "시저보다 로마를 더 사랑했다"라는 부르투스의 시저 암살 가담을 빗댄 말이다. 임혁백, 『비동시성의 동시성: 한국 근대정치의 다중적 시간』(고려대학교 출판부, 2014).

권교체 시나리오가 원천 봉쇄되었다. 10·26사건 같은 우발적 정권교체가 아닌 정상적 정치 변동 시나리오는 불가능했다. 1987년 민주주의로의 이행 이전까지 한국정치는 민주주의와는 거리가 먼 방식으로 작동했다.

이 글은 유신체제의 붕괴 과정을 한미관계를 중심으로 한 국제 권력관계(international power relations) 전환과 이에 연동된 국내 권력관계(domestic power relations) 변동을 추적하며 설명하고자 하는 시도이다. 행위자들의 동기나 의도를 이해하고자 하기보다, 개별 행위자들이 어떠한 대내외 권력관계 안에 놓여서 상호작용했는지를 추적해서 설명하고자 한다.

10·26사건은 한국정치에 미친 엄청난 충격에 비해 학문적 고찰은 미미했다. 박정희의 친위세력인 보안사령관 전두환 소장이 12·12군사반란과 5·17쿠데타를 통해 군사정권을 사실상 연장했기 때문이다. 신군부세력은 김재규 재판을 신속하게 진행하여 그를 사형시켰다. 그리하여 김재규의 행위가 배태된 유신체제에 대한 평가는 당대에 무산되었다. 이후 광주학살과 5공화국 출범으로 유신체제에 대한 평가는 정치적으로 금지되고 학문적으로 지연되었다. 4공화국 유신체제는 제대로 된 부검 없이 파묻혔다. 10·26사건의 우발성으로 인해 사건 발생의 국제적·국내적 맥락에 대한 총체적이고 구체적인 설명은 유보되었다. 대신에 상이한 정치적 입장에서 아전인수격 해석만이 분분했다.

이 글에서는 박정희의 죽음으로 귀결된, 박정희 정권을 둘러싼 국내외 권력관계와 저항에 초점을 맞추어 유신체제를 다면적(multilateral)이고도 동태적(dynamic)으로 분석하고자 한다. 글의 구성은 다음과 같다.

먼저 유신체제 붕괴 과정을 둘러싼 연구 쟁점을 고찰한다. 방법론적 일국주의(methodological nationalism)를 넘어 한국정치 변동을 국제관계에서 작동하는 권력관계에 위치시켜 설명할 것을 제안한다. 이를 위해 정치 이론에서 권력논쟁(power debate)과 국제관계 이론에서 권력 유형을 참조했다. 둘째, 미국 정부 문서를 활용했다. 이는 정파적인 편견을 넘어 보다 객관적인 평가를 위한 실증적 접근이다. 미국 문서는 미국 시각에서 미국 국익이라는 관점에서 정리되었다는 한계가 있다. 그럼에도 불구하고 기밀 해제된 미국 자료는 한미관계에서 어떤 일들이 벌어졌는지를 파악할 수 있는 1차 자료로서 가치가 충분하다. 셋째, 이론적·경험적 분석에 기반하여 규범적 평가를 추구하고자 한다. 한미관계는 여러 국제관계 중 하나가 아니다. 주지하다시피 미국은 한국의 탄생, 국가안보, 경제개발, 정치발전, 그리고 문화변동 등 모든 영역에 걸쳐 총체적으로 영향을 끼치고 있는 구성적 외부이다.[3] 이러한 한미관계의 독특한 특성을 일반적으로 설명해주는 국제관계 이론(International Relations Theory)이나 국제정치경제학(International Political Economy) 이론은 없다.[4] 한미관계는 보편적 국제관계를 전제하면 특수한 관계이다.

그런데 국민국가(nation-state)나 국제관계는 역사적 산물이다. 유럽 중심의 국제관계가 세계로 확장된 것은 군사력을 앞세운 자본주의가 지

---

[3] Gregg Brazinsky, *Nation Building in South Korea: Koreans, Americans, and the Making of a Democracy* (North Carolina: The University of North Carolina Press, 2007); 나종남 역, 『대한민국 만들기, 1945~1987』(책과함께, 2011).

[4] 한미관계를 이론적으로 설명하려는 시도가 없었던 것은 아니다. 다만 특정 시기, 특수 측면에 대해서만 제한적 이론화가 이루어졌을 뿐이다. 가령 한미군사동맹의 성격을 둘러싸고 군사적 측면에서 접근한 연구나 경제관계를 논한 연구는 많다. 그렇지만 군사·경제·정치·사회·문화까지 포괄하는 전면적인 관계의 성격 규정을 시도한 연구는 없다고 할 수 있다. 통사 수준에서 한미관계를 다룬 정도이다. 김원모, 『한미 외교관계 100년사』(철학과현실사, 2002); 차종환·박상원 편저, 『대사건과 일지로 본 한미관계 200년사』(월드코리안신문사, 2022).

난 수 세기에 걸쳐 전 지구적으로 확산되었기 때문이다.[5] 지금 모든 국가는 자유주의 국제질서와 자본주의 세계경제에 포섭되었다. 어떤 국가도 어떤 개인도 이러한 지구 권력관계(global power relation) 외부에 존재할 수 없다. 한국사회변동을 이해하고자 할 때 분석단위에서 방법론적 일국주의를 넘고, 시간 지평에서 몰역사주의(ahistoricism)[6]를 극복해야 한다.[7] 유신체제의 등장에 대한 연구와 1980년 광주항쟁 이후 1987년 6월 항쟁에 이르는 사회운동사 그리고 이후 민주주의 이행 연구에 비해 유신체제의 구조와 작동 그리고 몰락과 유산에 대한 연구는 상대적으로 적었다. 특히 유신체제의 몰락은 너무나 우발적이어서 심층적 연구가 거의 없다. 이 연구는 그러한 공백을 메꾸고자 한다.

2. 유신체제 붕괴 연구의 쟁점

1970년대는 한국 현대사에서 매우 중요한 전환기(轉換期)였다. 첫째, 대외적으로는 한국 안보의 핵심축인 한미동맹이 흔들렸다. 국가안보 위

---

[5] Alexander Anievas and Kerem Nişancioğlu, *How the West Came to Rule: The Geopolitical Origins of Capitalism* (London: Pluto Press, 2015).
[6] 국제관계 인식에서 몰역사주의에는 현재를 과거의 연장(延長)으로 인식하는 시간 물신주의(chronofetishism)와 과거를 현재처럼 파악하는 현재 중심주의(tempocentrism)가 있다. 중국인을 '떼놈', 일본인을 '왜놈'이라고 부르는 심리의 밑바탕에 깔린 역사의식이 시간 물신주의라면, 미국을 '영원한 우방'이라고 사고하는 집단 무의식이 현재 중심주의이다. 과거의 특정 시폭(temporality)을 결빙(結氷)시켜 현재로 끌고 오거나, 현재를 결빙시켜 과거로 끌고 가려는 시도가 모두 몰역사주의에 해당한다.
[7] 정일준, 「탈수정주의를 넘어서 한국 근현대사 이해하기: 공간의 다층성, 시폭의 중층성, 그리고 시각의 다원성」, 한국사회연구소, 『한국사회』 8-2(2007); Stephen Hobden and John M. Hobson (eds.), *Historical Sociology of International Relations* (Cambridge: Cambridge University Press, 2002).

기(National Security Crisis)가 발생했다. 이전의 한국 안보 위기는 북한이 촉발했다. 6·25전쟁 후 휴전체제가 성립된 지 20년이 되어가면서 북한의 남침 위협은 상수(常數)가 되었다. 1970년대 초반의 안보 위기는 미국의 대아시아정책 전환에 연동되어 한미동맹을 재조정하는 과정에서 비롯되었다. 미국의 베트남전 철수와 더불어 중국과의 관계 정상화 모색이라는 안보 환경 변화를 박정희는 안보 위기로 규정했다. 한국이 두 개 전투사단을 파병했던 베트남전이 사실상 미국의 패전으로 끝났다. 더욱이 우방국 미국이 한국전쟁 당시의 적국 중국과 데탕트를 추구했다.[8] 이러한 안보 환경 급변은 박정희 정권의 안보 우려를 야기했다. 박정희 대통령은 전면적인 군수산업화를 급속하게 추진하면서 핵무장을 포함한 자주국방을 추구했다. 한미상호방위조약과 미군 지상군 주둔, 그리고 미국의 전술핵무기 배치에도 불구하고 미국의 방기(disengagement)에 대비한 민족주의적 국가안보전략을 추구했던 것이다. 한미관계는 밀월관계에서 긴장관계로 변했다.

둘째, 1960년대부터 시작된 수출 주도 산업화가 한국사회를 자본주의 세계체제에 깊이 편입시키는 한편 국내적으로는 계급 갈등이 드러나게 한 시기였다. 1970년 전태일 분신을 전환점으로 노동문제가 중요 정치 의제로 떠오르고 있었다. 위로부터의 국가 주도 산업화에 따른 급속한 노동계급 확장은 노사 갈등을 곧바로 사회 갈등과 정치 갈등으로 비화시켰다. 한국의 자본주의 발전은 유신체제가 추진한 군수산업화를 내용으로 하는 중화학공업화로 인해 한층 가속화되었다. 보편적인 자본주의 발전 위기(Crisis of Capitalist Development)를 한국사회도 피할 수 없었다.

---

8   홍석률, 『분단의 히스테리』(창비, 2012).

셋째, 대내적으로는 유신체제 수립으로 민주주의 위기가 초래되었다. 유신체제는 한국 정부 수립 이래 추구해온 자유민주주의 체제와는 거리가 멀었다. 유신체제가 표방한 '한국적 민주주의'는 민주주의로 볼 수 없었다. 한반도를 둘러싼 국제질서 변화는 박정희 정권으로서는 불가항력인 외적 환경의 변화라고 볼 수 있다.[9] 그렇지만 이에 대응하기 위해 박정희 일인 독재체제를 구축한 반동적 국내질서 재편은 국내외 민주세력의 도전을 자초했다.[10] 이와 같은 대내외 위기에 대한 박정희 정권의 미흡한 대응이 유신체제의 몰락을 가져왔다고 볼 수 있다.

최근 20여 년 사이에 유신체제의 몰락과 관련하여 몇 가지 새로운 연구 동향이 대두했다. 첫째, 박정희 재평가이다.[11] 박정희 대통령의 해방

---

9 신욱희, 『순응과 저항을 넘어서: 이승만과 박정희의 대미정책』(서울대학교 출판문화원, 2010).

10 전재호, 『반동적 근대주의자 박정희』(책세상, 2000); 정일준, 「유신체제의 모순과 한미갈등: 민주주의 없는 국가안보」, 한국사회사학회, 『사회와 역사』 70(2006); 전재호, 『박정희 대 박정희: 개혁과 반동 사이 박정희 제자리 찾아주기』(이매진, 2018).

11 김성진, 『박정희를 말하다: 그의 개혁정치, 그리고 과잉충성』(삶과꿈, 2006); 김용서 외, 『박정희 시대의 재조명』(전통과현대, 2006); 마상윤, 「안보와 민주주의 그리고 박정희의 길: 유신체제 수립원인 재고」, 한국국제정치학회, 『국제정치논총』 43-4(2003); 박정희학술원 편, 『유신, 50주년 그때 그리고 오늘』(박정희대통령기념재단, 2022); 심융택, 『백곰, 하늘로 솟아오르다: 박정희 대통령의 핵개발 비화』(기파랑, 2013); 오인환, 『박정희의 시간들』(나남, 2023); 이강호, 『박정희가 옳았다』(기파랑, 2019); 이경서, 『박정희의 자주국방』(이른아침, 2023); 이만섭, 『5·16과 10·26: 박정희, 김재규 그리고 나』(나남, 2009); 이윤섭, 『박정희 정권의 역사』(필맥, 2011); 이윤섭, 『박정희 정권의 핵무기 개발 비사』(출판시대, 2019); 이춘근, 『10월유신과 국제정치』(기파랑, 2018); 정성화 편, 『박정희 시대 연구의 쟁점과 과제』(선인, 2005); 정성화, 강규형 엮음, 『박정희 시대와 한국 현대사』(선인, 2006); 조갑제, 『박정희의 결정적 순간들』(기파랑, 2009); 조철호, 「박정희 핵외교와 한미관계 변화」, 고려대학교 박사학위논문(2001); 홍성걸, 「박정희의 핵개발과 한미관계」, 정성화 편, 『박정희 시대 연구의 쟁점과 과제』(선인, 2005); Carter J. Eckert, *Park Chung Hee and Modern Korea: The Roots of Militarism 1866~1945* (Cambridge: Harvard University Press, 2016); Kim, Hyung-A., *Kores's Development under Park Chung-Hee: Rapid Industrialization, 1961~1979* (London: Routledge, 2004); 신명주 역, 『유신과 중화학공업: 박정희의 양날의 선택』(일조각, 2005).

전 행적에서부터 대통령으로서의 지도력을 중심으로 공과를 아우르는 종합적 평가가 진행 중이다. 특히 핵무기와 미사일 개발 관련 증언과 연구가 구체적으로 제시되었다.

둘째, 유신체제 비판과 더불어 뒤이은 제5공화국 전두환 정권과의 연속성 강조이다.[12] 유신체제는 붕괴했지만 친위세력이 살아남아서 5공화국으로 이어졌다는 것이다. 박정희 정권과 전두환 정권의 단절보다 연속에 더 관심을 둔다. 전두환 정권은 '박정희 없는 박정희 체제'라는 것이다.

셋째, 부마항쟁 연구이다.[13] 유신체제 종말로 가는 데 결정적인 전환점으로서 부마항쟁에 대한 연구가 활발하다. 끝으로 김재규 관련 저작들이다.[14] 당시 상황에서 김재규가 왜 그러한 선택을 했는지에 대해 당사자 입장에서 해석하고자 하는 접근이다. 대부분 본격적인 학술 연구

---

[12] 김재홍, 『박정희의 후예들』(책으로보는세상, 2012); 안병욱 외, 『유신과 반유신』(민주화운동기념사업회, 2005); 유신청산민주연대 편, 『박정희 유신독재와 전두환 군사독재』(동연, 2022); 이해찬, 『이해찬 회고록』(돌베개, 2022); 임혁백(2004), 앞의 글; 임혁백, 「유신의 역사적 기원: 박정희의 마키아벨리적 시간(하)」, 『한국정치연구』 14-1(2005); 학술단체협의회, 『유신을 말하다』(나름북스, 2013); 한홍구, 『유신: 오직 한 사람을 위한 시대』(한겨레출판, 2014).

[13] 김원, 「부마항쟁과 도시하층민」, 『정신문화연구』 29-2(2006); 김원, 『박정희 시대의 유령들』(현실문화, 2011); 부마민주항쟁진상규명 및 관련자명예회복심의위원회, 『부마민주항쟁 진상조사보고서』(문영사, 2022); 안병욱, 「부마항쟁의 의의와 한국 민주화운동에서 차지하는 위상」, 『1979 부마민주항쟁을 기억하다』(부마민주항쟁기념재단, 2020); 정근식, 「동아시아 질서의 변동과 한미갈등, 그리고 부마항쟁: 1979년 미국문서에 기초하여」, 『1979 부마민주항쟁을 기억하다』(부마민주항쟁기념재단, 2020); 지주형, 「미국 정부 기밀문서를 통해 본 부마항쟁」, 홍순권 외, 『부마항쟁의 진실을 찾아서』(선인, 2016); 지주형, 「유신체제 말기의 한미관계와 정치위기: 부마민주항쟁과 동상이몽의 정치사회학」, 민주화운동기념사업회, 『기억과 전망』 38(2018).

[14] 김대곤, 『김재규의 혁명』(필요한책, 2016); 김삼웅, 『김재규 장군 평전』(두레, 2020); 김성태 편, 『의사 김재규』(매직하우스, 2012); 문영심, 『바람 없는 천지에 꽃이 피겠나』(시사인북, 2013); 안동일, 『10·26은 아직도 살아있다』(랜덤하우스중앙, 2005); 안동일, 『나는 김재규의 변호인이었다』(김영사, 2017); 이만섭(2009), 앞의 책.

라고 보기 어렵다.

이상이 학술적인 동향이라면 유신체제를 재평가하고자 하는 정치적 움직임도 무시할 수 없다. 북한의 핵무장 이후 북한 핵위협이 대두하자 박정희 정권에서 자주국방의 일환으로 핵무장을 추진했던 과거가 재조명되고 있다. 지금까지 '조국 근대화의 아버지'로서 추앙받던 박정희에 더해 '자주국방의 아버지'로서 박정희가 재소환되는 양상이다. 현대 한국의 '거대한 전환'에 끼친 지도자 박정희의 기여는 아무리 높게 평가해도 부족할 것이다.[15] 세계사적으로 비교해봐도 유사 사례를 찾기 쉽지 않다. 그렇지만 유신체제에는 빛과 어둠이 교차한다. 박정희의 유산을 물려받고자 할 때 공(功)은 공대로 과(過)는 과대로 엄정하게 평가해야 한다. 정파적 해석은 얼마든지 편향적이고 일방적일 수 있다. 이와는 달리 학문적 해석의 핵심은 균형감각을 가지고 성과와 더불어 명시적 손실과 잠재적 비용까지 함께 계산해야 한다. 공만 강조하거나 과만 지적할 수 없다. 현재까지의 평가는 균형적이라고 보기 어렵다. 한편에서는 여전히 유신체제의 불가피성을 강조한다. 다른 한편에서는 유신체제를 태어나지 말았어야 할 비정상적 정권으로 악마화하기에 급급하다.

기존의 학술 연구도 분절적이다. 유신체제를 둘러싼 권력관계를 사회과학적으로 분석하기보다, 직간접으로 연루된 사람들의 경험과 증언에 기초한 서술에 치우쳤다. 일방적인 증언과 주장은 많은데 정작 학문적 교차검증은 부실하다. 한국현대사를 연구할 때 학문 내적으로는 자료 부족이 큰 걸림돌이다. 학문 외적으로는 박정희 대통령의 공과를 둘러싼 정치세력들의 대립과 갈등이 냉정한 평가를 저해한다. 지도자의

---

[15] 오원철, 『박정희는 어떻게 경제강국 만들었나』(동서문화사, 2006); 조갑제, 『내 무덤에 침을 뱉어라 8: 한반도의 戰雲』(조선일보사, 2001); 조갑제(2009), 앞의 책.

'고독한 결단'과 이를 이해하고 옹호하려는 측근이나 추종자들의 변명이 여전히 차고 넘친다. "유신만이 살길이었다", "후대의 시선으로 당대를 평가하려고 하지 마라." 반대편에서는 유신체제에 대한 거센 비판이 여전하다.[16] 이를 넘어서기 위해서도 미국 자료라는 제3의 시선이 필요하다.[17]

물론 미국 자료도 자국의 국익과 편견에 침윤되어 있음을 부인할 수 없다. 그렇지만 한국에서 타협 불가능하게 평행선을 달리는 '안보 중심' 대 '자유 우선' 시각을 넘어서기 위해서는 미국 자료가 유용하다.[18] 미국 자료를 바탕으로 유신체제 몰락을 재촉하는 일련의 사건들이 펼쳐지는 권력장(power field)의 성격과 행위자들의 인식 그리고 대응을 종합적으로 정리하고자 한다.

---

16 유신청산민주연대(2020), 앞의 책.
17 이완범, 『박정희와 한강의 기적』(선인, 2006); 이완범, 『카터시대의 남북한: 동맹의 위기와 민족의 갈등』(한국학중앙연구원 출판부, 2017). 이완범, 『미국의 한국정치 개입사 연구: 박정희 제거공작 편』 1~3(한국학중앙연구원 출판부, 2022); 홍석률, 「위험한 밀월: 박정희-존슨 정부시기」, 『갈등하는 동맹: 한미관계 60년』(역사비평사, 2010); 홍석률(2012), 앞의 책; William H. Gleysteen Jr., *Massive Entanglement, Marginal Influence: Carter and Korea in Crisis* (Washington, D.C.: Brookings Institution Press, 1999); 황정일 역, 『알려지지 않은 역사』(중앙M&B, 1999); Don Oberdorfer, *The Two Koreas: A Contemporary History* (Revised and Updated Edition) (New York: Basic Books, 2002); 이종길 옮김, 『두 개의 한국』(길산, 2002).
18 푸코의 '권력-지식-주체' 분석을 수용하여 미국 자료를 분석하고자 한다. 미셸 푸코 저, 오생근 역, 『감시와 처벌: 감옥의 탄생』(나남, 1975/2016); 미셸 푸코 외 저, 정일준 편역, 『미셸 푸코의 권력이론』(새물결, 1995); Thomas Lemke, *Foucault's Analysis of Modern Governmentality: A Critique of Political Reason* (London: Verso, 2019).

3. 권력과 유신체제: 한미관계의 권력분석학

1) 권력 논쟁을 통해 본 한국정치

권력은 정치고, 정치가 권력이다. 다차원적 권력 개념을 둘러싸고 사회학과 정치학에서 수십 년간 진행된 논쟁은 시사적이다.[19] 권력을 연구하기 위해서는 권력이라고 간주되는 현상의 범위를 확정해야 한다. 권력은 때로 특정 행위자 앞에 놓인 가능성이다. 권력은 구조에 의해 매개되고 현실화된다. 여기서 권력은 간접적으로 행사된다.

물론 권력은 직접적으로 행사될 수도 있다. 간접적 권력 행사가 맥락을 형성하는(context shaping) 권력이라면, 거동을 형성하는(conduct shaping) 직접적 권력 행사도 있다. 직접적 권력 행사는 즉각적이고 가시적이며, 행태적이다. 그것은 의사결정, 육체적·심리적 강제, 설득 또는 협박 같은 행위에서 뚜렷하게 드러난다. 정치 변동을 설명하고, 정치 행위를 이해하기 위해서는 먼저 권력의 형상(configuration)을 파악해야 한다.

권력은 여러 얼굴들(many faces of power)을 가지고 있다.[20] 첫 번째

---

[19] Peter Barchrach and Morton Baratz, "Two Faces of Power," *American Political Science Review* 56 (1962), pp. 947-952; Peter Barchrach and Morton Baratz, "Decisions and Nondecisions: An Analytical Framework," *American Political Science Review* 57 (1963), pp. 632-642; Peter Barchrach and Morton Baratz, "Power and Its Two Faces Revisited: A reply to Geoffrey Debnam," *American Political Science Review* 69 (1975), pp. 900-904; Colin Hay, "Divided by a Common Language: Political Theory and the Concept of Power," *Politics* 17-1 (1997), pp. 45-52; Colin Hay, "Still Divided by a Common Language: Discontentment and the Semantics of Power," *Politics* 19-1 (1999), pp. 47-50.

[20] Peter Digester, "The Fourth Face of Power," *Journal of Politics* 54-4 (1992), pp. 977-1007.

얼굴은 의사결정과 관련된다. 두 번째 얼굴은 의제설정과 관련된다. 세 번째 얼굴은 행위자의 선호 형성(preference formation)과 관련된다. 네 번째 얼굴은, 주로 푸코의 권력 분석을 둘러싼, 주체 구성(constituting subject)과 관련된다. 이러한 권력의 차원들 또는 얼굴들을 권력 형식들(forms)이라고 볼 수도 있다. 일차원적 권력은 가시적인 데 반해, 이차원적 권력은 숨겨져 있고, 삼차원적 권력은 비가시적이다. 그런가 하면 권력은 국가 이하(subnational)와 국가 너머(supranational)라는 일련의 연속선을 따라 지방·국가·지구라는 수준으로 구분할 수도 있다. 물론 이러한 수준들은 상호 연결되어 있다. 나아가 시민들이 사회 행위자로서 국가정책이나 국가의 결정에 도전하여 변화를 끌어낼 수 있는 기회나 계기 또는 채널로서 권력의 공간들(spaces)을 상정할 수 있다.[21]

권력 공간은 폐쇄 공간, 초대 공간, 요구(창조) 공간으로 구분된다. 폐쇄 공간은 닫힌 문 뒤에서 의사결정이 이루어지는 공간이다. 초대 공간은 공론 영역에 시민을 가끔 초대하기는 하지만 제도적으로 주어진 의제에 대해서만 논의한다. 요구 공간은 힘없는 시민들이 사회운동을 통하여 만들어낸 공간이다. 시민들이 새로운 의제를 설정하거나, 보다 자율적으로 독자적 목소리를 낸다. 권력의 형식들, 차원들, 그리고 공간들은 끊임없이 상호작용하면서 사회 행위의 가능성을 열거나 봉쇄한다. 이처럼 권력을 입체적으로 접근하고자 하는 것은 단지 권력 분석을 위해서만이 아니다. 실천적 관점에서 권력관계를 어느 지점에서 어떻게 개입하여 보다 민주적이고 정의로운 권력으로 변화시킬 것인가 하는 규범적 입장을 설정하기 위해서도 필요하다.

---

21 John Gaventa, "Levels, Spaces and Forms of Power: Analysing Opportunities for Change," *Power in World Politics* (London: Routledge, 2007), pp. 204-224.

이것이 유신체제를 권력 이론에 비추어 해석하고자 하는 이유이다. 미국은 의도뿐 아니라 능력에서도 박정희 대통령의 결정을 바꿀 수 있는 다양한 대안과 압력 수단이 있다. 굳이 특정 행위자를 의도적으로 제거하지 않아도 된다는 이야기이다. 그러나 중앙정보부장인 김재규의 입장은 다르다. 첫째, 정확한 정보를 수집해서 보고하여 박정희 대통령이 상황의 위급함을 인식하게 함으로써 정책을 바꾸게 할 수 있다. 둘째, 긴급조치 해제, 유신헌법 개헌 등 대안을 강력하게 건의할 수 있다. 셋째, 앞의 두 가지 방법이 좌절될 경우 최후의 방법을 고려할 수 있다. 박정희 대통령의 정치적 우선순위에서는 국가안보 의제가 시민자유보다 앞섰다. 김재규의 판단은 달랐다. 시민자유 억압이 도를 넘어 폭발 직전의 한계상황에 도달했다고 보았다. 국가안보를 위해서라도 통치체제 전환이 시급하다고 판단했을 수 있다. "10·26사건을 어떻게 평가할까?"라는 질문에 대해서는 그 사건을 어떤 맥락에서 접근하느냐에 따라 다른 답변을 제시할 수 있다. 박정희 죽음이 유신체제 종말을 가져온 것은 사실이다. 그렇지만 한국정치 진로를 민주화로 바꾸었는가에 대해서는 부정적인 평가가 우세하다. 유신체제는 붕괴했다기보다 박정희 친위세력인 하나회를 중심으로 한 신군부에 의해 광주학살을 통한 5공화국 수립으로 이어졌다. 전두환 정권을 '박정희 없는 박정희 체제'라 부르는 이유이다.

  10·26사건은 임박한 파국적 정치 변동을 선제한 궁정 혁명(preemptive court revolution)의 성격이 강하다. 미국이 지원한 이승만 정권이 4·19혁명으로 붕괴 조짐을 보이자 미국은 과감하게 절연하고 정권 이양을 기획했다. 허정 과도정권을 거쳐 민주당 정권으로 이양되었는데 한국 시민의 친미 기조는 오히려 강화되었다. 2공화국 장면 정권이 군사쿠데타에 직면하자 민주 정부를 버리고 군사정권과 손잡았다.[22] 마찬가지로

박정희 정권이 극단으로 치닫자 한편으로는 국가안보를, 다른 한편으로는 시민사회의 민주주의 증진으로 시민의 친미 성향을 유지하고자 했다.

2) 미국의 한국정치 개입에 대한 이론적 고찰

국제정치의 권력 분석에는 어떻게, 왜, 언제 특정 국가가 다른 국가에 대해 권력을 가지게 되는가를 고려해야 한다. 특정 국가의 운명과 미래를 결정짓는 특정 국가의 능력을 억제(constraining)하거나 가능(enabling)하게 하는 국제사회의 지속적인 구조와 과정 또한 고려해야 한다. 미국과 한국의 관계는 다른 국가들 사이의 관계와는 다르게 역사적, 국제적으로 단독적(singular)이다.

첫째, 제2차 세계대전 이후 탈식민 과정에서 탄생한 여타 신생국과는 달리 한국의 국가 형성 과정 자체에 미국이 깊이 관여했다. 이는 이미 수립된 주권국가 사이의 국제관계(inter-state relation)와 질적으로 다르다. 한국의 사상과 제도에 미국의 이상과 가치가 깊이 침투했다. 다른 신생독립국가들이 국가 주권을 최우선 가치로 존중하는 데 반해, 한국은 한미동맹(ROK-U.S.A. Alliance)을 중시한다. 6·25 한국전쟁을 거치며 이는 국가정체성(national dentity)으로 구조화되었다.[23]

---

[22] 정일준, 「4월혁명과 미국: 한국 정치변동과 미국의 개입양식」, 민주화운동기념사업회, 『4월혁명과 한국 민주주의』(선인, 2010b); 정일준, 「제2공화국 민주당 정권의 성립과 붕괴: 한미관계, 국가-시민사회관계 그리고 민군관계를 중심으로」, 『공공사회연구』 10-3(2021).

[23] 정일준, 「한미관계의 역사사회학: 국제관계, 국가정체성, 국가프로젝트」, 『사회와 역사』 84(2009); Daniel Deudney and John Ikenberry, "The Nature and Sources of Liberal International Order," *Review of International Studies* 25-2 (1999), pp. 179-98.

표 1 국제관계에서 권력 유형

구분		권력효과가 생산되는 사회관계의 구체성	
		직접적	분산적
권력이 작용하는 사회관계의 종류	기존 행위자 간 상호작용	강제권력 Compulsory	제도권력 Institutional
	새로운 행위자의 사회적 구성	구조권력 Structural	생산권력 Productive

※ 출처: Muchael Barnett and Raymond Duvall, "Power in International Politics," *International Organization*, 59-1 (2005), p. 48.

둘째, 압축적인 자본주의 산업화와 자유주의적 민주화를 통해 한국사회가 총체적으로 변형되었다(Total Transformation). 이는 국가 차원에서뿐 아니라 시민사회 영역에서도 미국 주도의 세계시장(World Market), 지구 문화(Global Culture) 질서에 깊이 편입되었음을 의미한다.[24] 한미관계는 국가 사이의 군사동맹에 더하여 시민 사이의 사회문화적 친밀관계(intimacy)가 형성되었다. 동맹관계가 공동의 적에 대한 인식에 기반한다면, 친밀관계는 공통의 가치 향유를 전제한다. 경제적 풍요와 정치적 자유는 양국 국민이 공동으로 추구하는 가치이다. 국가안보가 전제된 경제적 번영과 정치적 자유 추구가 한미관계의 공동 목표이다. 국가안보를 위태롭게 하거나, 경제 번영을 저해하거나, 자유를 억압하면 한미관계는 위기에 빠진다고 볼 수 있다.

〈표 1〉은 권력 효과가 생산되는 사회관계의 구체성을 한 축으로 하고, 권력이 작용하는 사회관계의 종류를 다른 한 축으로 하여 국제관계에서 권력 유형을 넷으로 분류한 것이다. 권력이 작동하는 통로가 기존

---

[24] David Ekblad, *The Great American Mission: Modernization and the Construction of an American World Order* (Princeton: Princeton University Press, 2010).

의 제도화된 행위자들 사이의 상호작용을 통해 이루어지는지, 아니면 행위자들 자체를 형성하는 사회적 구성 과정을 통해서인지를 한 축으로 한다. 다른 한 축은 권력이 작동하는 사회관계가 기존 행위자 사이의 직접적 상호작용인지 아니면 새로운 행위자의 사회적 구성을 통해 간접적으로 이루어지는지 여부이다. 한미관계에서 행사되는 권력관계도 이러한 네 가지 권력 유형으로 나누어 이해할 수 있다. 예컨대 닉슨 정권기 주한미군 일개 사단을 일방적으로 철수한 경우나, 카터 정권기 인권외교를 표방하며 한국 정부에 공개적으로 직접적인 압력을 가한 경우 강제권력(强制權力) 행사로 볼 수 있다. 이 경우 미국의 대한정책은 한미관계뿐 아니라 한국 내부의 권력관계에도 영향을 준다. 국가와 시민사회 관계, 정치사회에서 여야관계가 변할 수 있다. 미국은 이러한 노골적 권력 행사를 가능한 한 자제하고자 한다.

둘째, 미국이 국가 대 국가 관계뿐 아니라 국제원자력기구(IAEA) 등 여러 국제기구를 통해 한국 핵개발을 억제하거나, 또는 인권 문제를 둘러싸고 한국의 야당이나 경제계, 종교계, 학계 등 여러 경로를 통해 한국 정부에 충고할 경우이다. 이는 제도권력(制度權力)을 행사한 것으로 볼 수 있다. 이 경우 미국 입장에서는 국제기구나 한국 각계각층의 여론에 기대어 '간접적으로' 한국 정부에 영향력을 행사한 것이다. 그렇지만 박정희 정권의 입장에서는 미국이 국제기구와 한국의 정치세력, 경제세력, 그리고 사회세력의 배후에서 내정간섭을 한 것으로 해석할 소지가 있다.

셋째, 미국은 한국 정부에 대한 직간접의 압력 행사보다 거시적으로 한국사회 구조를 전환시킴으로써 결과적으로 한국 정권에 영향력을 행사할 수 있는 구조적 지위를 차지할 수 있다. 한국 경제가 세계시장에 의존하는 정도가 커질수록 박정희 정권의 대내 영향력은 감소한다. 특히 해외 기업과 국내 기업 등 세계 자본주의의 구체적 행위자와의 관계에서 정권의 운신 폭은 갈수록 축소된다. 구조권력(構造權力)은 새로운 정치경제 행위자들이 등장하는 데 미국이 관여한 경우이다. 미국은 자본주의 세계시장에 한국 자본가와 노동자가 참여하도록 유도했을 뿐 한국정치에 관여한 것은 아니다.[25] 그럼에도 불구하고 박정희 정권의 입장에서는 한국 경제나 노동문제에 대한 미국의 우려를 간섭으로 느낄 수 있다.

넷째, 특정 국면에서 미국의 직접적 개입 여부나 한국사회의 구조 전환이 아니라, 미국의 국익을 실현하기 위해 한국에서 중장기적으로 미국에 우호적인 여론을 만들어내고 친미적인 주체들을 형성할 수 있다. 이는 평소에는 사회에 무정형적으로 퍼져 있지만, 위기 상황이 도래하면 박정희 정권에 도전하는 강력한 비판세력으로 결집할 수 있다. 이를 생산권력(生産權力)이라 명명할 수 있다. 한국의 국가 안보나 민주주의를 바라보는 한국 시민사회의 입장은 끊임없이 재구성된다. 여론은 항상 유신체제 편이거나 미국 편을 드는 게 아니라, 사안별로 달리 반응한다. 이러한 밑으로부터의 권력관계 변화에 박정희 정권이 어떻게 대응했는지가 관건이다. 역사 경로는 사회 행위자들의 개입 없이 구조에 의해 미리 결정되지 않는다. 모든 정치 변동은 사회세력들의 투쟁 결과이다.

---

[25] 홉슨의 제2파 국가논쟁에 따르면 국가권력은 국내적 행위자와 국제적 행위자로서의 역할로 나뉜다. 이에 비추어 볼 때, 미국 국가권력은 높은 국제 행위자 권력과 상대적으로 높은 국내 행위자 권력을 행사할 수 있다. 한국은 비록 국내적으로는 높은 행위자 권력을 행사할 수 있을지 모르지만, 국제적으로는 낮은 행위자 권력밖에 행사할 수 없다. John M. Hobson, *The State and International Relations* (Cambridge: Cambridge University Press, 2000). 이러한 국가권력의 비대칭이 박정희 정권으로 하여금 미국의 압력이나 제안에 적절히 유연하게 대응할 수 없는 구조적 한계를 부과했다고도 볼 수 있다.

표 2 유신체제 수립 설명 방식

구분		국가안보 위기	
		있다	없다
사회 위기 (경제 위기와 정치 위기)	있다	국가 안팎의 도전	주로 내부로부터의 도전 (관료적 권위주의)
	없다	주로 외부로부터의 도전 (박정희의 공식 입장)	위기는 없다 (박정희의 권력욕)

표 3 유신체제 붕괴 설명 방식

구분		국가안보 위기	
		있다	없다
사회 위기 (경제 위기와 정치 위기)	있다	④한미 갈등과 내치 위기의 중첩: 통치불가 갈등? (강제·제도·구조·생산권력 모두 작동)	②내치 위기: 관리가능 갈등 (구조·생산권력)
	없다	③북한 위협과 한미 갈등의 병존: 유신체제 지속! (강제·제도권력)	①정권 내부 갈등: 차지철-김재규 갈등 (강제·구조권력)

〈표 2〉는 유신체제 수립을 바라보는 다양한 입장이다.[26] 이를 바탕으로 유신체제 붕괴를 설명하는 〈표 3〉과 같은 다양한 입장을 재구성할 수 있다.

첫째, 정권 내부 갈등설이다. 이 입장에 따르면 10·26사건은 '우발적'이다. 김재규의 '권력욕'과 '오판'만 아니었으면 유신체제는 건재했다. 국가 위기나 사회 위기는 없었거나 통치 가능했다. 위기의 성격이나 위기대응책을 둘러싼 집권층 내부의 '의견 차이'가 있었을 뿐이다. 주로 보수 진영의 입장이다.

---

26 정일준(2006), 앞의 글, 155쪽.

둘째, 내치 위기설이다. 관료적 권위주의 이론(Bureaucratic Authoritarianism)은 자본주의 산업화 심화 국면을 배경으로 정치사회에서 야당의 총선 선전(善戰)을 계기로 부산·마산 시민들의 봉기로 촉발된 국내 위기가 유신체제 붕괴를 초래했다고 본다.[27] 구조권력에 의해 전환된 사회구조를 배경으로 정치사회와 시민사회의 도전 연합이 집권층의 내부균열과 나아가 유신체제 붕괴를 초래했다고 본다. 주로 자유주의 진영의 입장이다.

셋째, 유신체제 지속론이다. 북한 위협이 상존하고 미국의 안보 관여 약화로 안보 위기가 고조되는 상황에서 유신체제는 불가피했을 뿐 아니라 지속적으로 필요했다는 입장이다. 김재규의 순간적 오판만 아니었으면 유신체제는 지속되었을 것으로 본다. 12·12와 5·18을 통해 5공을 수립한 신군부의 입장이다.

넷째, 국가안보 위기와 사회 위기가 겹친 복합위기설이다. 북한이라는 주적을 상대하는 남한의 박정희 정권은 미국의 아시아 철수정책을 바라보면서 안보 위기를 느꼈다. 미국의 베트남전 패배는 남한에서 안보 위기를 고조시켰다. 다른 한편 미·중 데탕트는 남북대화를 추동했다. 박정희 대통령은 한편으로는 자주국방을 통한 안보 위기 해소와 북한과의 경쟁을 통한 체제 우위를 확보하기 위해 유신체제를 수립했다. 비민주적인 체제로의 전환과 핵무기 개발은 한미갈등을 야기했다. 유신체제 수립 후 비핵화와 민주화를 둘러싸고 한미갈등이 고조되었다. 본 연구의 입장이다.

10·26사건은 유신체제의 전환을 촉발했다. 그런데 이를 둘러싸고 미국의 역할에 대해 당시부터 많은 의혹이 제기되었다. 미국은 공식적

---

27 한상진, 『한국 사회와 관료적 권위주의』(문학과지성사, 1988).

으로는 우려 섞인 관찰(concerned observation)과 비개입(non-intervention)을 주장했다. 미국 개입설은 크게 직접 개입설과 간접 개입설로 나뉜다. 또한 직접 개입설과 간접 개입설 내에서도 개입 정도와 방식에 따라 미묘한 차이가 있다. 직접 개입설은 다시 주로 강제권력에 기댄 '적극적 미국 기획설'과 제도권력에 기댄 '소극적 미국 관여설'로 구분된다. 간접 개입설은 다시 제도권력과 구조권력에 주목하는 '미국 연루설', 그리고 구조권력과 생산권력을 중시하는 '미국 우려설'로 나뉜다.

4. 유신체제와 한미갈등의 전개: 내정간섭인가, 국제규범인가

유신체제 형성 과정에는 국내정치뿐 아니라 남북관계와 한미관계가 입체적으로 얽혀 있다. 유신체제 수립에는 박정희 대통령 개인의 권력욕뿐 아니라 미국의 중국과의 국교 수립 및 주한미군 감축이라는 동아시아 및 한반도 정책의 변화, 그리고 북한의 위협에 대한 박정희 정권과 미국의 인식차, 남북회담의 진행 등이 중요 요인들로 작용했다.[28]

유신체제 수립 당시 하비브 주한 미국대사는 계엄령과 유신체제 수립이 한편으로는 박정희 대통령의 권위와 통제력 강화 조치로서 임기를 연장하고 저항과 반대를 줄이며 행정권을 늘리기 위한 것이기도 하지만, 동시에 박정희 대통령이 남북관계와 국제정세 변화에 대응하기 위해 이러한 조치가 필요하다고 믿었기 때문이라고 평가했다.[29] 1970년

---

28 양승함 외 편, 『박정희 4: 유신체제 형성』(연세대학교 국가관리연구원, 2010a).

대에 새롭게 전개될 국제환경에서 북한을 다루어야 하는데, 강대국들이 한국의 국익보다는 자국의 국익을 위해 움직이고 있다고 믿기 때문에 박정희 대통령이 권위주의를 강화할 필요가 있다고 확신한 것으로 보인다는 것이다.[30]

그렇지만 미국은 유신체제 수립의 가장 중요한 요인으로 박정희 대통령 개인의 권력욕에 주목했다. 유신체제라는 '한국적 민주주의' 체제가 정당화될 수 있다고 하더라도, 그것이 반드시 박정희라는 개인의 집권 연장으로 귀결될 이유가 없기 때문이다. 미중 데탕트는 남북대화를 추동했다. 그렇지만 박정희 대통령에게 남북회담의 목적은 남북화해와 통일보다는 긴장완화를 통한 시간벌기였다. 남북한 사이에 체제를 둘러싼 차이를 좁힐 수 없는 조건에서 통일보다는 평화공존이 보다 실용적인 대안이었다. 박정희 대통령은 남북대화를 대내적 권력 기반 강화의 기회로 활용하고자 했다. 미국은 남북회담 과정에 수립된 남한의 박정희 유신체제와 북한의 김일성 유일체제가 유사하다고 보았다. 둘 다 기존의 분단국가에 대한 효율적인 일인 독재를 위해 설계되었다는 것이다.[31]

1972년 10월 20일 그린(Marshall Green) 미국 국무부 차관보를 만난 김영삼 신민당 대표는 박정희가 영구집권으로 나가고 있다고 주장했다.[32] 김영삼은 호소하기를, 박정희 대통령이 권위주의를 제도화하면 그와 김일성 사이에는 본질적 차이가 없다. 김일성은 적어도 북한에서

---

29 "Comment on Martial Law and Government Change in Korea," 1972. 10. 16. POL 23-9 KOR S 2-28-72, Box 2427, RG59.
30 "Martial Law and Government Changes: Explanation of Government Changes," 1972. 10. 26. POL 23-9 KOR S 2-28-72, Box 2427, RG59.
31 "DPRK/ROK: Government Reorganization Norty and South," 1973. 5. 3. POL 12 KOR N 1/1/70, Box 2420, RG59.
32 "Opposition Leader Kim Young-Sam's Call on Assistant Secretary Green," 1972. 10. 24. POL 12 KOR S 1/1/70, Box 2424, RG59.

부의 분배를 시도한 반면, 남한에는 생필품조차 결여된 국민들이 많다. 만약 남북 간 차이가 너무 오랫동안 옅어진다면 남한에서 북한을 호의적으로 바라보는 국민이 생겨날지도 모른다라며, 미국이 한국 국내정치에 관여하게 된다는 것 때문에 방관적 자세를 취하지 말라고 했다. 미국이 한국의 국익(민주주의 수호-필자)을 옹호하는 것은 내정간섭이 아니라는 것이다.

1) 안보의제: 핵무기와 미사일 개발을 둘러싼 갈등

1975년 베트남 공산화 국면에서 미국은 한국의 안보 우려에 대응하기 위해 분주했다. 미국은 다음과 같은 세 가지 접근을 했다.

1. 신뢰 구축: 4월 10일 미국 대통령의 유익한 성명과 기타 미 고위인사들의 유사한 공적·사적 안전보장 언급을 활용하여, 우리는 한미상호방위조약에 기초한 한국에 대한 우리의 안보 공약의 견고함, 상당 규모의 미군 주둔, 그리고 미국의 동북아 방위에서 일본의 핵심 주변국가로서 한국이 가지는 전략적 가치를 강조했다.
2. 한국과 베트남의 차이: 우리는 베트남과 한국 사이의 차이점을 상세한 수준에서 제기했는데, 양국 국내 상황, 미국 공약의 성격, 그리고 전략적 위상의 차이에 관한 것이다.
3. 국내정치 정책: 우리는 한국 정부의 국내정치 행위가 미 의회와 대중으로부터 미국의 대한 공약에 대한 지지를 얻는 데 미치는 영향을 제기하면서 한국 정부가 한미 양국의 조약상의 관계를 양국 서로에게 의무사항을 지우는 쌍방향으로, 또 미국의 여론에 긍정적인 영향을 미칠 수 있는 한국 정부의 지속적인 잠재력을 인식해야 한다고 촉구했다.

(그럼에도 불구하고 여전히 심각한 신뢰상의 공백과 '강박관념'이 존재한다고 평가하는데-필자) "특히 청와대가 그렇다. […] 아래 내용은 기본적으로 박 대통령, 군부 강경파, 그리고 강경파 참모들(이들의 목소리는 한국의 정책에서 지배적인 목소리이다)의 견해에 대한 우리의 인식을 반영한다.

한국 최고위직 인사들의 태도는 다음과 같이 요약할 수 있다.

1. 현재 미국에 대한 지속적인 의존 외에 다른 대안은 없다. 단기적으로 한국은 다른 정책적 선택 수단이 없으며, 특히 일본에 의존하는 방안은 전혀 불가능하다.
2. 미국의 대한 공약이 의심된다. 우려의 핵심은 미 의회의 태도에 관한 것이며, 특히 전쟁이 발발했을 때 미 의회가 (그리고 미국 대중이)—베트남의 경우처럼—예산을 거부하고 한국을 방어하는 데 필요한 미국 군사력의 사용을 거부하거나 심지어 그 이전에 미군을 철수시킬지도 모른다는 두려움이 존재한다.
3. 따라서 한국은 가능한 최단기에 자주국방을 달성해야 한다. 장기적으로 한국의 유일한 선택은 전쟁 이전 또는 전쟁 중에 미국의 지지가 철회될 가능성을 완충시킬 수 있는 일정한 자주국방 능력을 획득하는 것이다.
4. 미 고위층의 지지 선언에도 불구하고 미 행정부는 한국의 자주국방계획을 가로막고 있다. 한국 정부는, 높은 수준의 군사 관련 기술을 획득하려는 한국의 시도를 가로막은 일련의 미국 결정에 한국을 통제권에 두려는 미국의 의도적인 정책이 놓여 있으며, 이로 인해 미군이 철수할 경우, 한국이 북한에 비해 열세에 처하게 할 것이라는 점을 확신하고 있다.
5. 현재의 위기와 북한의 위협이 고조된 상황에서 국내 질서 유지와 통제가 최우선 과제이다. 한국 정부는 현재의 위기를 예상할 수 있는 조치—일

체의 반대를 불허하는 권위주의 정권의 강화―를 정당화하는 데 이용해 왔다.

6. 미국은 국내 질서 유지의 필요성을 이해하지 못하고 사실상 반대파를 지원하고 있다. 미국 언론과 의회 내 비판세력의 견해가 미 행정부 내에서도 공감을 얻고 있으며, 야당에 대한 미국의 지지가 박정희 대통령 개인의 지위를 약화시키기 위한 것일 수 있다는 의구심이 증가하고 있다. 나아가 한국 정부는 한국 내 소요가 확산되어 북한의 대남공작이 성공할 정도의 상황에 이르지 않으면서 미국 내 한국 비판세력을 만족시킬 수 있는지 의문시하고 있다.

7. 미국은 북한 위협의 심각성을 잘 모르고 있다. 한국 정부의 과도한 대북 공포와 엄격한 국내 통제에 대해 미국이 동의하지 않는 것은 한국 방위에 대한 미국의 지원이 충분치 않다는 것을 뒷받침한다. (그러면서 다른 한편으로 다음과 같이 지적한다-필자) 우리는 이러한 견해 중 일부가 미국의 정책 방향에 대한 정당한 우려에서 기초한 것이라는 점을 인정해야 한다.[33]

1975년 2월 28일자 미국 국가안전보장회의에서는 「한국의 핵무기 개발에 대한 미국 정책」(NSC, 키신저 국무장관 비망록, 발신: W. R. Smyser, David D. Elliott)이라는 문건을 승인했다. 그 핵심 내용은 다음과 같다.

한국이 핵무기 개발 초기 단계에 들어갔다는 데에 동의한다. 한국의 핵무기 개발 계속 추진은 동북아시아에 결정적으로 불안의 요인으로 작용할 것이라

---

33 「미국의 안보 공약에 대한 한국의 견해」(1975.4.18.), 정일준 편역, 『1970년대 한미관계(상)』(행정안전부 국가기록원, 2008a), 370-373쪽.

고 확신한다. 핵무기의 비확산에 있어 우리가 전 지구적 차원의 정책으로 사용하고 있는 다자간 틀 내에서 이 문제에 대한 우리의 대한정책을 마련할 필요를 강조하는 바이다. 이 다자간 접근에 맞춰 우리는 현재 한국에 대해 다음과 같은 방향을 모색 중에 있다. 첫째, 미국의 단독 조치와 공급국들 사이의 공동 정책 마련 모두를 통해 민감한 기술과 장비에 대한 한국의 접근을 저지시킬 것. 둘째, 핵확산금지조약(NPT)을 비준하도록 한국에 압력을 가할 것. 셋째, 핵무기 개발 분야에서 한국의 기술 발전 상태에 대한 우리의 정보를 늘릴 것.

이에 1975년 3월 4일 키신저 국무장관은 서울 주재 미국대사관에 「한국의 핵무기와 미사일 개발 계획」에 관한 전문을 보냈다.

워싱턴의 정부기관들은 한국 정부가 핵무기 개발 프로그램의 초기 단계에 들어가고 있다는 대사관의 평가에 전적으로 동의한다. [⋯] 한국 정부가 제한된 핵무기와 미사일 능력을 10년 이내에 개발할 수 있다고 결론 내렸다. [⋯] 한국의 핵무장 노력이 주변국들, 특히 북한과 일본에 미칠 영향력으로 인해 미국의 전반적인 우려가 높다. 한국의 핵무기 보유는 일본뿐만 아니라 러시아, 중공, 그리고 우리 자신이 직접 관련된 이 지역에 중대한 불안 영향을 미칠 것이다. 그것은 북한에 대한 소련이나 중국의 핵무기 지원 약속을 끌어낼 수 있다. 핵무력을 확보하려는 한국 정부의 노력은 한미 상호안보관계에 대해서도 불가피한 영향을 미칠 것이다.[34]

이상과 같이, 미국은 핵폭탄 추가 확대에 반대하며 필요한 에너지 개

---

34 정일준 편역(2008a), 위의 책, 38-41쪽.

발사업에는 국제원자력기구의 세이프가드 아래 원자로와 연료를 계속 제공하는 반면에 다른 나라의 핵무기 능력을 강화할 수 있는 민감한 기술과 장비의 확대를 통제한다는 정책을 유지했다. 미국은 한국과 같은 비핵국가들과의 쌍무적 협상뿐만 아니라 핵물질 이용 가능성을 통제할 다자간 틀을 마련하고자 노력했다. 또한 미국은 핵물질의 가장 중요한 공급국들(미국, 영국, 캐나다, 프랑스, 일본, 소련) 사이에 비밀회담을 제안했다. 이는 프랑스가 재처리 플랜트나 기술(사용한 연료에서 플루토늄을 추출하는 것)을 한국에 제공할 여지를 견제하기 위한 조치였다. 미국의 입장은 다음과 같이 명확했다

> 우리의 근본적인 목적은 이 분야에서의 한국의 노력을 단념시키고 가능한 한 가장 철저하게 어떠한 핵폭탄 능력이나 발사 시스템에 대한 한국의 개발을 금지시키는 것이다.[35]

이런 기조 아래서 미국은 한국이 비확산조약(NPT)을 비준하도록 압력을 가했다. 다른 한편 "임시적으로 우리는 한국의 원자력 에너지 시설을 더 자주 방문하여 기술적으로 훈련된 사람들에 의해 사찰하도록 하는 프로그램을 고려하고 있다"라고 방향을 제시했다.

박정희 대통령은 유신체제 수립 이후 한국의 미사일 생산 능력을 발전시키고자 했다. 그리고 북한의 비행장과 주요 공공시설들에 대한 미사일 공격으로 북한의 공군력 우세를 상쇄하고자 했다. 두 정책은 모두 한국에서 미군 철수 가능성을 전제한 것이었다. 박정희 대통령은 미군 철수에 대비해 방위산업, 특히 미사일 생산 능력에서 자주국방을 추구

---

35 정일준 편역(2008a), 앞의 책, 38-41쪽.

한 것이다. 스나이더 주한 미국대사는 미군 철수에 관한 박정희 대통령의 우려를 재반박했고 미사일 전략에 대해서는 향후 안보협의회에서 논의되어야 한다고 제안했다. 미국의 대규모 군사 관여와 그 중요성으로 미루어 볼 때 이러한 성격의 전략 결정은 상호 합의에 따라야만 한다는 것이다.

이처럼 미국은 박정희 대통령의 핵무기와 미사일 개발 계획에 대해 우려했다. 그렇지만 미국 정부는 한국의 핵무기와 미사일 개발을 억제하거나 지연시킬 수 있는 다양한 지렛대를 가지고 있었다. 즉, 강제권력보다 제도권력을 통해 미국의 목표를 달성할 수 있었다. 따라서 핵무기와 미사일 개발을 둘러싼 한미갈등이 미국의 박정희 대통령 교체 의지를 부추겼을 것이라는 추측은 근거가 부족하다. 왜냐하면 핵무기와 미사일 개발 자체가 한국 내부의 능력과 의지만으로는 불가능한 국제적 프로젝트였기 때문이다. 박정희 대통령도 핵무기와 미사일 개발을 자주국방이라는 목표를 향한 미국과의 협상 카드 중 하나로 생각했다. 핵무기 개발이 곧 한국의 안보 위기를 해소하는 필요충분조건일 수 없기 때문이다. 한미 간 안보를 둘러싼 쟁점은 박정희 대통령의 '일국적 국가안보(자주국방)' 대 미국이 추구하는 '자유주의적 국제질서(한미동맹)' 사이의 메울 수 없는 거리에서 비롯되었다고 볼 수 있다.

2) 민주 의제: 인권 문제를 둘러싼 갈등

1974년 12월 9일자 미국 국가안보회의 비망록에는 「한국에 대한 원조의 한계」가 실렸다. 여기에는 "프레이저 하원의원이 인권을 부정하는 국가에 원조를 제공하는 데 완강하게 반대해왔다"라는 점이 강조되었다.[36] 프레이저는 "한국이 국제 인권 기준을 준수하는 데 실질적인 진전을 이룩했다고 대통령이 결정하는 경우에" 원조액을 지출할 수 있게 연계하고자 했다. 이러한 내용의 프레이저 수정안이 받아들여지면 "3년 기간으로 계획된 한국군 현대화를 완료하기가 불가능해진다"라는 것이었다. 이처럼 미국 의회에서 한국의 인권 의제는 안보 의제와 연결되어 논의되었다. 1975년 5월 15일자「김지하 관련」 건으로 포드(Gerald Ford) 미 대통령에게 보낸 전문에는 "미국 대통령이 김지하 시인을 보호하기 위해 어떤 조치를 하건 그것은 남한 내정에 개입하는 것이 아니라 오히려 그 나라에서의 진실한 인권운동을 지원하는 것이 된다고 생각한다"라고 적혀 있다.[37]

1975년 6월 24일 하비브(Philip Habib) 미 국무부 동아시아태평양 담당 차관보는 미 하원 국제관계위원회에서「한국과 필리핀의 인권 상황」이라는 제목으로 진술했다. 그 내용을 살펴보면 다음과 같다.

> 미국 정부는 인권문제에 대해 진심으로 그리고 아주 진지하게 고려하고 있다. 우리는 우리의 정책들을 공식화하는 데 있어서 인권문제가 제기되어야만 한다는 의회의 명확한 의사뿐만 아니라 우리의 대외정책 운영에서도 인권이 중요하다는 것에 대해 잘 인식하고 있다. 우리는 그 나라의 국민들 또는 다른 이들에게 다른 정부들이 저지르는 억압적인 조치들을 묵과하지도 지원하지도 않는다. 실제로 대부분 우리의 기본 정책들은 정치적·경제적 성장이 안보와 개인의 자유가 보장되는 분위기에서 이루어질 수 있는 국제적인 환경을 만들어낼 수 있도록 계획되어 있다. UN의 틀 안에서 우리는 종교적 불관용, 인종차별, 그리고 다른 인권 침해 행위들의 근절과 같은 문제들

---

36 정일준 편역,『1970년대 한미관계(하)』(행정안전부 국가기록원, 2008b), 376-377쪽.
37 정일준 편역(2008b), 위의 책, 376-377쪽.

에 착수하는 것을 지원하는 데 앞장서왔다. 우리는 이러한 근본적인 문제들에 대해 더 넓은 국제적 지원을 끌어내기 위해 계속해서 압력을 가하고 있다. 동시에 우리는 정치체제가 서로 다른 주권 국가들을 상대하고 있다는 점을 인식해야만 한다. 우리는 각국 국내의 변화 과정을 결정할 수도 없으며 내부의 긴장이 존재하고 있는 상황에서 어떤 결과가 나올지에 대해서도 확신할 수가 없다. 더 나아가 개별 국가들에 대한 우리의 정책들은 거의 대부분의 경우에 (상황에 따라) 달라지는 이해관계, 목표들, 그리고 관계가 혼합되어 있는 상태를 대표하고 있다. 우리는 인권을 경시하면 다른 중요한 목표들을 달성하는 데에도 불리하게 작용할 수 있다는 것을 알고 있다. 우리는 또한 장기적인 정치적 안정을 위해서는 내부의 대중적 지지가 필수적이라는 것을 알고 있다.

한국 문제로 넘어가면, 인권문제는 우리가 지속적으로 관심을 기울이는 문제이다. 한국 정부는 북한의 위협을 빌미로 가장 최근의 이 긴급조치를 정당화하고 있다. 한국 정부는 포스트 베트남 상황에서 북한 위협이 두드러지게 나타나고 있다고 생각하고 있다. DMZ의 땅굴과 같은 북한의 활동은 한국에 현저한 영향을 미쳤다. 한국 정부는 긴급조치가 정치적인 자유를 억제하고 있음을 깨닫고 있다. 한국 정부는 한국이 여전히 북한보다 더 자유롭다고 생각하고 있다. 미국 정부는 한국 정부의 내부 조치들에 관여하지도 관계하지도 않고 있다는 것을 분명히 하고 싶다. 동시에 우리는 한국 정부 수립 후 27년 이상 한국 정부와 긴밀한 관계를 맺고 있다. 이러한 긴밀한 유대는 인권을 존중하는 틀 안에서 기능하는 대의 기관들의 발전에 지속적인 관심을 가지는 것도 포함되어 있다. 그 밖에도 우리는 또한 한반도의 평화와 안보 유지에 직접적이고 사활적인 이해관계가 있다. 우리는 상호방위조약의 의무를 지고 있으며 우리의 군대 주둔과 군사 지원은 한반도의 군사 균형을 유지하는 데 필수적인 요소이다. 이것은 한국과 한국민들의 이해관계일 뿐만 아니라 우리 자신의 이해관계이다. 우리의 안보관계는 너무나도 명백하게 동북아시아의 평화와 안보에 중대하게 이바지하고 있으며 일본을 비롯한 우리의 동맹국들도 이를 인식하고 있다. 더 나아가 나는 한국 정부에 대해 어떤 비판이 있든지 간에 박정희 대통령의 국내 반대세력들과 비판자들도 미국과의 안보관계는 필수적이라고 보고 있음을 지적하고 싶다. 한국 내에 우리 군대의 존재와 프로그램들은 특히 지금과 같은 포스트 베트남 시기에 비판과 논쟁의 초점이 아니다. 오히려, 아시다시피 한국 정부의 정치적 반대세력들은 미국 안보 관여의 중요성을 강조하는 의견에 동조해왔으며 우리의 안보 관여가 지속되기를 희망하고 있다. 우리는 북한의 침략에 저항하려는 한국민들의 결단이나 이 문제와 관련한 한국의 내부 단결을 오판하면 안 된다.

한국인들에게 가장 중요한 것은, 그들 자신의 정부에 대한 그들의 견해가 무엇이든지 간에 그들의 군사 안보를 지키는 것이다. 우리의 양자관계의 지속은 이러한 목표에 필수적이다. 우리는 한국 내부의 억압적인 조치들에 관여하지도 않으며 정당화하지도 않는다. 그리고 인권 보호와 보전에 대한 우리의, 그리고 미국민들의 관심을 분명하게 계속 유지해나갈 것이다. 동시에 우리는 한국과 아시아 전체 지역과 미국의 이해관계에 복무하는 우리의 안보정책들을 계속해나갈 것이다. 한반도 평화 보전은 한국의 정치발전과 인권 행사에 불가결한 필수조건으로 남아 있다. 나는 한 국가에서 우리의 이해관계와 목표들 사이의 균형을 종종 깨뜨려야만 하는 경우가 있다는 것에 여러분들이 동의하시리라고 확신한다. 여러분들이 가장 관심을 가지고 있는 지역인 동아시아에는 현재 안보와 인도차이나 비극 직후의 시기에 미국 정책의 미래의 방향에 대해서 매우 명백하고 정확한 이해관계가 있다. 이 지역, 특히 한국에는 외부의 위협을 마주하고 있는 국가의 안보, 전쟁과 평화의 문제는 가장 중요한 일이며 그 균형을 심각하게 잡아야 한다는 광범위한 대중의 인식이 있다.[38]

1976년 4월 2일자로 120명의 미국 하원의원과 상원의원이 서명해서 한국의 국내 상황에 우려를 표시한 편지를 포드 대통령에게 보냈다.

한국 정부가 자국의 민주주의 회복을 위하여 개혁을 촉구하는 한국인들을 계속해서 탄압하고 있다는 증거에 접하여 깊은 우려를 가지게 되었다. 종교계, 학계, 정계 지도자들이 서명하고 교회 예식 중에 발표한 선언 후 이들 중 여러 사람이 정부 전복 기도 혐의로 체포당했다. 이러한 조치들은 한국 민주주의의 위기가 심화되고 있다는 것을 보여주고 있다. 정치적 반대파에 대한 박정희 대통령의 정책은 국제적으로 인정된 인권 기준을 침해할 뿐만 아니라, 한미관계에서 한국을 지지하는 미국의 역할에 심각한 문제를 야기하고 있다. 북한 위협에 대한 대응으로서 미국의 군사 지원은 원래 한국 정부가 민주주의에 대한 믿을 만한 의지를 보인다는 전제하에 연장된 것이다. 군사력은 국민에 대한 정부의 통제와 직결된 것이기 때문에 많은 미국인과 한국인 들은 우리 정부로부터 반대 의사표시가 나오지 않는 상황에서 미국의 군사 지원이 억압을 용인하거나 아니면 심지어 지원하는 것은 아닌가 하는 의구심을 갖고 있다. 현재와 같은 상황에서 우리가 유권자들에게 한국에 대한 군사 지원의 정당성을 설명하기가 점점 더 어려워지고 있다. 우리는 남한에서의 억압에 대한 우리 정부의 입장 문제가 대통령이 관심을 둘 가치가 있는 사안이라고 생각하며 이 문제를 처리하는 데 적절한 방식으로 대통령과 협력할 준비가 되어 있다.[39]

이에 대해 찰스 레파트 2세 대통령 보좌관보는 1976년 4월 27일자

38　정일준 편역(2008b), 앞의 책, 383-389쪽.
39　정일준 편역(2008b), 앞의 책, 148쪽.

서한에서 다음과 같이 답했다.

우리는 국제적으로 인정된 인권 기준을 침해하는 어떤 행위도 용납하지 않으며 또 용납하지 않을 것이다. 아시다시피 행정부의 대표들은 최근 한국 정부의 행동과 관련해서 우려를 표명했다. 동시에 우리는 미국이 계속 한국에서 중요한 안보 이익을 갖고 있다고 확신한다. 한반도와 그 지역 전체에서의 평화와 안보를 보존하는 데 우리의 대한정책과 계획은 핵심 요소로 작용해왔으며 일본을 포함하여 그 지역의 우리 동맹국들도 그렇게 인식하고 있다. 우리 동맹국들은 또한 한반도에서 긴장을 완화하고 보다 지속적인 해결책을 강구하려는 우리의 외교적 노력을 지지한다. 그 연속선상에서 우리는, 한국 정부와 한국 내 비판세력들 사이에서 한미 안보관계 문제가 제기되고 있는 것은 아니라는 점과 한국 국민이 국가의 독립을 유지하려는 커다란 공통의 열망을 가지고 있다는 점도 알아둘 필요가 있다. 우리는 이러한 열망을 지지해왔고 또 그래야 한다. 우리는 인권을 준수하고 보장해야 하는 우리의 기본적인 목표와 한반도에서의 안보 상황에 대한 구체적이고 기본적인 우려, 양자 사이에 균형을 취하고자 하는 맥락 속에서 지금까지의 노력을 지속할 것이다.[40]

박정희는 '한국적 민주주의'라는 개념으로 유신체제의 권위주의적 통치를 정당화하고자 했다. 미국은 한국의 안보 상황을 고려하면서도 보편적 인권 규범을 강조했다.

---

[40] 정일준 편역(2008b), 앞의 책, 426-427쪽.

5. 결론: 권력관계로 본 10·26사건

1979년 10월 26일 김재규 중앙정보부장이 박정희 대통령과 차지철 경호실장을 살해함으로써 유신체제가 붕괴했다. 유신체제는 박정희 일인 독재체제였기에 박정희가 사망하자 유신체제도 붕괴했다. 권력 핵심인 중앙정보부장의 대통령 시해는 당시부터 여러 가지 추측을 낳았다. 박정희 대통령 시해 사건 배후에 미국이 개입하지 않았나 하는 의혹이 그것이다.

이 글은 4가지 유형으로 분류한 미국개입설을 비판적으로 검토하여 반박하고자 했다. 음모설은 사실 구조결정론이다. 미국이 한국정치를 실시간으로 전부 파악하고 있으며, 가끔 직접적으로 한국정치에 개입하여 자국 이익을 관철시킨다는 해석이다. 미국은 전지전능하고 한국은 미국의 의도대로 좌우지되는 인형에 불과하다는 이러한 역사 인식은 이론적으로도 경험적으로도 정당화될 수 없다. 규범적으로 볼 때도 더 큰 문제다. 유신체제의 수립, 유지 그리고 붕괴에 관여한 어떤 행위자도 '올바른' 또는 '더 나은' 선택을 했다고 평가할 수 없다. 모두 다 책임 없는 허수아비에 불과하다. 당시 한국은 복합 위기를 겪었다. 1978년 총선에서 야당인 신민당이 여당인 공화당보다 득표율이 1.1%p 높았다. 정치사회에서 집권 여당의 정치 위기가 발생했다. 국회에서는 야당 총재인 김영삼을 제명했다. 그러자 부산에서 봉기가 발생했다. 시민사회의 저항이 격화되며 정권의 치안 위기가 발생했다. 유신정권은 부산에 계엄령, 마산에 위수령을 발동하고 군대를 배치했다. 시민 저항이 전국으로 확산할 조짐이 있었다. 이러한 저항의 밑바탕에는 부가가치세 도입 이후 물가상승으로 서민들의 삶이 힘들어진 경제위기가 놓여 있었다. 민심이 광범위하고도 급속도로 나빠졌다. 유신체제 아래서 대학생, 종교계, 야당의 도전이 점차 거세졌다. 박정희 정권은 긴급조치를 통해 대량 구속을 주저하지 않았다. 이러한 인권탄압은 급기야 한미관계에 균열을 가져왔다.

1970년대 말은 미국의 세계 패권에 커다란 도전이 있었다. 베트남에서 패퇴하고, 이란에서 친미 팔레비 정권이 몰락했다. 미국 정부와 의회 그리고 여론은 미국의 대외 개입에 대해 회의적인 분위기로 돌아섰다. 한국의 유신체제에 대해서도 부정적 시각이 우세했다. 카터 행정부의 입장에서 박정희는 다양한 대안 중 하나에 불과했다. 유신체제 수립 이후 박정희 정권은 미국과 여러 쟁점에서 갈등을 빚었다. 유신 말기에 이르면 미국에 박정희 정권은 자산에서 부채로 변했다. 유신체제는 한마디로 박정희 대통령을 중심으로 안보와 발전을 병행하는 통치노선이었다.

그런데 김재규 중앙정보부장의 생각은 달랐다. 박정희 대통령이 없어도 한국 안보는 문제없다고 판단했다. 오히려 한국 민주주의에 박정희 대통령이 걸림돌이 된다고 보았다. 부마항쟁 이후 박정희 대통령을 정점으로 하는 집권세력 내부 회의에서 강경 진압이냐 유화책이냐를 놓고 의견이 첨예하게 갈렸다. 김재규 중앙정보부장은 "박정희냐 시민이냐"는 선택의 기로에서 '야수의 심정으로 유신의 심장을 쏘는' 권력을 행사했다. 중앙정보부장이라는 김재규의 지위는 한미관계, 여야관계, 그리고 국가-시민사회 관계의 결절점이었다. 그런 점에서 10·26사건은 유신체제를 붕괴시킨 체제 전환적 사건이었다.

비록 박정희 사망으로 도래한 '서울의 봄'이 민주화로 이어지지는 못했지만 4공화국이 무너진 것은 분명했다. 유신체제가 박정희 대통령의 일인 독재체제였기 때문이다. 만약 유신체제가 국가 관료기구나 집권여당, 그리고 범보수세력의 지지를 받고 있었던 체제였으면 박정희 대통령이 서거했다고 곧바로 몰락하지는 않았을 것이다. 물론 박정희 대통령의 친위세력인 전두환 보안사령관 중심의 하나회가 12·12쿠데타와 5·17쿠데타를 통해 '박정희 없는 박정희 체제'를 회복했다는 평가도 있기는 하다. 4공화국과 5공화국의 연속성을 강조한다고 하더라도, 난공불락처럼 보였던 유신체제가 붕괴한 것은 역사적 사실이다. 10·26사건은 김재규의 주장처럼 '민주회복 국민혁명'이라고 보기는 어렵다. 그렇다고 사적 인연에 치우친 '패륜적 행동'이라거나, 합수부가 규정한 '내란목적살인'이라고 볼 수도 없다.

　이상과 같이, 10·26사건을 국내·국제 권력관계에 위치시켜 재해석하고자 한 이 글은 한국정치의 변동을 현실주의에 입각해서 접근하고자 했다. 지나친 구조결정론과 과도한 규범적 해석을 넘어서 한국정치 현실에 작동하는 실제 권력관계를 중심으로 행위자들의 선택과 책임을 규명하고자 했다. 정치 행위자는 구조의 노예가 아니다. 반대로 마음대로 구조를 파괴하거나 생성하는 창조자도 아니다. 구조와 행위를 매개하는 권력관계의 전개 과정에서 행위자들은 고민하고 또 선택한다. 책임은 각자의 몫이다. 그렇지만 지금 여기서 10·26사건을 되돌아보는 이유는 김재규의 행위가 한국정치와 한국현대사의 경로를 바꿔놓았기 때문이다. 한미관계는 한국정치에서 여전히 중요하다. 음모론과 무관론을 넘어 미국이 한국정치에 언제, 어떻게 개입했는지를 이해하는 일은 중요한 과제이다. 미국의 의도보다 한미 간 권력관계에 더 주목해야 한다.

참고문헌

강인섭, 『4·19 그 이후: 군-정계-미국의 장막』(동아일보사, 1984).
김대곤, 『김재규의 혁명』(필요한책, 2016).
김명구, 『한국 기독교사: 복음주의자의 시각으로 보는 한국의 기독교 역사 2』(연세대학교 출판부, 2020).
김명섭, 「1970년대 후반기의 국제환경변화와 한미관계: 카터행정부의 외교관계를 중심으로」, 정신문화연구원 편, 『1970년대 후반기의 정치사회변동』(백산서당, 1999).
김삼웅, 『김재규 장군 평전』(두레, 2020).
김성진, 『박정희를 말하다: 그의 개혁정치, 그리고 과잉충성』(삶과꿈, 2006).
김성태 편, 『의사 김재규』(매직하우스, 2012).
김용서 외, 『박정희 시대의 재조명』(전통과현대, 2006).
김원, 「부마항쟁과 도시하층민」, 『정신문화연구』 29-2(2006).
김원, 『박정희 시대의 유령들』(현실문화, 2011).
김원모, 『한미 외교관계 100년사』(철학과현실사, 2002).
김재홍, 『박정희의 후예들』(책으로보는세상, 2012).
김충식, 『남산의 부장들』(개정증보판)(폴리티쿠스, 2012).
마상윤, 「안보와 민주주의 그리고 박정희의 길: 유신체제 수립원인 재고」, 『국제정치논총』 43-4(2003).
마상윤·박원곤, 「데탕트기의 불편한 동맹」, 역사비평 편집위원회, 『갈등하는 동맹: 한미관계 60년』(역사비평사, 2010).
문영심, 『바람 없는 천지에 꽃이 피겠나: 김재규 평전』(시사인북, 2013).
미하원 국제관계위원회 국제기구소위원회 편, 서울대학교 한미관계연구회 역, 『프레이저 보고서』(실천문학사, 1978); 김병년 역(레드북, 2017).
민주주의사회연구소, 『부마항쟁의 진실을 찾아서』(선인, 2016).
민주화운동기념사업회, 『유신과 반유신』(선인, 2005).
박원곤, 「카터 행정부의 대한정책: 10·26을 전후한 도덕외교의 적용」, 『한국정치학회보』 43-2(2009).
박정희학술원 편, 『유신, 50주년 그때 그리고 오늘』(박정희대통령기념재단, 2022).
박태균, 『우방과 제국, 한미관계의 두 신화』(창비, 2006).

부마민주항쟁진상규명 및 관련자명예회복심의위원회, 『부마민주항쟁 진상조사보고서』(문영사, 2022).
서익진, 「박정희 공업화 발전모델의 위기와 부마항쟁」, 『사회경제평론』 62(2020).
신욱희, 『순응과 저항을 넘어서: 이승만과 박정희의 대미정책』(서울대학교 출판문화원, 2010).
신욱희, 「데탕트와 박정희의 전략적 대응」, 서울대학교 국제문제연구소 편, 신욱희 책임편집, 『데탕트와 박정희』(논형, 2011).
신종대, 「유신체제 출범과 한미관계」, 한국학중앙연구원 편, 『박정희시대 한미관계』(백산서당, 2009).
신현익, 「박정희 대통령 서거 직후 미국의 대한정책」, 『유라시아연구』 18(2010).
심융택, 『백곰, 하늘로 솟아오르다: 박정희 대통령의 핵개발 비화』(기파랑, 2013).
안동일, 『10·26은 아직도 살아 있다』(랜덤하우스중앙, 2005).
안동일, 『나는 김재규의 변호인이었다』(김영사, 2017).
안병욱, 「부마항쟁의 의의와 한국 민주화운동에서 차지하는 위상」, 『1979 부마민주항쟁을 기억하다』(부마민주항쟁기념재단, 2020).
안병욱 외, 『유신과 반유신』(민주화운동기념사업회, 2005).
양승함 외 편, 『박정희 4: 유신체제 형성』(연세대학교 국가관리연구원, 2010a).
양승함 외 편, 『박정희 5: 주한미군 철수』(연세대학교 국가관리연구원, 2010b).
오원철, 『박정희는 어떻게 경제강국 만들었나』(동서문화사, 2006).
오인환, 『박정희의 시간들』(나남, 2023).
오창헌, 「10·26사건의 원인분석: 김재규의 행위와 동기를 중심으로」, 『정치정보연구』 4-1(2001).
오창헌, 『유신체제와 현대 한국정치』(오름, 2001).
유신청산민주연대 엮음, 『박정희 유신독재와 전두환 군사독재』(동연, 2022).
이강호, 『박정희가 옳았다』(기파랑, 2019).
이경서, 『박정희의 자주국방』(이른아침, 2023).
이광일, 『박정희 체제, 자유주의적 비판 뛰어넘기』(메이데이, 2011).
이만섭, 『5·16과 10·26: 박정희, 김재규 그리고 나』(나남, 2009).
이상우, 『박정희와 유신체제 반대운동: 유신의 추억』(중원문화, 2012).
이윤섭, 『박정희 정권의 역사』(필맥, 2011).
이윤섭, 『박정희 정권의 핵무기 개발 비사』(출판시대, 2019).
이완범, 『박정희와 한강의 기적』(선인, 2006).
이완범, 『카터시대의 남북한: 동맹의 위기와 민족의 갈등』(한국학중앙연구원 출판부, 2017).
이완범, 『미국의 한국정치 개입사 연구: 박정희 제거공작 편』 1~3(한국학중앙연구원 출판부, 2022).
이춘근, 『10월유신과 국제정치』(기파랑, 2018).
이해찬, 『이해찬 회고록』(돌베개, 2022).
임혁백, 「유신의 역사적 기원: 박정희의 마키아벨리적 시간(상)」, 『한국정치연구』 13-2(2004).
임혁백, 「유신의 역사적 기원: 박정희의 마키아벨리적 시간(하)」, 『한국정치연구』 14-1(2005).
임혁백, 「박정희에 대한 정치학적 평가: 리더십, 근대화, 유신, 그리고 몰락」, 『평화연구』 가을호(2012).
임혁백, 『비동시성의 동시성: 한국 근대정치의 다중적 시간』(고려대학교 출판부, 2014).
임현진, 「다시 보는 부마항쟁: 잊혀진 민주화의 유산과 역사적 의의」, 『사회이론과 사회변혁』(한울, 2003).
전재호, 『반동적 근대주의자 박정희』(책세상, 2000).
전재호, 『박정희 대 박정희: 개혁과 반동 사이 박정희 제자리 찾아주기』(이매진, 2018).
정근식, 「동아시아 질서의 변동과 한미갈등, 그리고 부마항쟁: 1979년 미국문서에 기초하여」, 『1979 부마민주항쟁을 기억하다』(부마민주항쟁기념재단, 2020).
정성화 편, 『박정희 시대 연구의 쟁점과 과제』(선인, 2005).
정성화·강규형 엮음, 『박정희 시대와 한국 현대사』(선인, 2006).
정일준, 「유신체제의 모순과 한미갈등: 민주주의 없는 국가안보」, 『사회와 역사』 70(2006).
정일준, 「탈수정주의를 넘어서 한국 근현대사 이해하기: 공간의 다층성, 시폭의 중층성, 그리고 시각의 다원성」, 『한국사회』 8-2(2007).
정일준, 「수록내용 소개」, 행정안전부 국가기록원(정일준 편역), 『해외수집기록물 번역집 II: 미국 포드 대통령 도서관 소장 기록물-1970년대 한미관계(상·하)』(청맥기획, 2008).
정일준, 「한미관계의 역사사회학: 국제관계, 국가정체성, 국가프로젝트」, 『사회와 역사』 84(2009).
정일준, 「미국개입의 선택성과 한계: 전두환·노태우-레이건·부시 정부시기」, 역사비평 편집위원회, 『갈등하는 동맹: 한미관계 60년』(역사비평사, 2010a).
정일준, 「4월혁명과 미국: 한국 정치변동과 미국의 개입양식」, 민주화운동기념사업회, 『4월혁명과 한국 민주주의』(선인, 2010b).

정일준, 「한국 현대사에서 안보와 자유: 한미관계와 자유주의 통치성」, 민주화운동기념사업회, 『(탈)냉전과 한국의 민주주의』(선인, 2011).
정일준, 「박정희 정권기 개발독재 비판: 비교역사사회학적 접근」, 『역사비평』 여름호(2011).
정일준, 「제2공화국 민주당 정권의 성립과 붕괴: 한미관계, 국가-시민사회관계 그리고 민군관계를 중심으로」, 『공공사회연구』, 10-3(2021).
정일준 편역, 『1970년대 한미관계(상)·(하)』(행정안전부 국가기록원, 2008a·b).
정일준 외, 『한국의 민주주의와 한미관계』(대한민국역사박물관, 2014).
조갑제, 『내 무덤에 침을 뱉어라 8: 한반도의 戰雲』(조선일보사, 2001).
조갑제, 『박정희의 결정적 순간들』(기파랑, 2009).
조철호, 「박정희 핵외교와 한미관계 변화」, 고려대학교 박사학위논문(2001).
중앙일보 특별취재팀, 『실록 박정희』(중앙M&B, 1998).
지주형, 「미국 정부 기밀문서를 통해 본 부마항쟁」, 홍순권 외, 『부마항쟁의 진실을 찾아서』(선인, 2016).
지주형, 「유신체제 말기의 한미관계와 정치위기: 부마민주항쟁과 동상이몽의 정치사회학」, 민주화운동기념사업회, 『기억과 전망』 38(2018).
차성환, 「부마항쟁과 지역 노동자 대중」, 『기억과 전망』 17(2009).
차종환·박상원 편저, 『대사건과 일지로 본 한미관계 200년사』(월드코리안신문사, 2022).
푸코, 미셸 저, 오생근 역, 『감시와 처벌: 감옥의 탄생』(나남, 1975/2016).
푸코, 미셸 저, 이규현 역, 『성(性)의 역사 1: 지식의 의지』(나남, 1976/2010).
푸코, 미셸 외 저, 정일준 편역, 『미셸 푸코의 권력이론』(새물결, 1995).
학술단체협의회, 『유신을 말하다』(나름북스, 2013).
한국정치연구회 편, 『박정희를 넘어서』(푸른숲, 1998).
한상진, 『한국 사회와 관료적 권위주의』(문학과지성사, 1988).
한승헌 외, 『유신체제와 민주화운동』(춘추사, 1984).
한홍구, 『유신: 오직 한 사람을 위한 시대』(한겨레출판, 2014).
함세웅, 「1979년 부마항쟁과 김재규 부장의 결단」, 『희망세상』 10월호(2009).
홍석률, 「위험한 밀월: 박정희-존슨 정부시기」, 역사비평 편집위원회, 『갈등하는 동맹: 한미관계 60년』(역사비평사, 2010).
홍석률, 『분단의 히스테리』(창비, 2012).
홍성걸, 「박정희의 핵개발과 한미관계」, 정성화 편, 『박정희 시대 연구의 쟁점과 과제』(선인, 2005).
홍순권, 「부마민주항쟁 연구의 현황과 과제」, 『항도부산』 27(2011).

Anievas, Alexander and Nişancioğlu, *How the West Came to Rule: The Geopolitical Origins of Capitalism* (London: Pluto Press, 2015).

Barchrach, Peter and Morton Baratz, "Two Faces of Power," *American Political Science Review*, 56 (1962).

Barchrach, Peter and Morton Baratz, "Decisions and Nondecisions: An Analytical Framework," *American Political Science Review*, 57 (1963).

Barchrach, Peter and Morton Baratz, "Power and Its Two Faces Revisited: A Reply to Geoffrey Debnam," *American Political Science Review*, 69 (1975).

Barnett, Muchael and Raymond Duvall, "Power in International Politics," *International Organization*, 59-1 (2005).

Barnett, Muchael and Raymond Duvall (eds.), *Power in Global Governance* (Cambridge: Cambridge University Press, 2005).

Berenskoetter, Felix and M. J. Williams (eds.), *Power in World Politics* (London: Routledge, 2007).

Brazinsky, Gregg, *Nation Building in South Korea: Koreans, Americans, and the Making of a Democracy* (North Carolina: The University of North Carolina Press, 2007); 나종남 역, 『대한민국 만들기, 1945~1987』 (책과함께, 2011).

Cha, Victor D., *Allignment despite Antagonism: The United States-Korea-Japan Security Triangle* (Stanford: Stanford University Press, 1999); 김일영·문순보 역, 『적대적 제휴: 한국, 미국, 일본의 삼각안보체제』(문학과지성사, 2004).

Cha, Victor D., "Security and Democracy in South Korean Development," in Samuel S. Kim (ed.), *Koreas Democratization* (Cambridge: Cambridge University Press, 2003).

Connolly, William E., *Identity/Difference* (Ithaca: Cornell University Press, 1991).

Deudney, Daniel and G. John Ikenberry, "The Nature and Sources of Liberal International Order," *Review of International Studies*, 25-2 (1999).

Digester, Peter, "The Fourth Face of Power," *Journal of Politics* 54-4 (1992).

Eckert, Carter J., *Park Chung Hee and Modern Korea: The Roots of Militarism 1866~1945* (Cambridge: Harvard University Press, 2016).

Ekbladh, David, *The Great American Mission: Modernization and the*

Construction of an American World Order (Princeton: Princeton University Press, 2010).

Gaddis, John Lewis, *Strategies of Containment: A Critical Appraisal of Postwar American National Security Policy during the Cold War* (Revised and Expanded Edition) (Oxford: Oxford University Press, 2005); 홍지수·강규형 역, 『미국의 봉쇄전략: 냉전시대 미국 국가안보정책의 비판적 평가』(비봉, 2019).

Gaventa, John, "Levels, Spaces and Forms of Power: Analysing Opportunities for Change," *Power in World Politics* (London: Routledge, 2007).

Gleysteen Jr., William H., *Massive Entanglement, Marginal Influence: Carter and Korea in Crisis* (Washington, D.C.: Brookings Institution Press, 1999); 황정일 역, 『알려지지 않은 역사』(중앙M&B, 1999).

Guzzini, Stefano, "Structural Power: The Limits of Neorealist Power Analysis," *International Organization*, 47-3 (1993).

Hay, Colin, "Divided by a Common Language: Political Theory and the Concept of Power," *Politics*, 17-1 (1997).

Hay, Colin, "Still Divided by a Common Language: Discontentment and the Semantics of Power," *Politics*, 19-1 (1999).

Henderson, Gregory, *Korea, the Politics of Vortex* (Cambridge: Harvard University Press, 1968); 박행웅·이종삼 역, 『소용돌이의 한국정치』(한울, 2000).

Hobden, Stephen and John M. Hobson (eds.), *Historical Sociology of International Relations* (Cambridge: Cambridge University Press, 2002).

Hobson, John M., *The State and International Relations* (Cambridge: Cambridge University Press, 2000).

Kim, Byung-Kook and Ezra F. Vogel (eds.), *The Park Chung Hee Era: The Transformation of South Korea* (Cambridge: Harvard University Press, 2011).

Kim, Hyung-A, *Kores's Development under Park Chung-Hee: Rapid Industrialization, 1961~1979* (London: Routledge, 2004); 신명주 역, 『유신과 중화학공업: 박정희의 양날의 선택』(일조각, 2005).

Kim, Hyung-A. and Clark W. Sorensen, *The Park Chung Hee Era,*

1961~1979: Development, Political Thought, Democracy, and Cultural Influence (Seattle: University of Washington, 2011).

Kissinger, Henry A., *American Foreign Policy* (New York: W.W. Norton &Company, 1974); 여영무 역, 『데탕트의 허실: 미국의 외교전략』(금란출판사, 1976).

Lemke, Thomas, *Foucault's Analysis of Modern Governmentality: A Critique of Political Reason* (London: Verso, 2019).

Lerner, Mitchell B., *The Pueblo Incident: A Spy Ship and the Failure of American Foreign Policy* (Lawrence: University Press of Kansas, 2002); 김동욱 역, 『푸에블로호 사건: 스파이선과 미국 외교정책의 실패』(높이깊이, 2011).

Lukes, Steven, *Power: A Radical View* (3rd edition) (London: Macmillan, 2021).

Macdonald, Donald Stone, *U.S.-Korean Relations from Liberation to Self-Reliance: The Twenty-Year Record* (Colorado: Westview Press, 1992); 한국역사연구회 역, 『한미관계 20년사: 해방에서 자립까지』(한울, 2001).

Nam, Joo-Hong, *America's Commitment to South Korea: The First Decade of the Nixon Doctrine* (Cambridge: Cambridge University Press, 1986).

Oberdorfer, Don, *The Two Koreas: A Contemporary History* (Revised and Updated Edition) (New York: Basic Books, 2002); 이종길 역, 『두 개의 한국』(길산, 2002).

Oh, John Kie-Chang, *Korean Politics: The Quest for Democratization and Economic Development* (Ithaca: Cornell University Press, 1999).

Parietti, Guido, *On the Concept of Power: Possibility, Necessity, Politics* (Oxford: Oxford University Press, 2022).

Robinson, William I., *Promoting Polyarchy: Globalization, US Intervention, and Hegemony* (Cambridge: Cambridge University Press, 1996).

Sewell Jr., William H., "Chapter 3, Three Temporalities: Toward an Eventful Sociology," in *Logics of History: Social Theory and Social Transformation* (Chicago: The University of Chicago Press, 2005).

Wickham, John A. Jr., *Korea on the Brink* (Washington, DC: National Defense University, 1999); 유은영 외 역, 『12·12와 미국의 딜레마』(중앙M&B, 2000).

민청학련 항쟁 재조명

제 2 부

6장

민청학련 항쟁의 전개와 역사적 의의

안병욱

1. 서론

1970년대는 한국사회가 오랜 좌절을 극복하고 역사 발전을 도모할 만한 모처럼의 기회였다. 당시 한국사회가 안고 있던 역사적 과제는 분단과 냉전 체제에 기인한 정치적 억압을 철폐하고 사회의 민주화를 이루는 일이었다. 무엇보다 산업화 과정에서 파생된 사회적 불평등과 차별을 극복하는 일이었고, 이러한 과제를 역사의 변화로 인식하고 현실에서 수용하는 문제였다.

1970년에 들어서면서 학생들의 대대적인 학원자율화 요구 시위와 더불어 사회 각 분야의 권리 주장과 자율화 선언이 연이어 제기되었다. 1971년 4월 『동아일보』를 비롯한 여러 신문사 기자들은 언론자유수호선언을 발표했다. 박정희 정권은 반공법을 내세워 언론에 재갈을 물리고 그것으로도 미덥지 못해 신문사에는 기관원으로 불리는 중앙정보부원이 상주하면서 기사 문구까지 간섭하면서 언론보도를 통제했다. 같은 해 7월에 사법부의 판사들이 정부의 재판에 대한 부당한 간섭과 압력에 대해 집단으로 사직서를 제출하면서 항의하고 나선 사법부 파동이 발생했다. 또 대학교수들도 대학자주선언을 잇달아 발표했다. 이들은 모두 학생들의 학원자율화 요구와 맞물려 제기된 민주화를 향한 새로운 차원의 요구들이었다. 기층 노동자 전태일의 분신 항의와 더불어 언론인 등 지식인의 자율화 요구는 달라진 역사적 조건들이 반영된 현상이었다.

1960년 4월 항쟁으로 어렵게 맞이한 열린 공간을 군사쿠데타를 일으켜 하루아침에 물거품으로 만들었던 박정희세력은 또다시 1970년대의 사회 변화를 역행하면서 역사를 반역으로 이끌었다. 박정희는 1971년 10월 15일 위수령으로 대학에 무기휴업령을 내리고 12월 6일에는 '국가비상사태'를 선포했고 12월 27일에는 '국가보위에 관한 특별조치법'을 변칙으로 강행 통과시켰다. 그러고는 이어 1972년 10월 17일 계엄령을 발동하고 국회 해산과 헌법을 정지시키는 유신체제로 돌입했다.

1970년대는 성장해온 민중이 유신체제에 맞서 첨예한 투쟁을 전개한 시기이다. 유신정권은 반유신 운동에 나선 민주인사들을 유례없는 국가 폭력을 행사하여 감옥에 몰아넣었다. 유신의 광풍으로 수많은 사람이 민주화를 요구하다가 감옥으로 끌려갔고 석방된 후에도 감시 사찰을 당하면서 갖은 고초를 겪어야 했지만, 갈수록 더 강한 투사로 변했다. 탄압과 처벌이 계속되면서 오히려 이들 민주인사는 더욱 강력하게 결집하면서 늘어났다.

끊임없이 배출되는 학생운동 출신들과 기층 민중의 의식화는 민주화운동의 중요한 기반이었다. 이들을 바탕으로 운동권의 범위는 계속해서 확장되었고 저항의식 또한 더욱 고조되었다. 그만큼 민주화운동에 희생적으로 헌신하는 사람들이 축적되었다. 끝내는 확대되는 반유신 민주화운동에 위협을 느낀 기득권층이 내부 분열을 겪게 되었고 스스로 와해되기에 이른 것이다.

2. 민청학련의 출범

　민청학련이란 박정희 유신정권을 타도하기 위해 대대적으로 반독재 학생봉기를 계획하고 주동했던 일군의 대학생들과 민주인사들을 일컫는다. 1974년에 전개된 반유신 항쟁에 관련된 일련의 사항들을 민청학련으로 통칭하게 된 것은 그해 4월 3일자로 작성된 「민중·민족·민주 선언문」에 '전국민주청년학생총연맹'이 시위 주체로 표기된 데서 비롯되었다.[1] 반유신 운동을 모의하던 주동자들은 전국민주청년학생총연맹 명의로 투쟁선언문을 작성하여 시위 현장에 배포했다.
　그러나 당시 '전국민주청년학생총연맹'이라는 조직체가 구체적으로 결성된 것은 아니었다. 단지 선언문 작성자들이 각계각층이 참여하는 전국적인 규모의 강력한 투쟁을 전개한다는 점을 강조하기 위해서 임의로 그런 명칭을 내세운 것이다. 이 때문에 대부분의 항쟁 주모자들도 수사받기 이전에는 이 같은 조직명을 들어보지 못했다. 그러나 박정희는 '전국민주청년학생총연맹'을 반국가적 지하조직으로 특정하는 긴급담화까지 발표했고, 이어 그들의 불순 활동에 대한 확증을 포착했다고 하면서 '긴급조치 4호'라는 강압 조치를 발령했다. 박정희의 언명에 따라 실상과는 별도로 살인적 탄압이 자행되면서 터무니없는 혐의들이 날조되었다. 이후, 강압수사와 어용 재판의 과정을 거치면서 '민청학련'이라는 약칭은 박정희 폭정에 대한 1974년의 반유신 항쟁을 설명하고 일컫는 역사적인 용어가 되었다.
　민청학련으로 통칭된 이 시기 항쟁의 주축들은, 1973년 가을부터 전

---

[1] 민청학련계승사업회, 『민청학련: 유신독재를 넘어 민주주의를 외치다』(메디치미디어, 2018), 329쪽.

개된 전국 각 대학의 반유신 학생시위에 앞장섰던 학생들과 지난날 3선 개헌 반대운동이나 민주화운동에 참여한 이래 계속해서 반정부운동에 관여해온 운동권 선배, 강제징집 등으로 군복무한 후 복학한 학생들이 었다. 또 한일회담 반대운동을 이끌었던 청년운동권 인사, 그리고 박정희 군사정권을 비판해오던 지식인들과 양심적 종교인들도 합세하여 지원했다. 이들은 그동안 민주화운동 경험과 축적한 역량을 바탕으로 서로 연계하면서 거국적인 반유신 항쟁을 기획하고 추진했다.

1974년 봄에 의도했던 대대적인 반정부 봉기는 공안정보기관의 주동자 사전 체포 연행과 학내 투입된 진압대의 무자비한 폭력으로 당장에는 성과를 이루지 못했다. 오히려 민주화운동의 의도는 정부 당국에 의해 터무니없이 왜곡되고 매도당했으며 독재권력 강화의 구실로 교묘히 비틀려졌다. 하지만 민청학련 항쟁으로 점화된 반유신 투쟁은 어떤 탄압에도 억눌리지 않고 거세게 이어졌다. 박정희 유신독재는 폭정 외에는 달리 대책을 세울 수 없었으며 강경책의 외곬으로 허둥대다가 끝내는 와해되고 말았다.

3. 유신독재체제와 계엄통치

1961년 5·16쿠데타로 정권을 탈취했던 박정희에게 선거를 통해서 집권을 연장해가는 길은 1971년 대통령 선거를 마지막으로 이후로는 불가능해졌다. 그러나 무소불위로 전횡을 휘두르던 그는 3선 임기가 끝나더라도 권좌에서 물러날 의사가 전혀 없었다. 이에 그는 1972년 10월 17일 저녁에 느닷없이 사상 유례가 없는 종신집권을 위한 '대통령 특별선언'을 발표하면서 비상계엄을 선포하고 또 한 차례의 쿠데타를 감행했다. 뒷날 유신으로 명명된 이 정변을 통해 헌법 기능을 정지시키면서 국회를 해산하고 모든 정치 활동을 금지했다. 박정희는 계엄령으로 일체의 비판과 반대 여론을 금지한 가운데 비상계엄 선포 10일 만에 국무회의를 들러리 세워 임의적으로 만든 '유신헌법 초안'이라는 것을 공포했다. 경찰력과 공안기관을 동원해 공포 분위기를 조성하면서 유신헌법에 대한 일체의 비판이나 반대 논의를 금지한 후, 11월 21일 실시한 국민투표에서 총투표율 91.1%에 찬성률 91.5%를 만든 후 이를 내세워 유신체제를 발동했다.

박정희는 유신헌법에서 통일주체국민회의라는 들러리 기구를 만들어 간선제로 대통령을 추대하도록 한 후, 경쟁자 없이 단독 후보로 나서서 찬반 토론조차 금지된 요식 행위를 거쳐 대통령이 되었다. 그렇게 '유신 대통령'이 된 후 국회의원의 3분의 1을 직접 임명하여 유정회라는 친위대 국회의원을 배치하고, 또 여당 하수인을 지역구 의원으로 뽑아 국회를 장악해 입법부를 어용 기관으로 전락시켰다. 대통령인 그가 사법부도 대법원장과 법관들을 형식적인 동의 절차를 거쳐 직접 임명했을 뿐만 아니라 법관 재임명제를 두어 통솔하면서 철저히 장악했다. 그렇게 모든 국가정책은 박정희 일인의 전횡으로 집행되고 농단되었다. 나라는 그의 감정 상태와 기분에 따라 좌우되고 요동쳤다. 따라서 박정희 치하에서 엽기적 사건들이 빈번했는데, 단적인 예로 초법적 긴급조치를 비롯해 도쿄에서 김대중 납치, 인혁당 인사 8명의 사법살인, 그의 수족이었던 김형욱 납치 암살, 코리아게이트, 야당 총재인 김영삼 의원 국회 제명 등이 있다. 무엇보다 유신은 박정희 자신의 종신집권은 물론 사후 정권 세습을 염두에 둔 전체주의 체제였다.

이러한 유신체제가 강행되었을 때 정치권이나 재야 민주인사들은 적절한 대응책을 마련하지 못하고 절망감에 빠졌으며, 공포 분위기에서 얼마간은 저항운동을 시도하는 것도 어려운 상태였다. 그러나 1973년 여름 김대중 납치사건이 발생하자 국내외에 박정희 유신체제를 비난하는 소리가 고조되었고, 마침내는 유신 선포 이후 최초로 그해 10월 2일 서울대학교 문리과대학 학생 300여 명이 반정부 시위에 나섰다.

박정희의 유신통치가 시행된 지 1년도 지나지 않아 대학생들이 철권통치의 허를 찌르는 기습적인 반정부 시위를 감행한 것이다. 이 시위는 연쇄적으로 전국 각 대학의 반유신 학생시위로 이어졌고, 그동안 숨죽이고 있던 각계 민주화운동세력들도 침묵을 깨고 반유신 운동에 적극적으로 나서기 시작했다.

강경한 탄압에도 불구하고 유신 반대운동이 전국 각 대학으로 확산했고, 이에 용기를 얻은 시위 주모 학생들은 겨울방학을 마치고 이듬해인 1974년 전국의 대학들이 개학하면 연합해서 반정부 시위를 벌이기로 약속하고 이를 추진해나갔다. 여러 대학 간에 연락망을 갖추고 동시다발적인 시위를 전개한 후 이를 기회로 일반 국민도 동참하는 거국적 반유신 항쟁을 전개하고자 했다.

이미 1973년에 전개된 학생들의 반정부 시위를 계기로 유신독재에 대한 저항이 각계각층으로 광범위하게 펼쳐졌다. 대학생 시위와 더불어 재야인사·종교인·교수·언론인·정치인도 박정희 유신독재에 대항하는 운동으로 '유신헌법 폐지를 위한 100만인 개헌 서명운동'을 시작했다.

개헌 서명운동이 시민들의 적극적인 지지를 받으면서 거세게 번져나가자, 박정희는 1974년 1월 8일 '긴급조치 제1호'라는 명령을 내려 탄압에 나섰다. 이 긴급조치는 '유신헌법을 부정, 반대, 왜곡, 또는 비방하는 일체의 행위'와 유신헌법의 '개정 또는 폐지를 주장, 발의, 제안, 또는 청원하는 일체의 행위'를 금하고, 이를 어기는 이뿐 아니라 이 조치를 비방한 이까지 법관의 영장 없이 체포, 구속, 수색하며 15년까지의 징역에 처하겠다고 했다. 또 "이 조치에 위반한 자와 이 조치를 비방한 자는 비상군법회의에서 심판, 처단"한다고 규정했다. 박정희는 이렇게 한마디 명령을 내려 사법 재판제도의 근본을 훼손하고 기본 인권 조항들을 짓밟는 야만 행위를 통치권의 이름으로 자행했다.

유신헌법 개정 운동에 앞장선 장준하·백기완에게, 긴급조치 1호를 발령해 설치한 비상보통군법회의에서 징역 15년씩을, 또 연세대 학생 7명에게 징역 10년씩을 선고해 투옥했다. 그러나 이러한 강경한 탄압으로도 이미 거세진 유신 반대운동을 제지할 수 없었다.

박정희는 유신 시작 1년도 되지 않아 폭발적으로 터져 나온 대대적인 반유신 시위로 위기에 처한 상태를 타개하고 또 차제에 학생시위를 구실삼아 반정부 비판세력을 일거에 소탕함으로써 권력을 유지하는 데 후환이 될 요인의 뿌리까지 뽑아 없애고자 했다. 마치 왕조시대 역모사건을 조작해 반대세력을 소탕해버리는 행태와 유사한 공작을 획책한 것이다. 공안정보기관은 이미 학생들의 시위 동향들을 모두 사찰하고 박정희 의중에 짜맞추어 탄압공작을 펼쳤다. 3월 들어 한신대학교, 경북대학교, 서강대학교, 연세대학교에서 전개된 시위를 비롯해 4월 3일 서울대, 이화여자대학교, 성균관대학교 등에서 '전국민주청년학생총연맹' 명의의 유인물이 살포되고 고려대학교, 서울여자대학교, 감신대, 명지대학교 등에서도 시위 움직임이 일어나자 마치 기다렸다는 듯이 그날 밤 10시에 박정희는 선전포고하듯이 반독재운동세력을 상대로 대통령령 '긴급조치 제4호'라는 것을 선포했다.

박정희는 '긴급조치 제4호' 명령에서 '전국민주청년학생총연맹'에 관련되는 이, 그리고 이에 동조하거나 회합 또는 연락하거나, 그 구성원에게 편의를 제공하거나 관여하는 일체의 행위를 금하며, 학생의 정당한 이유 없는 출석·수업·시험의 거부, 학교 내외의 집회, 시위, 성토,

농성 기타 일체의 개별적·집단적 행위를 금하고, 또 그렇게 금지한 행위를 방송, 보도, 출판 등의 방법으로 타인에게 알리는 일체의 행위도 금한다는 것이었다. 이 조치를 위반하거나 비방한 이는 물론이고 미수에 그치거나 예비 음모한 이까지 포함해서 사형, 무기 또는 5년 이상의 징역에 처하되 "법관의 영장 없이 체포, 구속, 압수, 수색하여 비상군법회의에서 심판, 처단한다"라고 했다.

박정희는 동시에 특별담화를 발표해 '전국민주청년학생총연맹'이라는 불법단체가 반국가적 불순세력의 배후조종하에 '인민혁명'을 수행하기 위한 반국가적 불순행동을 전개하기 시작했다는 확증을 포착했다고 했다. 그는 "적화통일을 위한 통일전선의 초기 단계적 불법 활동이 대두되고 있어 불순요인을 발본색원함으로써 국가의 안전보장을 공고히 다지고자 헌법 절차에 따라 긴급조치 4호를 선포한다"라고 했다. 유신 반대 시위를 불순세력의 인민혁명운동이라고 매도한 후 이를 구실 삼아 국민을 공포 분위기로 위협하고 탄압하여 정권을 지탱하고자 했다.

앞서 살펴본 것처럼 애초 '민청학련'이란 선언문 작성의 형식적 여건과 강력한 투쟁력을 내세우려는 의도에서 임의로 붙여진 명칭이었지 실체를 갖춘 조직체는 아니었다. 그러나 박정희 대통령 특별담화 이후에는 그가 명시한 바대로 민청학련은 구체적 체계를 갖춘 반정부 조직체로서 반국가적 불순세력의 배후 조종을 받아 적화통일을 위한 통일전선의 초기 단계적 불법 활동을 전개해온 것으로 조작되어야 했다. 이에 따라 중앙정보부는 고문 수사를 통해 민청학련의 조직도를 작성하고 배후 불순세력으로 인민혁명당을 날조해낸 후 일본 공산계열이 지원했다는 해설을 덧붙인 대국민 수사보고서를 발표했다.

4. 국가 폭력에 의한 고문 학살

　공안기관들은 박정희의 지침을 수행하기 위해서 1,000여 명의 학생과 민주인사를 체포·연행했으며, 야만적 고문을 가해 이미 제시된 각본대로 짜맞춘 수사결과물을 만들어냈다. 그리하여 뒷날에는 당시의 수사발표문, 재판 과정, 재판 선고 내용이 곧 그 자체로 박정희 시대의 악랄한 정치공작의 생생한 증거물이 되고 있다.

　그러한 공작을 수행하면서 흘린 일부 수사지침 메모가 우연히 남아 당시에 행해진 조작 과정을 확인할 수 있게 한다. 그 가운데 「수사초점」[2]이라는 문서에는 ①관련자(특히 주동자)는 공산주의 사상의 보지자(保持者)임을 입증해야 하고, ②유인물의 작성 경위를 추궁하여 공산주의자임을 입증하는 수사, ③조직체계 전모를 규명, 발본색원할 것 등을 중심으로 수사하라고 지시하고 있다. 이 메모는 위로부터 지시받은 대로 일선 수사관들이 사건을 날조하고 고문 폭력으로 거짓자백이라도 받아 증거를 갖추어야 하는 정황을 그대로 보여주고 있다.

　또 다른 메모 문건은 "투쟁방법과 목표를 북한의 대남적화 통일 전략전술인 인민민주주의 혁명 완수를 위해, 민족통일전선술에 따라 우리 정부를 폭력으로 타도하고 과도정부를 거쳐 종국에 가서는 사회주의 정부를 수립한다"라는 내용으로 수사하도록 했고, 민청학련 배후관계도 간첩의 지령, 재일 조총련의 지령, 국내 혁신계의 조종하에 움직이는 것으로 조작하는 수사를 강행하게 했던 사실을 명확히 알게 한다.

　「일본인에 대한 수사지침」이라는 문건에는 "초기수사단계에서 조서

2　국정원과거사진실규명위, 『인혁당 및 민청학련사건』(국정원과거사진실규명위보고서, 2007). 본문에 서술된 사건 관련 구체적인 사항은 위 보고서를 참조함.

에 올린 사항으로서 범죄 요건에 배치되거나 일본인의 관여 사실을 부정하게 될 자료로 쓰일 수 있는 부분, 전후 모순되는 부분 삭제"라고 되어 있는데, 이는 당국이 사건 조작에 관한 전체적인 구도를 완성하기 이전에 행해진 수사여서 미처 조작할 내용을 반영하지 못했기 때문에 야기된, 앞뒤가 어긋나고 서로 맞지 않게 되는 문제를 지적한 것이다. 이에 "부장님의 '수사상황발표문'을 참조하여 거기에 맞도록 체제를 갖추어 정비"해서 각본을 작성하도록 지시했는데, 곧 중앙정보부장의 대국민 수사상황발표문이라는 것도 수사결과에 따라 작성된 보고서가 아니라 사건 조작의 각본에 따른 일종의 연출 행위였다.

각본에 맞추기 위한 억지 자백을 받아내려는 강압적인 수사와 고문이 행해졌으며, 평소 시국에 대해 나눈 몇 마디 대화나 공부하면서 읽었던 서적들은 용공사상의 증거로 둔갑했다. 1974년 4월 25일 신직수 중앙정보부장은 민청학련 사건 수사상황 발표에서 민청학련은 공산계 불법단체인 인민혁명당 조직과 재일 조총련계의 조종을 받은 일본인 공산당원 및 국내 좌파혁신계 등이 복합적으로 작용한 것으로, 국가변란을 획책한 학생들은 그들의 사상과 배후관계로 보아 공산주의자임이 분명하고, 폭력으로 정부 타도를 기도한 이들의 행동은 폭력혁명을 부르짖는 공산주의자들의 주장과 일치한다고 발표했다. 여론을 호도하고 위기 국면을 타개하기 위해 중세 마녀사냥과 같은 공안몰이 광란을 펼치면서 희생의 제물로 이른바 '인민혁명당'을 날조해낸 것이다.

1974년 5월 27일 비상군법회의 검찰부는 민청학련과 인혁당 사건에 대한 추가 발표를 통해 민청학련 사건이 유인태, 이철 등 평소 공산주의 사상을 품고 있던 몇몇 불순학생이 핵심이 되어 1973년 12월경부터 폭력으로 정부를 전복하기 위해 전국적으로 봉기를 획책한 것이며, 서도원, 도예종 등을 중심으로 한 인민혁명당계 지하공산세력, 재일 조총련계열, 용공불순세력, 일부 종교인 등 반정부세력과 결탁하여 반정부 연합전선을 형성, 유혈 폭력혁명으로 정부를 전복하고 공산정권을 수립하고자 한 국가변란기도 사건이라고 규정했다.

정부는 민청학련 관계자로 검거한 732명을 포함해서 모두 1,024명을 수사했고 그 가운데 253명을 군사법정에 회부했다. 평범한 시민부터 대학생, 언론인 그리고 기독교의 박형규 목사, 천주교의 지학순 주교 등 성직자와 윤보선 전 대통령, 심지어는 법정의 변론을 문제 삼아 피고들의 변호인인 강신옥 변호사까지 체포구금 투옥했다. 1974년 7월 13일 열린 비상보통군법회의에서 이철, 유인태, 여정남, 김병곤, 나병식, 이현배, 김지하 등 7명에게 사형을 선고한 것을 비롯해 7명에 무기징역형, 12명에 징역 20년 형, 6명에 징역 15년 형 등을 선고했다. 곧 비상보통군법회의는 긴급조치 1, 4호 피고인, 모두 합해 203명(학생 114명 일반인 89명)에 유죄를 선고했는데, 14명에게 사형, 16명에게 무기징역, 나머지 173명에게 징역 20년에서 최하 5년까지를 선고했다. 추후 사형이 선고된 14명 가운데 민청학련 관련자는 여정남을 제외한 6명이 관할관의 확인 과정을 거쳐 무기징역으로 감형되었다.

당시 박정희는 이렇듯 폭력적이고 살벌한 판결을 강행했지만 결국 1년도 못 돼 이듬해 2월 15일 인혁당 관련자들을 제외한 대부분 구속자를 구속정지, 형집행정지로 석방할 수밖에 없었다. 이때도 유인태, 김효순, 이현배, 이강철 등 4명은 졸업을 했기 때문에 학생 신분이 아니라는 이유로 학생들을 일괄 석방한다는 조치에서 제외했고, 5년여 동안 일종의 인질로 감옥에 가두어두었다.

대법원 재판은 상고한 108명에 한해 진행되었고, 나머지 95명의 피고인들은 독재자의 들러리인 어용 재판부를 비판하면서 재판 거부를 표명하고 상고하지 않았다. 1975년 4월 8일, 대법원은 정권의 지침대로 인혁당과 민청학련의 주요 피고인 36명의 상고를 '이유 없다'고 기각하고 원심을 확정했다. 이날 대법원은 판결문에서 민청학련은 폭동으로 정부를 전복하고 공산주의 노선에 따른 노농 정권 수립을 목적으로 했다고 선고했다. 대법원이 피고들에게 사형까지 선고하면서 근거로 제시한 증거물은 고작 "1974년 4월 3일의 유혈폭동 거사를 위해 준비한 민청학련 명의의 민중의 소리 400장, 격문전단 1만 장, 민중·민족·민주 선언 900장, 반독재 구국 선언문, 결의문, 플래카드 4장 등과 불온 노래 13곡 등을 준비했다"라는 등이 전부였다. 유신 통치하의 대법원은 유인물과 노래 몇 곡으로도 치안이 마비되고 정부가 전복될 수 있다고 하면서 독재자의 비위를 맞춘 것이다. 대법원의 기각 판결 후 하루도 지나지 않아 서도원, 김용원, 이수병, 우홍선, 송상진, 여정남, 하재완, 도예종 등 8명은 끝내 형장에서 사법살인으로 희생되었다.

박정희는 긴급조치 4호 이후에도 연이어서 이듬해인 1975년 4월 8일 학생시위에 나선 고려대를 휴교시키기 위해 긴급조치 7호를 발령하면서 군병력까지 투입했다. 이어 5월 13일에는 국가 안전과 공공질서 수호를 위한다는 명목으로 긴급조치 9호를 발령하여, 유신헌법에 대한 부정, 반대, 왜곡, 비방, 개정 및 폐기를 주장하거나 이를 청원 선동 또는 보도하는 행위를 일절 금지했고, 위반자는 영장 없이 체포할 수 있도록 했다. 긴급조치 9호는 박정희 대통령 사망으로 해제될 때까지 5년간이나 실행되었다. 결국, '긴급조치'를 이용한 준계엄 상태로 유신 체제가 지탱되어왔던 것이다. 긴급조치 9호로 유죄판결을 받고 복역한 인사는 580명에 이르렀다.

5. 결론: 민청학련 항쟁의 의의

유신체제는 역사의 흐름을 퇴행적으로 왜곡하고 역류하면서 등장했다. 유신은 밖으로 동서 냉전체제가 완화되는 국제 정세의 긍정적 변화가 오히려 안으로 권위주의 통치에는 불리한 요인이 되어 정권의 위기로 작용하는 것을 모면하려는 기만술이었다. 곧 도리어 유신체제가 사회를 위기 상황으로 내몬 것이다. 그동안 이권과 특혜로 얽힌 권력 구조의 부정부패 그리고 외채 위기와 살인적인 물가 폭등으로 민심은 심각하게 이반했고 경제는 파탄에 직면했다. 이와 반비례해서 사회의식이 깨이고 민주화 요구가 높아지고 반정부 시위가 확대되자 통상의 방법으로는 사회를 통제하고 권력을 유지하기가 불가능했다. 박정희와 그 수족들은 특권적 기득권을 놓치지 않겠다는 야욕에서 집권 기간 내내 계엄체제를 지속하면서 정권 연장을 획책한 것이다.

유신체제 아래에서 민중 수탈은 더욱 가혹해졌으며 이러한 수탈에 대항한 민중의 저항도 갈수록 격렬해졌다. 이런 민중 저항이 바로 반유신 운동이자 민주화운동이었다. 그러나 1970년대는 전태일 분신투쟁이 상징하는 것처럼 민중의 계급적 인식이 아직 성숙한 상태는 아니었다. 당시 노동자는 400만 명을 넘어섰다. 이제 사회의 근간은 노동자였던 것이다. 1970년에 조직노동자는 50만여 명에 이르렀고 2,500개의 노동조합을 새로 결성했다. 1971년의 노동쟁의는 그 전해인 1970년의 160여 건과 비교하면 10배에 이르는 1,650여 건에 달했다. 이는 한국 사회의 질적인 변화를 의미한다.

그러나 노동자들은 최소한의 생존권 보장도 되지 못하는 기아 임금과 장시간 노동에 시달려왔다. 기층 민중은 불균형 성장과 차별 정책으로 이미 희생 제물이 되어 있었다. 따라서 곳곳에서 불만이 분출해 저항운동이 전개되었다. 1970년 전태일 분신 투쟁과 1971년 광주대단지 폭동은 산업화와 성장정책의 그늘에서 소외당하는 기층 민중의 현실을 그대로 드러낸 사건이었다. 하지만 노동문제를 대하는 정부의 인식은 전쟁을 치르던 시기인 1950년대 수준이거나 아니면 식민지 시대의 체질을 벗어나지 못했다.

비로소 민청학련에 이르러 이런 한계를 넘어 민주화운동을 민중운동의 시각에서 접근할 수 있었다. 이를 계기로 학생 지식인 위주의 민주화운동에서 민중의 의식을 반영하는 항쟁으로 확장되었다. 반면 시대착오적 통치체제는 다양한 도전에 직면하여 급격히 해체되는 위기 상황에 이르렀다.

민청학련 항쟁을 긴급조치 4호와 연결해서 검토할 때는 3단계로 구분할 수 있다. 먼저 1973년 10·2시위로부터 12월까지의 단계로, 전국적으로 반유신 항쟁이 폭발적으로 터져 나오던 시기이다. 민청학련은 이렇게 드러난 학생과 민주세력의 강렬한 민주화 의지와 요구를 동력화하여 반유신 운동을 기획하고 조직화하려는 운동이었다.

다음으로 1973년 12월부터 1974년 긴급조치 4호가 나오고 공안당국에 주요 인물들이 거의 체포될 때까지의 단계로, 전국 각 대학과 각계각층의 인사들이 연락망을 구축하고 조직하여 전국적인 반유신 시위를 전개하기 위해 백방으로 기획하고 준비를 진행하던 시기이다.

이어서 수많은 인사가 체포 투옥된 이후에 재판정을 중심으로 조직적이면서 집요하고 끈질긴 저항 투쟁이 구속자 가족과 교회를 중심으로 전개되던 시기이다. 이때 교회는 국제적인 연결망을 이용해 세계 여론의 지지와 국제적 지원을 끌어냈으며 반유신 운동을 민주화와 인권을 위한 국제적 연대 운동으로 확장했다. 이제 박정희 정권이 쉽게 통제할 수 없는 차원의 국제적인 의제로 비화한 것이다. 결국, 박정희는 이듬해 2월 인혁당 혐의를 씌운 인사들을 제외하고는 대부분을 석방할 수밖에 없었다. 결과적으로 긴급조치 4호로 비판세력을 일소하겠다는 박정희의 정략은 실패했다.

박정희는 정권 유지를 위해 계엄통치를 펼쳐야 했는데 그 과정에서 실체가 보이지 않는 반대세력을 상대해야 했다. 그에게는 민주화운동을 비판세력, 진보개혁세력과 엮어 여론을 호도하면서 공산주의로 내모는 방법 이외에 다른 대책을 세울 수 없었다. 그 때문에 마녀사냥식의 억지 날조를 위한 살인적 고문을 자행했다. 민청학련은 이런 역행의 정권을 상대로 벌인 진보 운동이었으며 폭력정권의 한계를 노정시켜 붕괴시킨 것이다.

민청학련 항쟁은 정책에 대한 비판이나 반대 차원을 넘어 직접 정권 타도를 목적으로 1973년부터 1979년 10·26까지 계속된 장기 지속성의 운동이었다. 민청학련으로부터 비롯된 반유신 운동들은 무장하지는 않았지만 일종의 유격대적인 방법으로 전개된 경우가 많았다. 운동에 나서는 것은 결연한 의지로 자기희생을 각오하는 일이었고 곧 감옥행을 의미했다. 이러한 전투적 형태의 반정부 항쟁은 민청학련에 가해진 국가 폭력에 대처하는 과정에서 비롯했으며 이후 한국의 반정부 투쟁에서 일상적이었고 이런 현상은 1990년대 중반까지 이어졌다.

민청학련에는 학생뿐만이 아니라 비판적 지식인, 재야 반정부인사와 정치인들이 결합했으며 누구보다 양심적 종교인들이 적극적으로 참여했다. 유신 이후 일부 교회가 정부 비판 활동의 거점 역할을 했으며, 교회 청년부는 학생운동의 모태 역할을 했다. 이들 종교계가 배후에서 민청학련을 지원했으며 긴급조치 발령 이후에는 구속자 가족들을 조직해 새로운 반정부 운동의 구심체로 만들었고 이즈음부터 기독교와 천주교의 양심적이고 진보적인 성직자와 활동가가 반정부 활동의 중심축 역할을 맡았다. 종교인의 참여는 운동의 저변이 신자를 통해 일반 국민으로 넓혀지는 성과를 낳았으며 국제적인 반(反)박정희 여론을 불러와 정권에 심각한 타격을 주었다. 권위주의 통치 시기 종교인의 반정부 운동은 민주화운동사에서 중요한 의의를 지닌다.

각계에서 거듭되는 반유신 항쟁으로 수많은 새로운 반정부인사가 배출되었는데 이들은 모두 체제에서 철저히 배제당해 감옥이 아니면 거처할 공간이 없는 처지에 놓였다. 유신체제는 일회적으로 끝날 항의운동의 관련자들을 반정부 불온인사로 낙인찍어 오롯이 반정부 운동으로 내몰았다. 그렇게 축적된 운동권 인사가 유신체제 말기에는 수만 명에 이르렀다. 이들은 서로 동지로서 전국적인 유대관계를 형성했으며 막강한 반정부세력으로 결집했고, 그 중심축이 곧 민청학련이었다. 이 세력이 유신 붕괴를 촉발했으며 부마항쟁, 나아가 1980년 봄, 5·18광주항쟁, 1987년 6월항쟁의 역사적 기반이 되었다.

민청학련은 반유신 운동을 통해 형성된 우리 사회 민주 발전의 중요한 인적자원이었다. 학생과 평범한 시민에서 지식인 박형규 목사 등 성직자, 윤보선 전 대통령[3]을 비롯한 정치인까지 전 국민적인 인적 연계가 형성된 거국적 운동체였다. 이들은 유신체제와 같은 역사적 반동과 퇴행에 대한 성찰과 대책을 끊임없이 모색하면서 민주화운동을 이끌었고 역사인식의 지평을 확대했다. 그 결과 국민들은 1970년대의 운동권 학생과 인사 들을 정의롭게 여기면서 신뢰를 보냈다.

---

3 김정남, 『진실, 광장에 서다』(창비, 2005), 238-247쪽. 이 책에는 윤보선 전 대통령이 박형규 목사를 통해 민청학련 주동 학생들에게 거사 자금을 지원한 경과와 재판정에서 긴급조치 4호 위반 피고로 최후진술한 발언이 정리되어 있다.

참고문헌

국정원과거사진실규명위원회, 『인혁당및민청학련사건』(국정원과거사진실규명위 보고서, 2007).
김정남, 『진실, 광장에 서다: 민주화운동 30년의 역정』(창비, 2005).
민청학련계승사업회, 『민청학련: 유신독재를 넘어 민주주의를 외치다』(메디치미디어, 2018).

7장

민청학련 사건과 재야 민주화운동세력의 형성

황병주

1. 서론

　1974년 전국민주청년학생총연맹(약칭 민청학련) 사건은 유신체제하에서 일어난 대표적인 조직적 저항 사건이다. 민청학련은 자수자를 포함해 체포된 사람만 1,024명에 구속자 203명, 1차 기소된 사람만 55명에 달했다. 여기에 인민혁명당(약칭 인혁당) 관련자 8명이 사형되어 단일 사건으로 최대의 인명 희생이 수반되었다. 게다가 사건에 연루된 사람들의 범위도 매우 넓었다. 서울의 주요 대학은 물론이고 경북대학교, 전남대학교 등 전국에 걸쳐 거점이 형성되었다. 또한 대학생뿐만 아니라 윤보선, 지학순, 김동길 등 재야와 종교계 그리고 학계의 인사까지 연루된 사건이었다. 심지어 일부 고등학교에서도 시위가 전개될 정도였다. 한마디로 당시 동원 가능했던 거의 모든 저항 자원이 집중된 셈이었다.
　유신체제가 성립된 상황에서 어떻게 이러한 거대 사건이 발생할 수 있었을까. 유신체제는 그 유례를 찾아보기 힘들 정도로 강력한 지배망을 구축했다. 통일주체국민회의를 통해 권력 재생산의 안정성이 보장되었고 중앙정보부(약칭 중정)를 위시한 공안기구들 역시 잘 작동했다. 야당은 '사쿠라(변절자)' 소리를 들을 정도로 무기력했고 미국 역시 3선 개헌과 유신체제를 묵인 내지 방조하는 것으로 보였다. 이러한 상황을 배경으로 박정희는 유신체제를 성립시켰는데, 자신의 오랫동안의 꿈을 실현한 셈이었다.

한편으로 유신은 위기의 산물이었다. 1960년대 말 최고조에 달했던 안보 위기는 점차 사그라들었지만 1970년대는 또 다른 위기로 시작했다. 전태일의 분신과 광주 대단지 사건은 산업화의 모순을 적나라하게 드러냈고 1971년 대선과 총선은 권력 재생산의 불안을 야기할 만했다. 위수령과 국가비상사태 선언은 박정희 정권의 위기 대응이자 유신의 전조였다. 결국 박정희에게 유신은 불가피한 것처럼 보였다. 그가 가진 정치적 상상력의 최대치가 유신이었다.

유신은 민주주의를 최대의 정치적 화두로 만들었다. 4·19혁명 이후 민주주의는 한국의 지배적 가치, 제도, 담론으로 관철되고 있었지만 유신은 이를 정면으로 거슬렀다. 유신체제 성립과 함께 민주-반민주 구도가 만들어졌고 광범위한 반유신세력이 형성되었다. 당시 반유신세력의 중심은 학생과 '재야'로 통칭되는 비판적 지식인 집단이었다. 대학생은 집단적 정치실천이 가능한 거의 유일한 세력이었고, 재야는 상대적으로 복잡한 구성을 보였다. 제도적 정치 영역에 포함되지 않는 교수, 종교인, 문화예술인 등 체제에 비판적인 지식인을 일컫는 재야는 민주화운동의 중요한 역할을 담당했다. 재야는 일종의 '저항적 시민사회'로 볼 수 있다.

민청학련 사건은 대학생과 재야의 초보적 통일전선을 보여준다는 점에서도 주목된다. 한일협정 반대 투쟁이나 3선 개헌반대 투쟁에서도 이러한 제휴와 연대가 없었던 것은 아니지만 사안에 따른 일회적 성격이 짙었고 그 범위도 넓지 않았다. 민청학련은 특정 사안이 아니라 유신체제 자체의 변화를 추구했다는 점에서 이전과 달랐고 재야 역시 종교계와 학계, 문화예술계로 확산되면서 이전에 볼 수 없었던 새로운 저항세력으로 등장했다. 재야의 등장은 1970년대의 중요한 특징이었다.

재야가 1970년대의 독특한 산물이라는 것은 유신체제의 특이성을 잘 보여준다. 유신체제는 제도적 정치공간을 양과 질의 차원에서 극히 왜소화시켰다. 대통령 선거는 물론이고 국회의원 선거 역시 유신정우회(약칭 유정회)와 중선거구제를 통해 사실상 인민주권을 무력화시켰다. 여기에 중정을 중심으로 한 탄압과 공작은 정치의 공안화를 초래했고 대중의 정치적 열망을 수렴할 제도적 장치도 사라졌다. 비록 길지는 않았지만 해방 이후, 특히 4·19혁명 이후 대중정치의 활성화를 경험해온 터에 유신체제는 커다란 반발의 대상이지 않을 수 없었다.

비제도적 정치실천으로서의 학생운동과 재야는 유신의 제도적 정치실천과 대칭을 이루었다. 이는 위기 대응책으로 나온 유신이 또 다른 위기의 생산 거점이 되었음을 의미했다. 비제도적 정치실천 양상은 거리의 운동정치를 의미했고 선거 대신 시위와 데모가 대중의 정치적 열망을 표출하는 수단이 되었다. 이러한 실천은 다시 공안기구를 앞세운 정치의 사법화로 연결되었다. 이후 오랫동안 한국정치는 선거 대신 거리투쟁을 중심으로 한다.

1970년대 재야의 이념적 지향을 한마디로 규정하기는 힘들다. 재야는 구성도 다양했고 개인 간 편차도 컸으며 또 시기에 따라 변하는 경우도 있었다. '민주화운동'이라는 명칭에서 보이듯이, 표면적으로 재야의 운동 이념은 민주주의로 집약된다. 그러나 민주주의라는 기표는 복수의 기의를 가진다. 심지어 유신체제조차 한국적 민주주의를 내세울 정도로 한국에서 민주주의는 지배적 가치였다. 민주주의를 둘러싼 경합이 1970년대의 특징이기도 했다.

기표는 민주주의였지만 기의는 자유주의를 지시하는 경우가 많았다. 인권을 비롯해 사상·양심, 언론·출판 등의 자유가 중요한 쟁점이었는데, 자유주의와 밀접한 관련을 가지는 가치였다. 물론 인권은 자유주의로 한정될 수 없는 가치이자 지향이었다. 다양한 이념적·실천적 지평 위에서 인권이 호명되었고 또 실천운동을 통해 그 개념의 내포와 외연이 변화하기도 했다. 그 외에 재야의 중요한 담론 자원은 민족주의였다. 이 역시 오래된 가치이자 유신체제가 선호하는 이데올로기였기에 끊임없는 경합의 대상이었다.

민청학련과 재야 민주화운동이 유신체제와 날카롭게 대립했던 상황을 가장 잘 보여주는 개념은 '민중'이었다. 민청학련은 '민중·민족·민주 선언'에서 민중을 맨 앞에 배치할 정도로 중시했다. 다양한 용례를 가진 민중 개념은 해방 이후 우익 지배세력의 용어로 기능해왔다. '민중의 지팡이'가 경찰 표어라는 점이 이를 잘 보여주며 박정희조차 종종 사용하고는 했다. 1970년대 민주화운동은 민중을 저항적 집단 주체로 전화시키는 데 결정적 역할을 했다.

1970년대 재야 형성에서 독특한 점은 개신교와 천주교 등 종교계가 대거 참여했다는 것이다. 이는 1960년대와 확연히 구별되는 점이며 종교계가 비제도적 저항활동에 본격 참여한 것은 해방 이후 처음 나타난 현상이다. 종교계 학생회는 민청학련에서도 중요한 역할을 담당했다. 재야 형성의 또 다른 특이점으로 전·현직 정치인들의 참여가 눈에 띈다. 김대중은 정치 탄압으로 재야와 제도정치 사이에 위치했다고 할 수 있지만 윤보선의 경우는 독특하다. 내각제하 대통령을 지내고 야당의 대선 후보를 두 차례나 역임한 거물 정치인이 재야 활동에 뛰어든 것은 전례를 찾기 힘들다.

학생운동과 재야는 비제도적 반유신 정치 활동의 두 축이었는데, 양자의 결합은 민청학련 사건의 주요한 특징이자 1970년대 민주화운동의 대표적 현상이었다는 점에서 주목된다. 요컨대 1970년대 반유신 민주화운동의 역사를 이해하기 위해서는 양자의 결합을 이루어낸 민청학련의 초보적 통일전선을 살펴볼 필요가 있다. 이 글에서는 윤보선의 활동을 중심으로 재야 형성 과정의 일단을 살펴보고자 한다.

2. 유신체제 성립과 민청학련 사건

1) 유신체제 성립과 주요 특징

본인은 한강을 건너올 때, 이미 개인적인 생사는 초월했다.[1]

나 개인은 조국통일과 민족중흥의 제단 위에 이미 모든 것을 바친 지 오래입니다.[2]

민청학련 사건은 1970년대 최대의 학생운동 사건으로 유신체제와 밀접한 관계에 있다. 유신체제라는 초유의 폭압 질서가 구축되면서 이에 대한 저항운동 역시 이전과 양상이 달라질 수밖에 없었다. 유신체제는 5·16쿠데타에 이은 제2의 쿠데타, 즉 친위 쿠데타로 평가된다. 그

---

1 박정희, 『國家와 革命과 나』(1963).
2 박정희, 「대통령 특별선언」(1972.10.17.).

만큼 그 성립 과정이 매우 은밀했고 전격적이었다. 오히려 5·16쿠데타는 공공연하게 나돌던 소문 속에 이루어졌다는 점에서 유신의 충격이 더 컸을지도 모른다. '풍년사업'으로 명명된 유신체제 준비 과정은 극도의 보안 속에 이루어졌는데, 심지어 당시 이인자 격으로 국무총리를 맡고 있던 김종필에게도 불과 며칠 전에야 통보될 정도였다.

박정희가 아무리 영구집권 의지를 가지고 있었다 하더라도 그것을 실현 가능케 했던 정세가 더 중요하다. 즉, 당시 정세 속에서 유신체제 성립을 막을 수 있었던 힘이 없거나 대단히 미약했기에 박정희의 권력의지가 실현될 수 있었다고 하겠다. 주지하듯이 한국에 가장 큰 영향력을 행사하는 외부의 힘은 미국이다. 3선 개헌으로부터 유신체제 성립에 이르던 시기 미국의 대한정책은 박정희에게 매우 유리했다.

미국은 베트남 전쟁의 수렁에 빠진 상황에서 한국군 파병으로 박정희 정권과 밀월관계를 유지했다. 미국은 3선 개헌과 유신체제 성립에 별다른 개입이 없었고 묵인하는 태도를 취했다. 미국의 방관 속에 3선 개헌 반대운동은 주로 학생들이 주도했다. '3선개헌반대범국민투쟁위원회' 등 재야 인사와 정치인의 투쟁도 있었으나 소규모였고 활발하지도 못했다.[3] 그러나 학생들의 투쟁도 3선 개헌을 저지할 정도로 위력적이지는 않았다.

유신체제 성립에 있어 정권이 공식적으로 강조했던 것은 남북관계였다. 1972년 7·4남북공동성명으로 대표되듯이 유신 직전 남북관계는 급격한 변화 양상을 보여주었다. '닉슨 독트린(Nixon Doctrine)'과 '미중 데탕트(détente) 분위기'라는 외적 조건에 떠밀려 어떤 방식으로든지 남북관계 개선은 불가피한 상황이었다. 남북 비밀회담의 주역이었던 중앙

---

[3] 서중석, 「3선개헌반대, 민청학련투쟁, 반유신투쟁」, 『역사비평』 여름호(1988), 72쪽.

정보부장 이후락은 북한이 김일성을 중심으로 일사불란한 체제를 구축해놓은 것에 충격을 받아 유신의 필요성을 절감했다고 주장했다.[4] 남북관계는 곧 안보 위기론과 연결되었다. 안보 논리가 본격적으로 강화된 것은 1960년대 후반부터였다. 특히 1968년 북한에 의한 일련의 도발 사건들은 중요한 계기가 된다.

이 무렵 박정희는 이전과 달리 '생존의 문제'를 안보 차원에서 집중적으로 거론하기 시작했다. 향토예비군을 만들면서 그것이 "생존의 문제"임을 강조했고 "죽음을 각오한 방어만이 자유를 수호할 수 있"다고 역설하는가 하면, "400만 시민이 한 덩어리가 되어 수도 서울을 지키는 시민 방위전쟁을 각오할" 것을 주문했다.[5] 본격적으로 '힘의 논리'와 '총력전'을 언급하기 시작한 때도 이 무렵이었다. 사회 전체를 전쟁체제로 단일화하는 이러한 논리는 유신체제의 징후였다.

박정희 체제의 위기의식 강조는 외부적 요인보다 내부적 요인이 더 컸다고 본다. 1960년대 산업화의 결과로 1970년에 이미 한국은 전인구의 50%가 도시에 몰려 사는 도시형 국가로 탈바꿈했다. 그것은 근대화의 성과로 선전되었지만, 다른 한편으로 심각한 사회정치적 위기를 초래했다. 특히 대통령 선거가 진행되고 광주대단지 사건이 발생한 1971년은 특기할 만한 연도였다. 박정희는 정치인의 무책임한 선동, 과격한 노동쟁의, 학생 데모, 집단 난동 등이 "안보체제를 크게 약화"시켰음을 강조했다.[6] 전태일 분신 사건의 여파로 1970년 165건이던 노사분규 발생건수가 1971년에는 무려 1,656건으로 10배 이상 증가했다.

---

4 홍석률, 「유신체제의 형성」, 『유신과 반유신』(선인, 2005), 88쪽.
5 「예비군 창설식 유시」(1968.4.1.), 대통령비서실, 『박정희 대통령 연설문집』(이하 『연설문집』) 2(대통령비서실, 1973), 213쪽.
6 「연두 기자회견」(1972.1.11), 『연설문집』 4(1974), 125쪽.

또한 7월 광주 대단지 사건, 9월 칼(KAL)빌딩 방화 사건이 일어났다. 7월에는 서울지법의 사법파동에 이어 8월에는 대학교수들의 자주화 선언이 터져 나왔다. 체제 내부에서도 공화당 4인체제의 항명파동이 일어났다.[7]

박정희는 유신을 통해 자신의 이상적 국가를 구현하고자 했다. 그것은 1940년대 이래 그의 일관된 신념이자 가치였다고 보인다. 유신체제는 무엇보다 먼저 안정적인 권력 재생산 시스템의 확보가 중요한 목적이었다. 유신헌법의 제도적 핵심은 통일주체국민회의였다. 통일주체국민회의는 대통령 선출, 국회의원의 3분의 1을 차지하는 유정회 의원 선출 등 선출권력의 핵심을 구성하는 역할을 부여받았다. 선출권력의 제도적 핵심이 통일주체국민회의였다면 집행권력의 핵심은 긴급조치권이었다. 유신체제를 흔히 '긴조시대'라고 부를 정도로 긴급조치는 가장 중요한 제도적 장치였다.

유신헌법 제35조에서 '온 국민의 총의에 의한 국민적 조직체로서 조국통일의 신성한 사명을 가진 국민의 주권적 수임기관'이라고 정의된 통일주체국민회의는 "모든 국가기관의 정상으로 설정"되었다.[8] 즉, 통일주체국민회의는 법적·논리적으로 국가 최고기관이었는데, 이때 권력의 궁극적 원천은 국민주권이다. 유신체제의 이데올로그(idéologues) 갈봉근은 개체의 주권의 합산으로서의 국민주권이 아니라 전체로서의 국민의 단일한 주권만이 존재한다고 주장했다. 즉, "개별적 이익의 합산보다는 전체적인 일반이익이 우월하다는 전제 아래 정립된 국민주권의 원리"라는 논리였다. 따라서 통일주체국민회의는 대통령이 '불가분

---

7 김정주, 「1970년대 경제적 동원기제의 형성과 기원」, 『역사비평』 겨울호(2007), 288-289쪽.
8 갈봉근, 『통일주체국민회의론』(광명출판사, 1973), 18쪽.

적'인 국민 의사에 의해서 선출될 수 있도록 하는 주권적 수임기관이 된다.[9]

이처럼 대통령은 개별이익을 넘어서는 일반이익의 체현체인 반면 국회는 개별이익의 대변체에 불과하게 된다. 그렇기에 한태연의 말에 따르면 유정희 의원들은 "개별이익 속에 투입된 전체이익"이었다. 즉, 정당은 개개 정파의 이익을 대변하기에 전체이익이 될 수 없지만 통일주체국민회의는 정당과 관계없는 인사들로 구성되어 '개별이익을 완전히 배제한 단일 불가분적인 국민 총의'를 대표한다는 논리였다.[10]

유신헌법에서 민주주의는 슈미트(Carl Schmitt)의 결단주의를 방불한다. 갈봉근이나 한태연 등 유신체제 이데올로그들이 슈미트에 많은 관심을 가지고 있었음이 우연만은 아닐 터이다. 슈미트는 법 실증주의를 비판하면서 헌법 제정의 비밀이 주권자의 결단임을 주장했다. 나아가 자유 민주주의의 모순을 강조했다. 즉, 개인의 특이성을 강조하는 자유주의와 집단적 동질성을 강조하는 민주주의가 결합된 자유 민주주의는 불가능한 모순적 접합이라는 주장이다.

유신헌법은 자유주의와 개인주의를 기각하고 민주주의를 집단주의로 전유하는 논리를 전개했고, 이는 반유신 저항운동세력과 날카롭게 대립되는 해석이지 않을 수 없었다. 즉, 유신체제가 내세운 한국적 민주주의는 결국 자유 민주주의를 기각 내지 유보하는 것이었고 민주화운동 진영은 이를 비판하면서 조건 없는 자유 민주주의 실현을 강조했다. 여기서 민주주의의 '민'이 어떠한 주체를 지시하는지가 중요했다. 유신체제가 국가를 전제로 한 무차별적 국민을 내세웠다면 민주화운동은 민중

---

[9] 갈봉근(1973), 위의 책, 20-21쪽.
[10] 갈봉근(1973), 앞의 책, 22-23쪽.

을 전면에 부각시켰다. 결국 민주주의는 누구의 민주주의인가라는 문제의식으로 연결되는 상황이었다.

유신을 전후해 박정희 체제는 외부와 함께 내부의 적을 집중 공격하는 양상을 보여주었다. 여전히 북한이 최고의 적으로 상정되고 있었음에도 불구하고, 내부의 적에 대한 태도가 점점 더 가혹하고 극단적으로 냉혹해져갔다. '전시는 아니지만 평화시대도 아닌 준전시 상태' 개념이 제시되었으며, 특히 1974년 8월 문세광 사건 이후 '전쟁 상태'에 대한 강조가 두드러졌다. 이러한 상황에서 1975년의 연두 기자회견은 의미심장했다.

> 요즈음 한국에 상당한 지식 수준에 있는 사람들 중에도 우리나라 법에 대해서 하나의 착각을 하고 있는 것 같습니다. 정부를 뒤집어엎는데, 공산당이 뒤집어엎고 공산정부를 만들 때에는 굉장히 엄한 벌이 가지마는 그렇지 않고 공산주의자가 아닌 사람들이 정부를 뒤집어엎는 것은 크게 잘못이 아닌 것처럼 이런 착각을 가지고 있습니다. […] 국가보안법에도 폭력으로써 정부를 전복하겠다 하는 데에 대해서는 극형에까지 처할 수 있는 법이 있는 것입니다. 반드시 그 사람이 공산주의자가 아니더라도…[11]

인용문은 '내부의 적'에 대한 극단적 대응을 암시하고 있다. 박정희는 실제로 1975년 인혁당 사건 관련자들을 전격 처형함으로써 자신의 발언이 무엇을 의미했는가를 증명했다. 박정희 체제는 이제 극단의 정치를 실천하기 시작했다. 그것은 곧 죽음의 정치이기도 했다. 박정희는 유독 자신의 죽음을 빗대어 모두의 죽음을 유도하고자 했다. 유신헌법

---

11 「연두 기자회견」(1975.1.14.), 『연설문집』 5(1975), 379-380쪽.

제정에 핵심 역할을 했던 갈봉근은 슈미트의 논리에 근거해 대통령은 개별적인 의사나 이해관계를 넘어선 '민족의지'를 추구하는 것이며, 이렇게 해서 "국가에 무기를 쥐여주고 조국을 수호할 영도자가 선출되는 것"이라고 설명했다.[12] '무기를 쥔 영도자'는 곧 '벌거벗은 생명'에 대한 생사여탈권을 장악한 주권 권력을 상징했다. 유신헌법하에서 '민족의지'를 인격적으로 집약한 대통령은 거의 무제한의 권력 행사가 가능했는바 긴급조치권이 그 상징이었다. 유신헌법 해설에 따르면 주권 권력으로서의 '국가의 안전과 존립은 성문헌법 이전의 문제이며, 따라서 국가긴급권은 바로 성문헌법 이전의 국가 그 자체의 권리'를 의미했다.[13]

이상에서 보듯이 유신체제는 국회를 비롯한 제도정치를 폐색시킨 것은 물론이고 사회 전체를 대상으로 마치 선전포고하듯이 죽음을 볼모로 한 지배를 추구했다. 유신체제는 논리적으로나 실제적으로나 정당과 국회를 포함한 제도정치를 형해화하면서 노골적 폭력을 전면화했다. 상황이 이러했기에 정당보다 학생운동과 재야가 정치적 저항의 전면에 부각될 수밖에 없었고 그 선봉에 민청학련이 있었다.

또 하나 기억해야 할 것은 미국의 대한정책이다. 존슨 행정부 이래 한국과 미국은 밀월관계를 유지했다. 이는 닉슨 독트린으로 이어졌는데, 미국의 아시아 불개입 정책은 한국에 대한 미국의 지원을 축소하는 것이자, 그만큼 한국의 자율성이 확장하는 것이기도 했다. 아시아는 아시아인의 손에 맡긴다고 하면서 미국이 유신체제에 노골적으로 개입하기는 곤란했다. 공교롭게도 1970년 한국 정부에 대한 미국의 직접 재정 지원이 종료되었다. 박정희는 이를 '경제 자립'이라 강조했는데, 정

---

12 갈봉근(1978), 앞의 책, 47쪽.
13 갈봉근, 『유신헌법해설』(한국헌법학회 출판부, 1975), 115쪽.

치경제적 측면에서 미국의 영향력이 상대적으로 감소한 셈이었다.

그렇기에 3선 개헌이나 유신체제 성립에 있어 미국은 공식적으로 어떠한 입장 표명도 없었으며 비공식적으로도 별다른 영향력을 행사한 흔적은 보이지 않는다. 다만 유신체제 선포를 알리는 대통령 특별성명에 강대국 정치의 문제를 지적하는 문구를 삭제하라고 압력을 넣는 정도에 그쳤다. 그러나 다른 한편으로 1960년대를 거치면서 미국은 반전운동과 흑인 민권운동으로 사회운동이 매우 활성화되었고 이것이 1970년대 인권운동으로 이어진다. 미 의회나 행정부도 인권의 가치를 강조하기 시작했고 한국도 그 영향권에 들었다. 카터 행정부가 들어서기 전 1970년대 초반부터 미 의회는 한국의 인권 문제를 언급하기 시작했다. 이러한 미국의 변화는 1970년대 한국에서 인권이 처음으로 저항운동의 의제로 떠오르는 중요한 배경이 된다.

2) 민청학련의 조직과 활동

1972년 유신 선포 이후 학생운동은 한동안 소강상태를 유지했다. 본격적인 운동의 부활을 알린 것은 1973년 하반기 10·2시위였다. 서울대학교 문리대의 나병식, 정문화, 황인성 등이 주도한 이 시위는 이듬해 민청학련의 투쟁을 예고하는 신호탄이었다. 서울대 문리대 학생 600~700여 명이 순식간에 집결해 정보정치 중지, 기본권 보장, 김대중 납치사건 진상규명 등의 요구를 내걸고 시위를 벌였다. 이후 4일에는 서울대 법대, 5일에는 서울대 상대가 시위와 농성에 돌입했으며 6일과 10일 이화여자대학교와 숙명여자대학교는 축제 행사 취소를 결의했다. 이어 10월 중순 이후 동맹휴학(맹휴)에 돌입하는 등 시위가 대학가로 확산되기 시작했다.

10·2투쟁 당시처럼 600~700명의 학생들이 일순 결집해 시위를 벌인 것은 6·3사태 이후 처음이었다. 예전에는 보기 힘들었던 여학생들의 참여도 나타났고 과거에는 방관적이었던 이과계 학생들도 적극 동참하는 등 유신체제가 들어선 이후 학생운동은 크게 달라진 것이 역력했다.[14]

학생들의 투쟁은 유신 선포 이후 침체를 면치 못하고 있던 종교계, 언론, 학계 등에 상당한 충격을 주었고 11월부터는 유신체제를 비판하는 각계의 성명서가 줄을 이었다. 이 여세를 몰아 12월부터 개헌 청원 서명운동이 개시되었고 12월 24일 장준하, 백기완, 계훈제 등 30여 명의 발기로 '개헌 청원 백만인 서명운동'이 개시된다. 이에 당황한 박정희 정권은 1974년 1월 8일을 기해 긴급조치 1호를 발동했다.[15] 그러나 한번 불붙은 학생운동은 쉽게 사그라들지 않았으며 오히려 더 큰 투쟁을 준비하게 된다.

1973년 가을 투쟁은 유신체제에 대한 광범위한 반감을 배경으로 했다. 3선 개헌까지만 해도 투쟁의 범위는 넓지 않았다. 야당과 대학생 그리고 일부 비판적 지식인이 참여한 정도였다. 그러나 유신 선포 이후 지식인 사회에 광범위한 반대 기류가 형성되기 시작했다. 정치에 별 관심이 없었던 지식인들조차 유신체제는 너무 심하다는 인식이 확산되었고 특히 종교계의 움직임이 두드러졌다. 이전까지 종교계가 정치문제에 개입하는 경우는 찾기 힘들다. 유신 이후 종교계는 반유신 민주화운동의 핵심세력으로 급부상한다.

그 출발을 알린 사건이 1973년 4월 남산 부활절 연합예배 사건이다. 실제 투쟁은 몇몇 교인들이 플래카드를 내걸고 유인물을 뿌리는 정도에

---

14 유인태, 「내가 겪은 민청학련 사건」, 민청학련운동계승사업회 편, 『1974년 4월: 실록 민청학련 2』(이하, 『1974년 4월』)(학민사, 2004), 20-21쪽.
15 이철, 「민청학련 사건에서 사형수가 되기까지」, 『1974년 4월: 1』(2003), 88-89쪽.

그쳤지만, 그 파장은 만만치 않았다. 한국전쟁 이후 반공주의 틀 내에서 선교에 치중했던 개신교와 천주교는 1960년대 중반 무렵부터 서서히 사회문제에 관심을 기울이기 시작했다. 특히 천주교는 바티칸 제2차 공의회의 영향으로 사회문제에 대한 감각이 예민해지기 시작했고 개신교 역시 세계교회협의회(WCC: World Council of Churches)가 하나님의 선교(Missio Dei)를 내세우며 사회문제에 관심을 촉구한 것에 큰 자극을 받았다. 그 결과 산업선교에 눈을 돌리는 등 예전과 다른 모습을 보여주었다. 대학가에서도 기독학생회 계열의 활동이 두드러졌다.

넓게 퍼진 반유신 분위기를 배경으로 민청학련 투쟁을 주도한 것은 서울대 운동권이었다. 10·2투쟁을 치르고 난 1974년 초 서울대 학생운동권은 3선 개헌 반대 투쟁에 참여했던 서중석·유인태·정윤광·안양로 등의 선배 그룹과 70, 71학번 후배 그룹으로 대별된다. 여기에는 서경석, 황인성, 나병식 등 교회를 통해 운동에 참여한 그룹도 포함된다. 이들이 초기 민청학련 활동의 주축이었고 여기에 장일순·지학순·박재일 등의 원주 그룹이 결합되었으며 조영래·장기표·유근일·이현배 등의 졸업생 선배들이 연결되었다. 또한 윤보선·장준하·함석헌·백기완·김동길·백낙청 등의 정계와 학계의 재야 지식인 집단이 중요한 역할을 했다.

1974년 수사당국이 결성일이라고 발표한 날까지 민청학련의 대체적 윤곽이 그려진다. 이 시기까지 초기 민청학련을 주도한 것은 서중석, 유인태, 정윤광, 제정구 등의 선배 그룹이었다.[16] 1973년 11월경부터 후배들의 시위에 자극받은 이들은 다양한 방법으로 논의를 진행했다. 12월경 서중석이 김지하와 원주 그룹을 만나는가 하면 류근일 등의 졸

---

16 이철(2003), 위의 글, 92쪽.

업생 선배들을 두루 만나 의견을 교환했다. 또한 기독교 학생운동 그룹을 통해 종교계와도 연결되었고 그 연장선상에서 박형규 목사는 윤보선을 만나 지지와 지원을 구했다. 유인태와 이철은 일본인 기자를 만나 인터뷰를 진행하기도 했다.

초기 주도세력은 이른바 3·3·3 원칙하에 조직활동을 전개했다. 활동의 출발점 격이었던 문리대를 중심으로 법대와 상대가 첫 번째 3이었고 다시 서울 지역을 서울대, 연세대, 고려대의 3교를 중핵으로 한 다음 지역 연계는 서울과 영남의 경북대, 호남의 전남대를 주축으로 한다는 것이었다. 문리대를 중심으로 동심원을 그리듯이 전국적 확대를 꾀한 셈이었다. 조직사업은 큰 문제없이 진행되었다. 3선 개헌 반대 투쟁 당시부터 일정한 연계를 가지고 있던 학생운동가들 사이에 이심전심으로 반유신 투쟁의 필요성이 공감되어 있었고 재야 역시 비슷한 입장이어서 별 문제 없이 준비가 진행되었다. 다만 고려대는 '민우지 사건', '검은 10월단 사건' 등으로 많은 학생들이 구속되어 있어 연계가 쉽지 않았다.

민청학련 조직활동의 특징은 상당히 무정형적이었다는 점이다. 분명한 조직을 결성하고 확대된 것이 아니라 서울대 문리대 중심의 몇몇 활동가들이 이중삼중의 인맥을 활용하여 다양한 사람들을 네트워크처럼 엮는 방식이었다. 그래서 때로는 동일한 인물을 여러 명이 중복하여 만나는가 하면 한 학교에 여러 갈래의 연계선이 만들어지기도 하는 등 혼선을 빚기도 했다. 활동 중심 중 하나였던 이철은 당시의 조직활동이 "다소 저급한 것"이었다고 회고했다. 따라서 민청학련을 주도하고 이끈 인물을 특정하는 것이 곤란할 정도였다고도 했다.[17]

---

17 이철(2003), 앞의 글, 92-93쪽.

이상의 활동은 서울대 운동권을 중심으로 보자면, 김지하와 류근일 등 1960년대 초반 학번부터 조영래를 거쳐 서중석, 유인태 등 1960년대 중반 학번 그리고 1970년대 초반 학번으로 이어지는 계보가 움직이는 모양이었다. 사건으로 보자면 4·19혁명으로 시작해 6·3사태를 거쳐 3선 개헌 반대 투쟁 그리고 교련 반대 투쟁으로 이어진다. 요컨대 4·19혁명으로 촉발된 학생운동의 전통이 민청학련으로 이어짐을 알 수 있다.

이들 사이는 엄격한 지도-피지도의 조직적 관계는 아니었다. 김지하는 민청학련이 한국 현대사에서 최초로 성공한 전국학생총연맹(약칭 전학련)이라고 평가하면서 이철이 외부 지도자, 유인태가 조직책, 그 뒤에는 서중석을 거쳐 조영래와 연결되어 있었다고 했다. 기독학생들의 활동은 나병식이 주도했고 역시 그 뒤에 조영래가 있었다는 설명이다.[18] 그러나 선배 그룹은 후배들에 대한 조언과 협조를 제공하는 정도였고, 후배 그룹 역시 선배들의 지도를 구하는 것은 아니었다. 때로는 현장 상황을 모르는 선배들에 대해 불만이 터져나오기도 했다.[19] 공안 기구에 의해 민청학련이 엄청난 조직인 것처럼 부풀려지기는 했지만 그 실상은 운동권 선후배 사이의 느슨한 네트워크 정도였다고 보인다.

민청학련 조직화의 양대 축은 대학과 재야였다. 재야와의 접촉은 서중석이 큰 역할을 했다고 하는데, 기존 서울대 운동권 인맥을 타고 이루어진다. 재야 접촉은 크게 세 가지 목표가 있었다. 하나는 직접적인 지지와 지원을 얻어내는 것이었고 다음으로는 이를 토대로 광범위한 통

---

18 김지하, 「타는 목마름으로 부른 민주주의 만세」, 『1974년 4월: 1』(2003), 50쪽.
19 이종구는 1974년 3월 말 잠적한 선배들이 학내 상황을 몰라 무모한 행동을 시도한다고 판단, 이를 정정하고자 노력했다고 한다. 이종구, 「1974년 4월 3일의 서울 문리대 풍경」, 『1974년 4월: 1』(2003), 127쪽.

일전선을 형성하는 것 그리고 마지막 하나는 민청학련 운동의 외곽 방어막을 형성하는 것이었다. 재야가 이에 적극 호응하면서 지학순·윤보선·김관석 등으로부터 상당한 액수의 자금을 지원받고 지지 의사도 확보할 수 있었다.

방어막 형성은 유신체제의 탄압과 반공 이데올로기로부터 학생운동을 보호하기 위한 것이었다. 특히 반공 이데올로기는 저항운동의 천형과도 같았기에 보수적이고 반공적인 재야인사를 끌어들이는 작업이 무척 중요했다. 동일한 맥락에서 종교계와의 연계는 반공 이데올로기를 돌파하는 유력한 방법이었다. 사실 1970년대 들어서면서 종교의 보호막을 얻고자 학생운동가들이 교회 활동에 적극적으로 결합하는 양상이 나타났다.[20]

종교계와 학생운동의 결합은 이후 종교계 민주화운동의 확산과 발전을 보건대 특히 주목된다. 민청학련 통일전선의 최대 성과가 곧 교회와의 결합이었다. 김지하는 이를 '슬라이딩 태클' 전술로 불렀다. 김지하는 천주교 원주교구의 지학순 주교를 민청학련 사건에 끌어들여 천주교 전체를 유신체제에 맞서도록 한다는 목표를 세운다. 즉, 접촉 범위를 최대한 확대 진술함으로써 피해자가 늘어나면 그들 모두가 반유신 활동가로 변모할 것이란 계산이었다. 유인태도 기독교, 천주교 등 종교세력을 적극 끌어들이기로 했다고 술회했다.[21]

나름 치밀한 사전준비를 했음에도 공안기구의 정보망을 완전히 피할 수는 없었다. 4월 3일 예정된 시위 이전에 예비 시위가 몇 차례 계획되

---

20 서경석에 의하면 1971년 위수령 사건으로 큰 타격을 입은 학생운동가들이 교회로 옮겨가는 경우가 많았다고 하며 당시 대표적 운동권 교회로 제일교회와 함께 새문안교회를 꼽았다. 서경석, 「민청학련과 KSCF운동」, 『1974년 4월: 4』(2005), 94쪽.
21 김지하(2003), 앞의 글, 64-65쪽; 유인태(2004), 앞의 글, 27-28쪽.

어 실행되었지만 그렇게 성공적이지는 않았다. 오히려 공안기구의 사전 검속이 진행되어 4월 3일 이전에 서중석 등 상당수 활동가들이 검거되는 상황이었다. 그럼에도 서울 주요 대학에서는 수백 명이 참여하는 시위가 연속적으로 전개되었고 도심 시위와 유인물 살포 등이 진행되었다.

마치 준비하고 있었다는 듯이 시위 당일 저녁 박정희 정권은 긴급조치 4호를 공포하고 민청학련에 대한 대대적인 검거와 탄압에 들어갔다. 이철, 유인태 등 주요 인물에 대한 현상금이 무려 200만 원까지 올라갔고 대부분 한 달이 못 돼 검거됨으로써 민청학련 사건은 수사와 재판 단계로 넘어간다. 학생들뿐만 아니라 김지하, 지학순 등 주요 재야인사들도 체포되었고 윤보선은 체포는 면했지만 재판에 회부되었다. 중정의 수사는 익히 알려진 대로 고문과 폭력을 기본으로 했다. 학생들의 시위에 대한 유신의 응답은 곧 폭력, 죽음을 볼모로 한 폭력이었다.

이 폭력의 최대 피해자가 인혁당 관련자들임은 물론이다. 민청학련과 인혁당을 함께 엮고자 한 것은 박정희 정권의 전형적인 공안사건 전술이다. 실제 민청학련과 인혁당의 관계는 여정남을 통한 인적 교류에 그친다. 물론 인혁당 자체가 중정이 최대한 실체를 부풀린 모호한 조직이었다. 김세원·우동읍(우홍선)·이수병·서도원 등은 1970년대 초반 경락연구회를 만드는데, 이 조직은 "형식도 갖추지 않고 물증도 남기지 않는 점조직 방식"이었다.[22] 경락연구회는 공안당국에 의해 2차 인혁당 사건으로 둔갑되어 결정적 타격을 입었다. 탄압에 대비하여 철저하게 비조직적으로 움직였음에도 결국 비극적 결말을 피할 수 없었다.[23]

---

22   김세원 증언·한상구 구성, 「4월혁명 이후 전위조직과 통일운동」, 『역사비평』 겨울호 (1991), 416쪽.
23   이에 이재문은 큰 충격을 받고 2차 인혁당은 "조직(형식)이 없어도 죽었고 관련이 없어도 수배되었다. 무고하게 죽고 쫓기느니 차라리 강력한 투쟁조직을 갖고 싸우다가 죽는 것이 좋다고 판단"하게 된다. 김세원(1991), 위의 글, 420쪽.

2차 인혁당 사건의 주요 관련자들인 도예종·이수병·우동읍 등은 통일민주청년동맹(약칭 통민청), 민주민족청년동맹(약칭 민민청), 민족자주통일협의회(약칭 민자통), 사회당 등의 활동을 통해 진보적 운동가로 성장한 것은 맞지만 인혁당과 같은 실체가 있는 운동 조직을 만들지는 않았다. 정권의 가공할 탄압 속에 조직적 활동을 최소화하고 유연하고 느슨한 운동 방법을 모색한 것으로 보인다. 그러나 인혁당 관련자들이 해방 이후 좌파운동의 연장선상에 있었음도 분명하다. 4·19혁명 이후 재활성화된 혁신운동을 거치면서 새롭게 운동의 전망을 모색한다. 이는 이재문이 남민전의 깃발을 2차 인혁당 사건으로 사형당한 사람들의 속옷을 모아 만들었다는 것만 보아도 알 수 있다.

사건 당시 민청학련이 인혁당과 조직적 관련이 없음은 분명하지만 넓은 맥락에서 급진적 변혁운동과 일정한 관련이 있다고 할 수 있다. 1960년대 후반 통혁당 역시 『청맥』이나 학사주점 등을 통해 김질락과 이문규가 학생운동가들과 일정한 관계를 형성한 것에서도 알 수 있듯이 학생운동과 급진적 변혁운동은 완전히 단절된 상태는 아니었다. 민청학련 세대들 중 박석률·차성환 등 일부가 훗날 남민전에 가담하여 활동한 것도 우연만은 아니다.

이러한 점은 민청학련이 내세운 '민중·민족·민주 선언'을 통해서도 확인된다. 선언의 주요 내용 중 국민경제의 파탄을 비판하면서 정치경제학적 분석을 시도한 점이 눈에 띈다. 즉, 기아 수출 입국, 국민총생산(GNP) 신앙을 교리로 내걸고 민족자본의 압살과 매판화를 종용하여 외채를 국민에게 전가시키고 기간산업을 포함한 주요 경제 부문의 족벌 사유화를 획책해온 매판족벌이라는 규정은 박정희 정권이 명운을 걸고 추진해온 경제개발 정책에 대한 정치경제학적 비판의 요체를 이룬다.[24]

서울대 상대 중심의 한국사회연구회 모임에서는 사회주의체제를 통한 경제 건설이 능률적이라는 주장이 공공연하게 제시되기도 했고 사적 유물론의 법칙이 상식처럼 운위되었다고 한다.[25] 4·19혁명 직후에는 어지간한 좌파 서적은 대부분 구할 수 있었다고 하며 학생운동권이 활용할 수 있는 별다른 이론 자원이 없던 상황에서 마르크스주의는 상당한 정도로 영향을 끼쳤다고 보인다. 이미 1960년대에 안병직·신영복 등 서울대 상대 운동권이 마르크스주의 서적으로 세미나를 진행한 사실도 있고, 특이한 경우이기는 하지만 6·3세대였던 김정강은 독학으로 자생적 사회주의자가 되기도 했다.

더욱 중요한 것은 추상적 이념이 아니라 구체적 현실 인식이다. 이것을 잘 보여주는 것이 '민중·민족·민주 선언'인데 특히 민중이 주목된다. 민족은 이미 오래된 가치였고 특히 박정희 정권이 민족주의를 적극 활용하면서 중요한 의제가 된다. 민주주의 역시 4·19혁명 이래의 중심 가치였다. 그러나 민중은 새롭게 부각된 가치로 그 용례의 역사가 상당히 흥미롭다. 개항기부터 사용되었다고 하는 민중은 식민지 시기에는 총독부와 독립운동 진영이 함께 사용하는 용어였다. 즉, 지배의 언어이자, 저항의 언어이기도 했다. 그런데 해방 이후 좌파 진영에서 인민 개념을 전면에 내세우면서 민중 개념은 자연스럽게 우파 내지 중간파의 집단 주체 호명기호가 된다.

1950년대 경찰서에 내걸린 "민중의 지팡이"라는 문구에서 보이듯이 민중은 오랫동안, 적어도 1960년대 중반까지 지배층의 언어였다. 심지어 박정희도 정권 초반에 특권층이나 귀족에 대비되는 가치로 '민중'을 종종 사용했다. 민중이 저항의 언어로 다시 전환한 결정적 계기는 1965년

---

24 유인태(2004), 앞의 글, 36-37쪽.
25 이종구(2003), 앞의 글, 126쪽.

통합야당의 명칭으로 '민중당'이 채택되면서부터다. 한국의 보수정당이 집단 주체 명칭을 당명에 내건 경우는 매우 드물다. 간혹 '국민'이 사용되기도 하지만 '민중'과는 어감부터 다르며 저항적 의미를 부여하기도 곤란하다. 대부분 민주, 평화, 통일 등 가치 개념이 사용되는 것이 일반적이라는 점에서 민중당 명칭은 매우 특이한 사례였다.

이후 박정희가 민중을 사용한 경우는 없다. 대신 '서민', '국민', '민족'이 대표적 집단 주체 호명기호가 된다. 반면 민중은 점점 저항적 집단 주체의 의미로 전환되기 시작했고, 중요한 역할을 한 것이 『청맥』이었다. 『청맥』 필진 중 특히 이진영은 해방 공간 '인민' 개념을 방불케 하는 의미로 민중을 적극 사용했다.[26] 1960년대 말 시작된 민중 개념의 전회가 현실적 힘을 얻은 결정적 계기는 전태일의 분신이다. 전태일의 분신을 놀라움과 경악, 자괴감과 자책의 심정으로 바라본 학생운동가들이 한둘이 아니었고 비로소 민중의 실체를 깨닫고 민중 개념을 재발견한다. 민청학련의 민중은 그 연장선상에 있음이 분명하다.

민청학련 활동과 관련해 화염병 제조 여부도 주목된다. 언론 보도를 통해 보건대, 한국전쟁 이후 화염병이 처음으로 사용된 것은 1971년 10월 13일 서울대 시위에서였다. 이날 서울대생 1,000여 명이 교내 시위를 벌이면서 화염병 3개를 차도에 던졌다는 보도가 나왔다.[27] 그러나 『동아일보』의 이 기사는 단 1회로 그쳤고 후속 보도도 전혀 없었고 다른 언론도 보도하지 않았다. 다만 『경향신문』이 사설로 박정희의 학원사태 비상조치를 언급하면서 화염병 시위를 다룬 것이 유일했다.[28] 이로 보아 이 사건의 실체는 분명하지 않다. 설령 화염병을 사용했다 해도 일

---

26 황병주, 「1960년대 비판적 지식인 사회의 민중인식」, 『기억과전망』 21(2009).
27 『동아일보』 1971년 10월 14일자.
28 「박대통령의 학원 비상조치」(사설), 『경향신문』 1971년 10월 16일자.

종의 해프닝이거나 일회성에 그친 것으로 보인다.

언론에 나타난 화염병은 1950년대 동구권의 반소 시위, 1960년대 미국과 서구 그리고 일본의 학생운동이나 시위 현장에서 사용된 사례가 대부분이었고 한국의 경우는 위 신문기사가 유일한 사례다. 중정은 민청학련의 화염병 제조와 사용 계획을 폭력혁명 전략의 움직일 수 없는 증거로 활용하고자 했다. 실제 민청학련 주도세력이 화염병 제조를 논의한 것은 사실이었다. 박카스병 500개를 준비했다는 증언도 있다. 그러나 여러 문제로 인해 실제 만들지는 않았고 논의 단계에 그쳤다.

대학가 시위 현장에 화염병이 다시 등장한 것은 1980년대 중반이었다. 민청학련 사건으로부터 10여 년의 시차를 두고 화염병이 본격적으로 사용되기 시작한 셈이다. 민중, 민족, 민주의 삼민 개념과 함께 화염병은 민청학련 사건과 1980년대 학생운동을 연속선상에서 이해할 수 있게 해주는 사례이다.

3. 재야 민주화운동세력의 형성: 윤보선을 중심으로

1) 1960년대 윤보선의 정치 활동

민청학련은 재야와의 연계를 위해 많은 노력을 기울였다. 특히 종교계와의 연계는 주목할 만했다. 유신체제는 제도정치 영역의 비중을 급격하게 축소시키고 정치를 치안으로 대체하고자 했다. 이에 따라 유신체제는 비제도권 정치를 활성화시킬 수밖에 없었고 이것이 재야라는 독특한 영역이 구성된 기본 배경이다. 게다가 제도권 내 야당이 '사쿠라' 소리를 들을 정도로 순응적인 태도를 취했기에 재야의 저항이 더욱 중요해진다.

여기서는 윤보선의 활동을 중심으로 민청학련과 재야의 관계를 살펴보고자 한다. 민청학련과 관련해 윤보선의 활동은 비교적 간단하다. 박형규 목사가 찾아와 대학생들에 대한 지지와 지원을 호소하자 윤보선이 이에 동의하면서 활동 자금 명목으로 100만여 원을 제공한 것이 전부다.[29] 재야인사들과 함께 학생들의 시위를 지지하는 입장이기는 했지만 윤보선이 직접 민청학련과 연계되었다는 흔적은 별로 없다.

사실 윤보선은 대표적인 보수 야당 정치인으로 이념이나 활동에 있어 민청학련 세대와 직접 연결되기 힘들다. 한일협정 반대 투쟁이나 3선 개헌 반대 투쟁 등 사안에 따라 제휴와 연대 활동이 있기는 했지만, '민중·민족·민주 선언'에 대해 윤보선이 어느 정도 동의할 수 있었을까라는 의문이 드는 게 사실이다. 윤보선은 애초 5·16쿠데타와 군정에 대해 그리 나쁜 인식을 갖고 있지 않았다. 쿠데타 이후에도 대통령직을 유지하면서 일정한 제휴와 연대를 모색하기도 했다.

> 가장 두려운 것이 혼란해가는 사회상이요 부패상이요 공산주의자들의 배후 활동이요 또한 이러한 환경과 조건에서 국민을 위한 시책이 성취될 수 없다는 가공할 현실이었습니다. […] 5·16군사혁명이 일어나던 날 나는 조금도 의심하지 않았습니다. 사회상의 극도의 혼란과 걷잡을 수 없는 정치적 불안정은 필연적으로 힘의 지배를 자초한다는 정치철학의 진리를 의심하지 않았기 때문입니다. 혁명이 일어나던 날, 혁명의 지도자들이나 UN군 사령관을 만났을 때도 나는 허심탄회하게 "올일이 오고야 말았다"라는 말을 하게 되었

---

29 검찰 공소장에는 지원금이 '55만 원'이라고 되어 있지만 윤보선은 '100만 원'을 제공했다고 밝혔다. 윤보선, 「민주주의를 위해서라면 내 목숨을 가져가라」, 『1974년 4월: 1』, 19-24쪽.

으며, 기왕 온 일인 바에야 무사하게 수습되기를 무엇보다도 바랐던 것입니다. […] 혁명정부가 이 나라의 일을 맡아 보기 시작하면서 이 나라의 일에는 각 분야에 걸쳐 많은 변혁을 가져오게 했습니다. 혁명공약을 내세우고, 혁신을 단행하고 준법을 강조하며, 재건의 길을 걷기 시작했습니다. 일하기 어려운 관념과 타성에서 일하기 쉬운 용기와 결심으로 돌변한 이 나라는 참다운 민주국가로서의 기초를 닦는 역사적인 진통과 출발을 갖게 되었습니다. […] 우리는 아무리 생각하여도 이 길밖에는 재건의 성과도 민주제도의 명실상부한 실현도 더 빨리 오는 방법을 택할 수는 없다고 믿는 바입니다.[30]

인용문에 보이듯이 윤보선은 5·16쿠데타가 장면 정권의 혼란과 무능을 대체하고 있음을 명시적으로 인정했다. 후일 그는 자신의 판단이 잘못이었음을 인정했지만, 어쨌든 그의 판단과 선택은 5·16쿠데타의 성공과 일정한 관련이 있다.[31] 민주당 내 신구파 대립이 정치적 배경으로 작용한 측면도 있겠지만, 쿠데타 초기 윤보선은 민주당 신파보다 군부세력에 우호적이었다. 주지하듯이 이후 윤보선은 군사정권과 각을 세우면서 야당 지도자로 활동했고 한일협정 반대 투쟁 등에서 보이듯이 가장 강경한 입장을 고수했다. 두 번에 걸친 대통령 선거에서 박정희와 대결해 패배한 것도 그에게는 큰 정치적 트라우마가 되었을 것으로 보인다.

윤보선은 여러모로 박정희와 대비되는 삶을 살았다. 개항 이래 최고

---

30 윤보선, 「역사적인 신축년을 보내면서」, 『최고회의보』 3호(1961), 3-4쪽.
31 윤보선은 "군사정권이 들어서고 나서 이를 현실로 받아들이지 않을 수 없게 된 나는 이왕이면 군부가 잘해주도록 기대했다. 군정의 주도세력인 젊은 군인들은 기성 정치인들보다 솔직하고 양심적인 것으로 인식되었다. 이것이 내가 잘못 판단한 큰 과오였다"라고 인정했다. 윤보선, 『(윤보선회고록)외로운 선택의 나날』(동아일보사, 1991), 83쪽.

의 명문가라 할 해평 윤씨 집안 출신으로 임시정부 독립운동을 거쳐 영국 에든버러대학교를 졸업한 엘리트로 손색이 없는 삶을 살았다. 게다가 거대한 부를 물려받은 대지주였다. 윤보선은 1950년 농지개혁 당시 논과 밭을 합쳐 293.6정보(약 21.7㎢, 일례로 여의도 면적은 2.9㎢)의 거대 지주였다.[32] 자신의 농지만 88만 평(약 2.9㎢)이 넘었고 일가친척을 포함하면 수백만 평을 소유한 대지주 집안이었다. 이러한 배경하에 윤보선은 해방 이후 일관되게 보수 우익 진영이었다.

그렇기에 5·16쿠데타 이후 대통령 하야 당시까지 윤보선은 박정희와 싸울 생각이 별로 없었다. '영국 신사'란 별명답게 거리 정치에 익숙하지도 않았고 또 그러한 경험도 없었다. 무엇보다 조만간 민정이양이 되면 자연스럽게 군부세력이 배제된 정치환경이 조성될 것이라고 생각했던 듯하다. 그러나 쿠데타 주도세력이 정치 활동 정화법을 만드는 등 기존 정치권을 봉쇄하고 직접 권력을 장악할 움직임을 보이자 윤보선의 태도도 달라질 수밖에 없었다.

윤보선의 야당 정치 활동은 미국의 태도와 무관치 않다. 미국은 군정의 안정화와 정당성 부여에 윤보선의 역할이 적지 않다고 보았다. 대통령직을 사임하기 불과 5일 전인 1962년 3월 17일 버거(Samuel Berger) 주한 미대사는 윤보선을 만나 4시간 동안이나 요담했다. 이 회담 결과를 보고한 1962년 3월 19일자 전문에 따르면, 버거 대사는 쿠데타 이후 상황 안정을 가능케 한 요소를 다섯 가지로 정리했다. ①윤보선이 박정희의 대통령직 유임 요청을 받아들인 것, ②7월 초 장도영의 전복 시도를 해결한 것, ③7월 28일 국무부의 박정희 지지 성명, ④8월 12일 박정희의 민정이양 계획 발표와 이에 대한 8월 15일 윤보선의 지

---

[32] 한국농촌경제연구원, 『농지개혁시 피분배 지주 및 일제하 대지주 명부』(1985), 5쪽.

지 연설, ⑤박정희의 방미가 그것이었다.³³ 버거의 판단에 따르자면 윤보선과 군정세력은 동상이몽일지는 몰라도 상당한 협력관계를 유지했다.

또 버거 대사는 전문에서 군정세력을 매우 호의적으로 평가한 반면 윤보선이 구래의 양반 지주 가문 출신임을 강조했다. 그는 농지개혁 이후에도 여전히 부유하며 나이 든 보수파이자 스코틀랜드에서 교육받고 여행을 많이 다녔는가 하면 기독교도이며 흠잡을 데 없는 개인적 도덕성을 가진 인물이라고 평가했다. 반면 군정 지도자들은 대부분 가난한 집안의 시골 출신이고 종교도 없으며 젊은 세대이고 게다가 한국의 봉건 전통에 매우 비판적이었으며 개혁을 열망하고 있다고 평가했다. 윤보선은 이들과 거의 공통점이 없었다. 버거 대사는 박정희와 윤보선이 서로 대화하도록 시도했지만 아무런 성과도 없었다고 강조했다.

민정이양 문제가 점차 핵심 정치 의제가 되어가던 1962년 10월 31일 하비브((Philip Charles Habib) 미 대사관 정치 담당 참사관이 윤보선을 만나 2시간가량 회담했다.³⁴ 회담의 주요 의제는 윤보선의 방미 초청 건과 한국정치 상황에 대한 윤보선의 견해와 당면 과제 등이었다. 이 시기 윤보선은 매우 격앙된 모습을 보여준다. 하비브에 따르면, 윤보선은 과거의 그가 아니었다. 윤보선은 간접화법과 에둘러 말하는 방법을 통해 자신의 의견을 표명하는 알 수 없는 동양인도, 전통적인 한국인도

---

33 Sent to; SECSTATE WASHINGTON(1962.3.19.), Political affairs and relations: prominent persons, 1962/ Berger, Samuel D, Confidential U.S. State Department Central Foreign Policy Files: Korea, 1962~1963, RG 84, NARA(국회도서관 해외 소재 한국 관련 자료).

34 Memorandum of Conversation(1962.10.31.), Political affairs and relations: prominent persons, 1962/ Berger, Samuel D, Confidential U.S. State Department Central Foreign Policy Files: Korea, 1962~1963, RG 84, NARA.

아니었다. 그는 직설적이었고 견해는 단순했다. 즉, 군정이 파국적인 길로 치닫고 있고 미국이 이를 역전시켜야 한다는 주장을 폈다.

이 회동에서 윤보선이 강력하게 요청한 것은 뜻밖에도 그의 장기 방미였다. 놀랍게도 윤보선은 1963년 선거 캠페인 기간 동안 한국에서 떠나 있기를 원했다. 그래서 미국에 요구하기를, 충분한 기간 동안 자신을 초청해달라고 했다. 윤보선은 자신은 어떠한 정치적 야심도 없기에 선거 기간 동안 한국에 머무르는 것이 매우 힘들 것이라고 했다. 즉, 사람들이 자기를 그냥 내버려두지 않을 것이고 자신은 그 압력을 거부할 자신이 없다는 것이었다. 그는 상황을 비관적으로 보았고, 군정의 말과는 달리 자유로운 선거가 불가능할 것이라고 주장했다.

윤보선이 1962년 하반기에 한국을 떠나 미국에 가려고 했다는 사실은 그간 전혀 알려지지 않았다. 두 권의 자서전을 비롯해 그 어디에서도 윤보선은 자신이 미국을 가고자 했다는 이야기를 하지 않았다. 이러한 방미 요청의 배경이 무엇인지는 다양한 해석이 가능하다. 그의 말대로 대통령 선거에 출마하지 않기 위한 것일 수도 있다. 그러나 이를 액면 그대로 받아들이기에는 석연치 않다. 이후 전개되는 윤보선의 정치활동을 보건대 그가 정계를 떠나고자 했다는 사실은 납득하기 힘들다.

윤보선의 방미 요청을 받은 하비브는 1962년 11월 15일자 전문에서 이를 거부하는 것이 좋겠다는 입장을 분명히 했다. 윤보선은 군부가 자신의 방미 계획을 승인하지 않는다 하더라도 미국이 초청하면 어쩔 수 없을 것임을 강조했지만, 하비브는 선거 기간 동안 윤보선이 한국에 남아 있는 것이 한국에 이익이라는 점을 강조했다. 하비브는 윤보선이 쿠데타세력을 "거칠고 무지하며 야만적인 청년들"로 규정한 것을 통해 그가 군부를 어떻게 보고 있는지가 드러난다고 했다. 이어 윤보선은 대통령으로서 쿠데타에 맞서 헌정을 지키지 못했기에 미국은 그에 대해 빚진 게 없으며 스스로의 정치적 권위를 깎아먹었다고 설명했다. 또한 그는 한민당의 유일하게 남아 있는 주요 인물이지만 보수적 한민당은 지지세력을 거의 상실했음을 강조했다.

하비브는 윤보선의 방미 초청 요구가 윤보선 자신의 정치적 이익을 위한 것이라고 단정했다. 즉, 방미 초청을 미국이 자신을 지지하고 있다는 증거로 이용하거나 민정이양 이후 중요한 역할을 맡기 위한 목적이라고 분석했다. 결국 이 전문은 윤보선의 방미 초청 요구를 거부할 것을 제안했고 실제로 그렇게 되었다.[35]

윤보선의 방미 요청은 미국에 대한 일종의 우회적 압력일 수 있다. 즉, 그가 미국에 가고자 하는 것은 공정 선거에 대한 강력한 의심 때문이었다. 선거가 공정하게 치러지지 않는다면 정계 은퇴도 불사하겠다는 의지를 피력함으로써 미국이 군정에 압력을 가해 공정한 선거가 진행되도록 만들어야 한다는 주문으로 읽힌다. 또한 윤보선의 방미는 그 자체로 그의 정치적 위상을 높이는 중요한 정치 행위가 된다. 주지하듯이 한국 현대사에서 주요 정치인들의 방미는 매우 중요한 정치 행위로 간주된다.

미국은 신중한 태도를 보이는 듯했지만 사실상 윤보선의 방미를 수용할 가능성은 거의 없었다. 버거는 박정희와 군정세력 지지 입장이 확고했으며 다만 윤보선이 빠진다면 선거 공정성 여부가 도마에 오를 것이기에 그를 정치 일정에 참여시키기 위해 노력했을 뿐이다.

윤보선은 1966년에도 다시 한번 미국 방문 계획을 추진했다. 다음해 대통령 선거가 예정된 상황에서 역시 미국을 방문하는 것이 매우 중

---

35 Summary of Conversation with Korean Ex-President Yun Po-sun, Korea July-Dec. 1962, Entry A1 3113, RG 59, NARA.

요한 정치 행위로 여겨질 수 있는 국면이었다. 그러나 이번에도 미국의 완곡한 거부로 그의 방미는 수포로 돌아간다. 당시 김수한 신한당 대변인은 정부가 윤보선의 여권 발급을 늦추는 등의 방해 공작으로 미국 방문을 무기 연기할 수밖에 없게 되었다고 했지만 사실상 미국의 거부가 결정적 요인이었다.[36] 윤보선은 1970년에 가서야, 그것도 개인 자격으로 짧게 미국을 방문한다. 불과 3일간 워싱턴을 방문했는데, 국내 보도는 단신이었고 주요 동정이 알려지지도 않았다.[37]

민정이양 직후 중요한 정치적 사건은 한일협정 반대 투쟁이었다. 윤보선은 1964년 3월 야당과 40여 단체를 모아 '대일 굴욕외교반대범국민투쟁위원회'를 결성하여 위원장으로 취임했다. 부산대회에서는 4만 명의 군중을 모아 대규모 집회를 개최하기도 했다. 매국 외교 중지, 평화선 양보 불가, 일본의 경제적 식민지화 반대를 주장하며 대안으로 대일 청구권 27억 달러, 전관수역 40마일(64.37km)을 제시했다.[38] 윤보선은 의원직 사퇴까지 강행하면서 반대 투쟁을 주도했으나 민중당 내에서 이에 동조해 사퇴한 의원은 윤보선을 포함해 8명에 그쳤다.

1967년 대선과 총선을 준비하면서 1966년 브라운(Winthrop Brown) 주한 미대사가 국무부에 보낸 전문에 따르면, 윤보선의 신한당은 매우 세력이 약화된 상황이었다. 윤보선은 신한당의 중요한 정치적 자산이었는데 그의 애국심, 반공주의와 친미주의를 의심하는 사람은 없었다. 정적들이 비현실적이며 구시대적이라고 비난함에도 불구하고 윤보선은 여전히 대중에게 강한 호소력을 가지고 있는데, 특히 도시 주민에 대해 그러하다고 분석했다. 그럼에도 윤보선의 정치적 지위는 1963년보다

---

36 『경향신문』 1966년 10월 25일자.
37 『동아일보』 1970년 6월 23일자.
38 김명구, 『해위(海葦) 윤보선: 생애와 사상』(고려대학교 출판부, 2011), 325쪽.

약화되었다. 또한 윤보선은 베트남 파병에 대해 강력하게 비난하고 있었는데, 브라운은 이것이 방미 계획과 무관치 않다고 분석했다.[39]

윤보선이 다시 대정부 투쟁에 나선 것은 3선 개헌 문제였다. 윤보선은 신민당과 재야 세력을 규합해 '3선 개헌 반대 범국민투쟁위원회'를 결성해 반대 투쟁에 나섰다. 3선 개헌 반대 투쟁은 야당의 입장에서는 치열했지만, 대중적 확산은 미미했고 결과적으로 공화당의 날치기 통과를 막을 수 없었다. 그럼에도 불구하고 그 경험은 제도권 야당과 재야인사들의 결합이라는 차원에서 상당한 의미가 있다.[40]

한편 신민당 총재가 된 유진산은 박정희 정권과의 대화와 타협을 주장하여 이른바 '사쿠라' 논란이 벌어진다. 이에 윤보선은 신민당을 탈당해 1971년 국민당을 창당한다. 국민당은 함석헌, 장준하, 신태악, 김상돈 등을 포괄해 정치권과 재야를 결합시키는 모양새를 취했다. 국민당은 1971년 대선에서 박기출을 대선 후보로 선출했으나 윤보선과 국민당은 신민당의 김대중 후보를 지원하기로 결정했다. 강원용이 야당 후보 단일화를 명분으로 설득했다고도 한다.[41]

미 대사관은 대선에 국민당이 독자 출마하면 김대중의 표를 4~5% 정도 잠식할 수 있을 것으로 예측했다. 박빙의 승부에서 이 정도의 표는 공화당을 매우 기쁘게 하리라는 점도 빠뜨리지 않았다.[42] 미국은 국

---

39 Amembassy SEOUL to Department of State, The 1967 Elections: The Campaign Begins(1966.7.16.), Political affairs and relations: elections, 1966/ Brown, Winthrop G, Confidential U.S. State Department Central Foreign Policy Files: Korea, 1964~1966, POL 14 KOR S, RG 59, NARA.
40 김대영, 「반유시 재야운동」, 『유신과 반유신』(민주화운동기념사업회, 2005), 399-403쪽.
41 강원용, 『역사의 언덕에서 3』(한길사, 2003), 290-291쪽.
42 political development, Political affairs and relations: political parties, 1972/ Porter, William, Confidential U.S. State Department Central Foreign Policy Files:

민당 대선 후보인 박기출을 과거 "사회주의자"였다고 설명했는데, 윤보선은 박기출의 진보성이 자신의 보수성을 보완할 것임을 강조하기도 했다.[43] 그러나 박기출에 대한 지지 철회는 반공주의적 입장이 강력했던 윤보선의 개인적 결정도 크게 작용했다고 보인다.

국민당은 대통령 선거는 물론 총선에서도 참담한 좌절을 맛본다. 윤보선은 그 이유를 박정희 정권의 정보정치, 공작정치 때문이었다고 규정했지만, 결국 1971년 5월 8대 총선을 끝으로 정계에서 완전 은퇴한다.[44] 이후 윤보선은 제도정치권 내의 정치 활동이 아니라 재야인사로 민주화운동을 전개한다.

2) 재야의 형성과 윤보선의 민주화운동

1972년 유신체제가 성립되자 윤보선의 민주화운동이 본격화되었다. 이전 시기까지는 정치 활동의 측면이 강했으나 유신체제하에서 그는 제도정치권에 머무르지 않고 재야인사로, 거리의 민주화운동가로 전신한다. 이러한 전신에 있어 흥미로운 계기로 볼 수 있는 것이 1960년대에 결성된 염광회(鹽光會)다. 1966년 6월 9일 윤보선은 정일형, 전성천, 송원영, 김준섭, 문장식 등 야당의 기독 정치인과 기독교 인사 등을 자택으로 초청해 간담회를 열었다. 간담회는 향후 치러질 대통령 선거 및 총선거에서 부정선거를 막기 위한 기독교인들의 노력이었다. 이때 자유당 시절 공보실장을 지냈던 전성천 목사의 제안으로 공명선거 추진을

Korea, 1970~1973, POL 12-3 KOR S, RG59, NARA.
[43] ROK election campaign on Mar. 20~26, Political affairs and relations: elections, 1971/ Porter, William, Confidential U.S. State Department Central Foreign Policy Files, POL 14 KOR S, RG 59, NARA.
[44] 윤보선(2012), 앞의 책, 444-445쪽.

위한 기독교 조직체 구성을 결의했다. 이것이 염광회의 시작이었다.

염광회는 1967년 2월 16일 비공개로 창립총회를 열고 정식 출범했다. 참석자는 정일형, 송원영, 정사영, 한덕순, 문장식, 임호순 등 13명이었다. 초대 회장으로 김희율 장로를 선출하고 총무에는 정사영 장로, 서기에는 한덕순 집사를 선출했다. 발기인 중 정치인들은 오해를 피하기 위해 직접 관여하지 않았다. 발기인 명단 2차 프린트에는 정일형, 송원영 등 널리 알려진 정치인이 삭제되기도 했다. 창립총회를 치른 이틀 후인 2월 18일에는 염광회 2선 조직으로 백조회를 조직했다. 회장은 정일형의 측근인 서준영 박사가 맡았다.[45]

염광회는 비밀리에 조직되었다고 했지만, 당시 언론에도 결성 소식이 보도되는 등 반공개적이었다. 『동아일보』는 염광회가 "불편부당의 입장에서 부정선거 특히 금력 공세를 배제하고 공명선거를 이룩하자는 전국적 운동을 목표로 결성"되었다고 보도했다. 저명한 기독교인 H씨, K씨 등이 이면에서 뒷받침하고 있다는 내용과 함께 발기인 8명에 대해서 수사 당국에서 여러 차례 신원조사를 하는 등 신경을 곤두세우고 있다는 내용도 포함되었다. 또한 공화, 신민 양당에도 취지를 전달한 사실도 보도되었다.[46]

대선에서 윤보선이 패배하자 염광회는 즉각 선거 무효를 내세우면서 성명서를 발표하고 문장식은 윤보선 수행비서였던 김득수 등과 지프차를 이용해 부정선거 폭로 가두방송을 전개하기도 했다. 이러한 활동은 6·8 부정선거 규탄 투쟁을 거쳐 3선 개헌 반대 투쟁으로 이어진다. 염광회의 핵심 중 한 명이었던 문장식은 윤보선을 주기적으로 방문하여

---

45 문장식, 『한국 민주화와 인권운동』(쿰란출판사, 2001), 11쪽, 80-88쪽.
46 『동아일보』1967년 3월 31일자. .

긴밀한 협의를 가졌고 염광회를 대표하여 문옥태 등과 함께 3선개헌반대범국민투쟁위원회에 참여한다.[47]

3선 개헌 반대 투쟁이 한창이던 1969년 들어 염광회 내부 갈등이 불거지는가 하면 중정이 개입하여 사태가 더욱 복잡해진다.[48] 3선 개헌 찬성과 반대가 교차하는 성명전이 벌어지기도 했다.[49] 갈등과 내분 속에 1970년 12월 8일에는 새로 지도위원을 선임했는데, 윤보선은 김상돈, 한경직과 함께 고문으로 추대되었다. 지도위원은 백낙준, 김재준, 정일형, 강신명, 강원용 등이었다.[50] 이러한 면면은 당시 염광회가 개신교계 주요인사들 대부분을 포괄하고 있었음을 보여준다. 1976년 3·1구국선언 서명자 중 윤보선, 정일형, 함석헌, 이태영, 윤반응 등은 염광회의 지도급 인사들로 분류된다.

염광회의 마지막 활동은 정당 창당이었다. 1978년 염광회 중진들은 윤보선, 정일형 등과 정당 창당을 협의했으나 두 사람 모두 유신체제하에서 불가능하다고 반대 입장을 피력했다. 김영삼, 김대중 등도 접촉했으나 미온적 반응을 보였고 결국 정당 창당은 일부 중진 회원들이 주도하여 1978년 11월 18일 기독교 민주당 창당으로 이어진다.[51]

염광회는 어디까지나 기존 반공주의 질서 내에서 활동했다. 단적인 예로 1970년에는 윤보선을 포함해 염광회가 주한미군 감축 반대 집회에 주도적으로 참여하기도 했다. 염광회의 입장을 잘 보여주는 것은 발

---

47 문장식(2001), 앞의 책, 102-105쪽. 염광회 소속으로 참여한 사람들은 김재준, 윤보선, 정일형, 송원영, 함석헌, 김상돈, 장준하, 박형규, 김옥선, 김준섭, 이명하, 서준영, 문옥태, 문장식 등으로 기독교계 저명인사가 대부분 포함되었다.
48 문장식(2001), 앞의 책, 106쪽.
49 『조선일보』 1969년 9월 2일자; 『동아일보』 1969년 9월 18일자, 1969년 9월 24일자.
50 『경향신문』 1970년 12월 15일자.
51 문장식(2001), 앞의 책, 167-169쪽.

기 취지문이다.

> 그리스도인은 결코 역사의 방관자일 수 없습니다. […] 우리는 집권한 사람들이 악할 때 어떠한 역사가 전개되는가를 분명히 보았습니다. 더욱이 지난날 한국 선거의 역사는 부정선거의 역사였다고 하여도 과언이 아닙니다. […] 민주주의를 세우기 위하여서는 먼저 공정한 선거가 이루어져야 한다는 것은 국민의 상식입니다. […] 영국의 교회가 부정선거를 일소하기 위하여 얼마나 과감하게 싸웠는가 하는 역사를 되새길 필요가 있다고 생각합니다. […] 그러므로 우리는 여기에 염광회를 발기하여 그리스도인의 양심에 의한 새로운 결단을 다짐하고자 하는 바입니다.[52]

취지문의 기본 논조는 선거 공정성과 기독교적 양심에 국한된다. 즉, 절차적 민주주의에 방점을 찍은 낮은 수준의 정치 활동을 모색한 것이다. 어쨌든 윤보선이 1960년대 중반 개신교계와 제휴와 연대를 모색했다는 사실은 주목할 만하다. 윤보선은 1967년 대선과 총선을 앞두고 기존 야당 진영만으로는 부족하다는 판단하에 개신교계를 적극 지지세력으로 견인하고자 한 것으로 보인다. 즉, 1963년 대선에서 박정희에게 분패한 기억 속에 대중적 토대를 확장해야 할 필요성을 절감한 것이 아닌가 한다. 이러한 판단은 결국 윤보선이 제도정치권 외 재야세력과 적극적 연대를 할 수 있게 된 중요한 계기였다.

1970년대 윤보선의 재야 민주화운동은 민주수호국민협의회 참여로부터 시작되었다. 1971년 4월 19일 김재준, 이병린, 천관우를 대표위원으로 하여 창립된 민주수호국민협의회는 애초 공명선거를 위한 운동

---

[52] 「염광회 발기 취지문」, 문장식(2001), 앞의 책, 81쪽.

조직으로 출발했지만, 상설조직화되어 재야 민주화운동의 중요한 역할을 담당했다.

유신체제 성립과 함께 잠시 수면 아래로 침잠했던 저항운동은 1973년 '남산부활절연합예배사건'을 계기로 다시 활성화되기 시작했다. 이어서 하반기부터는 대학가의 시위가 빈발하기 시작하면서 반유신 민주화운동의 토대가 넓어졌다.[53] 이러한 분위기 아래서 재야의 움직임도 좀 더 적극적으로 변하기 시작했다. 1973년 12월 13일 YWCA에서 열린 시국 간담회는 윤보선을 비롯해 김수환 추기경, 한경직, 김재준, 백낙준, 유진오, 김홍일, 김관석, 이인, 이희승, 천관우, 함석헌, 계훈제 등 당대의 대표적 지식인, 종교인 등의 재야인사가 참석해 민주주의 회복을 요구하는 건의서를 대통령에게 보낼 것을 결의하고 대통령 면담을 요청했다.[54]

이를 계기로 윤보선은 민주화운동의 전면에 나섰고 1973년 12월 24일에는 '헌법개정청원운동본부'를 구성하고 '개헌 청원 백만인 서명운동'을 시작했다. 개헌 청원 운동이 일정한 반향을 얻어 제도정치권의 신민당도 참여하고 공화당 내에서도 정구영과 예춘호가 탈당하여 반유신 운동에 동참했다. 이에 박정희 정권은 본격적인 긴급조치 시대를 연다. 1974년 들어 유신헌법에 대한 일체의 비판과 논의를 금지한 긴급조치 1호를 비롯해 불과 2년 동안 9호까지 발동된다. 그중 중요했던 것이 민청학련 사건을 규정한 4호였다. 1974년 4월 민청학련 사건이 발표되면서 윤보선은 그 배후로 몰려 내란죄로 군법회의 법정에 선다.

민청학련 사건으로 재판정에 선 윤보선은 민주화운동의 큰 자산이 된

---

53 민주화운동기념사업회, 『한국민주화운동사 2』(돌베개, 2009), 98-118쪽.
54 『동아일보』 1973년 12월 14일자.

것이 분명했다. 전직 대통령이라는 후광과 확실한 반공주의자라는 조건은 반공 이데올로기에 피해를 당하고 있던 민주화운동세력에게 큰 버팀목이 될 수 있었다. 사실 윤보선의 강력한 반공주의는 유명했다.

긴급조치 발동에도 불구하고 반유신 운동은 더욱 거세졌다. 1974년 11월 27일에는 기독교회관에서 김영삼, 양일동, 김대중, 정일형, 함석헌 등 정계, 학계, 종교계, 언론계 인사를 망라해 민주회복국민회의(약칭 국민회의)를 결성했다. 제도정치권의 정치가들과 재야인사들이 하나의 조직으로 묶인 데는 윤보선의 역할이 적지 않았다. 발족식에서 발표된 선언 내용은 총 6개항이었는데, 개헌을 요구하면서 유신체제가 공산주의체제의 특질을 닮아가고 있다고 비판했다. 아울러 자유경제 토대 구축과 함께 가난한 사람들의 생활과 복지 보장 등도 주요한 내용이었다.[55]

1976년에는 일명 '명동 사건'으로 불리는 '3·1민주구국선언' 사건에 관여하는 등 10·26으로 유신체제가 몰락할 때까지 윤보선의 반유신 민주화운동은 멈추지 않고 계속되었다. 이 시기 윤보선의 인식은 1977년 일본의 진보적 시사 잡지 『세카이』에 실린 서면 인터뷰에 잘 나타나 있다.

> 박 정권이 붕괴된다는 것은 곧 민중의 승리로서 민중의 참여와 창의가 보장되는 사회의 건설을 뜻하는 것인즉, 앞으로의 프로그램은 민중적 합의에 의하여 결정될 것이다. 또 지금은 고통 속에 있으나 그동안의 민주 구국투쟁 과정에서 그 중심적 역할을 한 사람들의 민주 경륜이 충분히 그 프로그램을 제시할 수 있으리라고 본다. 그러므로 우리는 그 투쟁의 승리를 통하여 민생

---

55 김대영(2005), 앞의 글, 415쪽.

적 문제와 민주적 제도와 질서를 회복 해결하고 민중이 주체가 되어 민족 대단결의 원칙에 따라 통일의 길로 의연히 나아갈 것이다. 다시 말하면 독재에 대한 전체 민중의 전면적인 투쟁만이 우리에게 남겨진 길인 것이다. 그 길은 우리 민중이 스스로 선택한 길은 아니지만 회피할 수 없게 주어진 길이다.[56]

이 서면 인터뷰는 매우 흥미롭다. 인터뷰 내용을 보건대 1970년대 후반 민주화운동 진영의 기본 논리가 분명하게 드러나고 있다. 흥미로운 것은 과연 이 인터뷰 답변이 윤보선 자신의 육성인가이다. 그간 윤보선은 강력한 반공주의를 기반으로 한 보수적 입장을 유지했다. 그런데 이 인터뷰 내용은 반공주의의 흔적이 거의 없다. 민중 중심의 민주주의와 통일을 강조하는 내용에는 명문가 출신의 구미 유학생으로 특징되는 엘리트주의의 흔적도 잘 안 보인다. 김정남은 자신이 이 인터뷰 답변서를 작성했다고 한 바 있다.[57]

어쨌든 중요한 것은 1970년대 민주화운동 진영의 논리와 입장이 윤보선의 이름으로 발표되었다는 점이다. 윤보선이 직접 서술한 것은 아니라 해도 내용 검토는 당연히 했을 것이기에 그도 동의한 것으로 보아야 할 것이다. 또한 윤보선의 이름이 기입된 1970년대 수많은 성명서도 있다. 오로지 윤보선의 입장은 당연히 아니겠지만 그도 대체로 동의한 내용이라고 할 수 있다.

1979년 3월 1일에는 재야 통합 단체로 '민주주의와 민족통일을 위한 국민연합(약칭 국민연합)'이 결성되었고 윤보선과 함께 함석헌, 김대중이 공동의장으로 추대되었다.[58] 국민연합은 1970년대 후반 최대의 반유신

---

56 김명구, 『해위 윤보선 자료집』(해위윤보선대통령기념사업회, 2011), 101-113쪽.
57 김정남, 『진실, 광장에 서다』(창비, 2005), 246쪽.
58 김정남(2005), 위의 책, 302쪽.

저항 단체였다. 그런 만큼 정권도 예민하게 반응해서 결성과 동시에 윤보선을 포함한 3명의 공동의장이 전원 가택연금에 처해졌다.[59] 국민연합은 결성과 함께 「3·1운동 60주년에 즈음한 민주구국선언」을 발표했다.

> 한민족은 2차 대전 후 강대국 외세에 의해 분단된 위에, 반민중적 집단은 분단을 고착화시켜, 분단시대의 특권과 이익을 향유하고 있다. 그들은 냉전 논리를 무기로 하여 민중적 자유와 권리를 말살하고, 민주 제도를 거부해왔다. 그들은 민족 간의 긴장과 불신을 고조시켜 한반도와 아시아의 평화를 위협하고, 민중의 인간으로서의 권리와 민족으로서의 열망을 폭력으로 유린해왔다. 우리는 민중의 창의와 참여가 보장되는 민주주의 회복만이 민족, 민주, 평화의 3·1 정신을 선양할 수 있는 길임을 엄숙히 선포한다. 우리는 반공과 안보를 구실 삼은 민주주의 말살을 온몸으로 거부한다. 우리는 경제성장이라는 이름 아래 진행되는 매판적 부패특권의 경제 현실을 배격한다. 우리는 민생의 도탄 위에 판치는 부패특권층의 퇴폐와 물질적 향락주의를 규탄한다.[60]

선언문은 1970년대 반유신 저항운동의 인식이 어떠했는가를 잘 보여준다. 냉전의 연장으로 분단을 이해하며 민중을 키워드로 상황을 파악하고 있다. 윤보선의 『세카이』 회견문에서도 나타나지만 민중은 1970년대 민주화운동의 유력한 집단 주체 개념으로 1980년대의 그것과 대비되면서도 밀접하게 관련된다. 1970년대의 민중 개념은 1965년

---

59 민주화운동기념사업회, 『한국민주화운동사 2』(돌베개, 2009), 277쪽.
60 해위윤보선기념사업회, 『해위 윤보선 자료집』(해위윤보선대통령기념사업회, 2011), 135-136쪽.

창당된 민중당의 민중과는 그 내포와 외연이 상당히 다르다. 특히 1970년대 후반 대학가에는 사회과학 열풍이 불었고 민중 개념 역시 막연히 피지배 대중이라는 차원을 넘어 역동적이고 주체적인 측면이 강화되고 있었다.

10·26 직전의 중요한 사건 중의 하나는 카터 대통령의 방한이었다. 카터는 김영삼 등의 정치권, 김수환·강원용 등 종교계 인사들을 두루 만났다. 6월 23일 윤보선은 화신백화점 앞에서 12여 명의 정치가, 교수, 문인 등과 함께 카터 방한 반대 시위를 전개했다.[61] 또한 카터 방한 시 서한을 보내기도 했다. 윤보선의 마지막 민주화운동은 10·26사태 이후 이른바 YWCA 위장 결혼식 사건이었다. 그러나 윤보선의 민주화운동은 여기까지였다. 1980년대 신군부 집권 시기 윤보선은 신군부와 화해하는 듯한 모습을 보여주었다. 이에 공덕귀와 아들까지 나서 만류했지만 듣지 않았다. 세간에는 "변절자 윤·천·지·강"이란 말이 나돌았다.[62] 강원용은 윤보선의 입장 변화를 다음과 같이 설명했다.

> 윤보선 씨는 학생들의 데모가 끊이지 않고, 학생들이 이북 학생들을 만나러 판문점엘 간다고 나서는 등 혼란이 계속되자 북한이 도발하지 않을까 걱정을 많이 했습니다. 저를 만날 때면 "이러다 나라가 무사하겠냐"라고 착잡해했죠. 그러다 보니 5·16을 받아들이는 태도가 좀 애매했던 겁니다. '장면 정부가 이대로 가다가는 나라가 망한다'고 생각했으니까. […] 윤보선 씨는 박정희 반대운동을 벌였지만 사상적으로는 대단히 뿌리 깊은 반공입니다. 박정희가 무너질 때까지 재야인사들의 민주화운동을 지지하며 힘을 합했지만,

---

61 민주화운동기념사업회(2009), 앞의 책, 278쪽.
62 강원용(2003), 앞의 책, 4쪽, 179쪽.

내심 이 사람들의 행태를 보면 도저히 안심할 수가 없었던 겁니다. 소위 운동권이 성공하는 것은 원치 않았다고. 이것이 전두환 정권을 멀리하지 않은 이유 가운데 하나예요. 윤보선 씨와 가까웠던 김정례 씨도 그랬어요. 김정례 씨는 박정희 치하에서 맹렬하게 싸운 사람 아닙니까. 김정례 씨는 재야 운동권 인사들과 함께 싸우고 그들이 김정례 씨 집에 피신해 있기도 했는데, 그 과정에서 김정례 씨는 그들을 사상적으로 의심하게 된 겁니다. 그들이 박정희에 반대하는 것은 틀림없지만, 이거 가지고는 도저히 안 되겠다는 사상적인 불안감을 가졌던 거죠. 윤보선 씨는 그처럼 위험한 세력에게 (정권이) 넘어갈 바에는 박정희처럼 장기집권만 안 한다면 당분간 군인들에게 가는 것도 크게 나쁘지 않다고 생각한 듯해요.[63]

이상을 통해 보건대 1970년대 재야 민주화운동은 윤보선의 일생에서 매우 독특한 시기였음을 알 수 있다. 1950·1960년대의 야당 생활과 1980년대 친정부적 태도 사이에 1970년대 재야 생활이 끼어 있는 모습이다. 특히 1970년대 재야 활동은 그의 삶을 일관한 반공주의와 관련해서도 흥미롭다. 강원용의 회고에서 드러나듯이 윤보선은 평생 공산주의에 대해서는 절대적 반대 입장이었다. 그런데 민청학련과 같이 1970년대 학생운동은 상당히 급진적인 입장을 취하고 있었다. 통상적 시기라면 윤보선과 학생운동이 만날 수 있는 가능성은 매우 희박했다.

윤보선의 재야 활동은 그의 정치 활동의 끝자락에서 시작되었다. 다시 말해 두 차례 대선 후보를 포함한 1960년대 야당 정치 활동의 소멸 속에 재야 민주화운동이 시작된다. 대통령이자 대선 후보를 역임한 거물급 정치인이 재야인사가 된 사례는 윤보선이 유일하다. 그러한 경력

---

[63] 강원용, 「강원용 목사의 체험 한국 현대사 4」, 『신동아』 3월호(2004), 426-439쪽.

을 가질 수 있는 사람도 아예 없었고 비슷한 경력을 가진 사람들도 대부분 정계 은퇴와 함께 원로로 남는 것이 일반적이었다. 그러나 윤보선은 1960년대 정치 활동에 많은 회한이 남았다고 보인다. 두 번의 대선 패배는 물론이고 야당 내에서도 점점 소수파로 내몰렸다. 그의 정계 은퇴는 축하와 환호 속에 이루어지지 못했다. 야당 내 정치 투쟁에 밀려 소수 정당화한 상태 속에서 밀려나듯이 정계를 떠난다.

게다가 믿었던 미국조차 윤보선을 지지하지 않았다. 내각제이기는 했지만 대통령에 이어 야당 대통령 후보를 두 번이나 지내고도 미국을 방문하지 못한 인물은 윤보선이 유일했다. 당대 어지간한 정치인치고 미국 한번 못 가본 사람이 없던 상황에서 윤보선의 방미 실패는 여러모로 의미심장하다. 당시 미국과 박정희 정권은 역대 최고의 밀월기였다. 베트남전 참전으로 존슨 정권과 박정희는 더할 수 없이 좋은 관계를 유지했다. 이러한 상황에서 미국 입장에서는 윤보선이 성가신 야당 인사에 불과했다.

따라서 윤보선은 정치 활동에 대한 미련이 컸다고 보인다. 그러나 무엇보다 유신체제 선포가 중요했다. 민청학련과 윤보선을 연결시켜준 것은 역설적으로 유신체제였다. 유신체제의 비민주적·반자유주의적 지배체제는 이에 반대하는 여러 이질적 흐름을 반유신이라는 단일한 전선으로 결집시켜준 결정적 요소였다. 윤보선은 학생운동을 비롯한 재야운동 진영의 이데올로기적 지향을 의심스러워했고 학생운동은 보수파로 일관한 윤보선의 운동성을 미심쩍어할 수 있는 상황이었다. 보수적 자유주의세력조차 적으로 돌려버릴 만큼 유신체제는 극단적이고 폐쇄적이었다. 역으로 유신체제가 없었다면 윤보선의 재야 민주화운동도 불가능했거나 제한적인 의미밖에 없었을 것이다.

요컨대 윤보선의 민주화운동은 재야의 형성이라는 맥락에서 이해될 수 있다. 앞서 언급했듯이 재야는 1970년대 유신체제의 특성으로부터 유래한다. 제도정치 영역이 극도로 좁아졌고 또한 숱한 지식인들이 추방되었다. 수많은 교수, 언론인, 학생 등이 학교와 직장에서 쫓겨나면서 자연스럽게 해직된 사람들 사이의 연계가 만들어졌고 오히려 더 활발하게 민주화운동에 전념할 수 있게 되었다. 해직된 많은 사람들이 그 경험이 소중했음을 고백했다. 해직이 안 되었더라면 그렇게 자유롭게 사유하고 실천할 수 없었을 것이며 결코 알기 힘들었던 사회현실도 그렇게 핍진하게 체득할 수 없었을 것이다.

'저항적 시민사회'라 볼 수 있는 재야의 형성과 관련해 1970년대 한국사회의 변화 양상을 기억할 필요가 있다. 특히 천주교와 개신교 등 기독교계의 폭발적 성장이 주목된다. 개신교도는 1970년대 신도 수가 이미 400만 명을 넘어섰으며 '엑스플로'74'와 같이 수백만 명이 참여하는 군중집회를 개최할 정도였다. 교회와 성당 등 종교시설은 재야의 주요한 활동무대였다. 각종 종교의례를 통해 집회가 이루어졌고 주요한 성명서 발표나 모임이 종교시설을 매개로 했다. 3·1구국선언이 명동성당에서 발표된 것이 대표적 사례이다. 가톨릭이나 개신교단 전체가 아니라 일부 소수의 사람들과 교단이 참여하기는 했지만, 교회와 성당은 이들의 활동이 가능했던 핵심 공간이었다.

세속 권력인 유신체제가 종교의 신성성을 강조할 필요는 없었다. 그럼에도 교회와 성당은 신성한 공간으로서의 사회적 의미가 상당한 정도로 형성되었다. 유신체제도 그 영향으로부터 완전히 자유로울 수는 없었다. 게다가 기독교의 팽창으로 사회적 영향력이 증대되면서 국가 권력과의 유착도 강화되었다. 대통령 구국조찬기도회가 대표적 사례인데, 개신교는 국가와의 유착을 통해 세력을 확장하기도 했다. 이러한 조건하에서 기독교 전체를 적으로 돌릴 수 있는 행위가 노골적으로 자행되기는 힘들었다. 종교 자체가 시민사회의 중요한 구성 요소라고 한다면 1970년대 한국의 시민사회는 급팽창하고 있었다.

또한 산업화로 인해 사회적 유동성이 폭발적으로 증대되었고 사회 성층화가 가속화되었다는 점도 중요했다. 도시화와 함께 다양한 계층 분화가 이루어졌고 또 기존 계층의 양적 성장도 두드러졌다. 대학생 정원만 하더라도 1970년 19만 명에 불과했는데, 1980년에는 60만 명을 넘었다. 불과 10년 만에 3배 이상 증가했는데, 대학생의 사회적 비중이 확대된 만큼이나 그 영향력도 커졌다. 아울러 대학교수도 양적으로 팽창할 수밖에 없었다. 언론·출판·문화·예술 분야 역시 이러한 사회적 팽창과 함께 양과 질에 있어 두드러진 성장세를 보여주었다. 이들이 시민사회의 주역이 될 것임은 분명했다.

한편 1970년대는 세계사적 영향력이 한층 배가된 상황이었다. 닉슨 독트린 이후 미국의 직접적 개입이 약화되었다 하더라도 다른 영역에서 한국과 세계 사이의 간극은 급속하게 좁아지고 있었다. 수출 드라이브(export drive) 정책으로 세계 자본주의 시장과의 연계가 강화되었고 다양한 경로로 외부 영향이 한국사회로 흘러들었다. 중동 건설 붐은 그 대표적 사례이다. 1950년대 이래 유학생들이 귀국하여 사회적 활동을 본격화한 시기도 1970년대였다. 이들은 새로운 지식과 의식을 바탕으로 유신체제에 대해 상당히 비판적인 시각을 갖는 경우가 많았다.

특히 1960년대 구미 지역을 휩쓴 68혁명의 영향도 고려해야 한다. 현실적 조건의 차이에 따라 간접적인 영향이라고 보아야 하겠지만, 어쨌든 새로운 형태의 사회운동이 활성화되고 인권의 가치가 주목되는 데 큰 영향을 미쳤다. '청년문화'로 지칭되는 문화적 영향이 단적인 사례가 된다. 이러한 조건들이 복합적으로 작용하면서 한국 사회는 외부 세계와 점점 더 긴밀해졌고 그 영향하에 저항적 시민사회가 형성되었다고 이해된다. 이렇게 윤보선을 비롯한 재야 민주화운동가들은 시대를 닮아 갔다.

4. 결론: 재야 민주화운동에서 민청학련 사건의 의의

1970년대는 한국 현대사에서 독특한 위상을 차지한다. 산업화가 본격화되면서 수천 년 지속된 농업사회가 산업사회로 전변하고 있었으며, 정치적으로는 유신체제라는 억압질서가 만들어져 거대한 저항운동을 촉발시켰다. 정치경제적으로 1970년대는 오늘의 한국사회와 직결된 시대였다. 요컨대 서구 근대사에 비교하자면, 산업혁명과 시민혁명의 이중혁명을 거친 셈이었다. 이 과정은 크게 보아 국가 형성 과정(nation-building)에 해당한다. 1970년대를 거치면서 비로소 통합된 국민시장이 본격 형성되었고 민주주의를 중심으로 정치적 갈등 구도가 선명해졌다. 이 갈등은 국가와 시민사회의 갈등처럼 보이기도 했다.

민청학련 사건은 이 갈등의 대표적 사례이다. 사건과 관련되어 체포된 사람이 1,000명을 넘을 정도로 대규모 사건이었고 또 학생운동과 재야세력의 연대가 본격화된 핵심 계기였다. 학생운동사의 맥락에서 민청학련은 초보적 수준에서나마 서울 지역은 물론 전국적 연대가 구현된 최초의 사례라고 할 수 있다. 유신체제가 과장하고 부풀린 측면도 있지만 실제로 학생운동 주도세력은 목적의식적으로 전국적 연대를 추구했다.

이들의 연대 노력은 다만 학생층으로 국한되지 않았으며 재야로 불리던 지식인, 종교인 등과의 연계를 적극적으로 시도했다. 그 결과 천주교와 개신교의 저명인사들이 사건에 연루되어 체포되거나 옥고까지 치렀고 이는 종교계 전체 차원에서 문제로 불거진다. 천주교의 경우 지학순 주교의 구속을 계기로 정의구현전국사제단이 결성된 것이 대표적 사례다.

이렇게 반유신 저항운동이 활성화되면서 유신체제의 탄압은 전방위로 확대되었고 대학생은 물론이고 대학교수, 언론인 등 수많은 사람들이 제도 밖으로 추방되었다. 이렇게 해직된 사람들은 스스로 연대를 모색하고 다양한 민주화 관련 활동에 참여한다. 유신체제는 정치적으로 극히 반자유주의적이었고 제도정치를 극도로 폐색시켰다. 따라서 저항운동 역시 제도 내 정치 활동보다 재야 활동이 두드러졌다. 국가권력에 맞선 저항적 시민사회로 재야가 형성된 셈이었다.

윤보선 역시 이러한 재야의 형성 속에서 제도권 정치 활동 대신 재야 민주화운동가로 거듭난다. 1960년대 윤보선의 정치 활동은 그리 성공적이지 못했다. 두 번의 대선에서 패배했고 야당 내 존재감도 약화되어 더 이상 정치적 위상을 유지하기 힘들었다. 특히 미국이 박정희 체제를 적극 지지하는 입장이었기에 윤보선으로서는 내외적으로 불리할 수밖에 없었다. 미국은 윤보선의 거듭된 방미 초청 요구를 번번이 거절했으며 결국 공식 초청은 한 번도 없었다. 이렇게 제도권 정치 활동이 곤란해지면서 정계은퇴를 선언한 윤보선은 대신에 재야인사가 되어 민주화운동에 동참한다.

민청학련과 재야 민주화운동 사이에는 적지 않은 차이가 노정된다. 대학생들이 전국적 조직 결성과 대중시위를 조직해낸 반면, 재야인사는 주로 명망가 중심의 느슨한 연대와 성명서 발표 등을 주된 방법으로 택했다. 이념에 있어서도 학생운동은 점점 급진화해 1970년대 말에는 사회과학 학습이 널리 확산되었던 데 비해 재야는 내부 편차가 있기는 했지만 학생운동의 급진성을 따라갈 정도는 아니었다. 민주주의와 자유주의가 공식 영역에서 대표적 저항 담론으로 활용되었지만, 그 이면에는 다양한 급진 담론이 영향력을 키워갔다.

이를 잘 보여주는 것이 민청학련의 「민중·민족·민주 선언문」이다. 민족주의와 민주주의를 넘어 민중 개념을 맨 앞에 배치할 정도로 학생운동의 문제의식은 급진화되었다. 민청학련 선언을 전후로 민중은 저항적 시민사회의 대표적 집단 주체 개념으로 관철되어간다. 안병무, 서남동 등이 주도한 민중신학이 1975년부터 공식화되는 것이 대표적 사례다. 비록 대필인 경우가 많기는 했지만, 윤보선 명의로 나온 성명서에서도 민중은 가장 흔하게 발견되는 대표적 집단 주체였다. 이렇듯 1970년대 민주화운동은 내부의 수많은 차이와 갈등에도 불구하고 실천과 이론 측면에서 다양한 연대를 통해 점차 통합력을 높여갈 수 있었다. 그러나 또 한편으로 1980년대 재야의 분화는 1970년대 재야의 통합 정도가 그리 높지 않았으며 수많은 갈등 요소가 잠복된 상태였음을 보여주기도 한다.

참고문헌

1차 자료 · 준1차 자료

김정남, 『진실, 광장에 서다』(창비, 2005).
대통령비서실, 『박정희 대통령 연설문집』 2·4·5(대통령비서실, 1973~1975).
김지하, 「타는 목마름으로 부른 민주주의 만세」, 『1974년 4월: 실록 민청학련 1』(학민사, 2003).
민청학련운동계승사업회 편, 『1974년 4월: 실록 민청학련 1』(학민사, 2003).
민청학련운동계승사업회 편, 『1974년 4월: 실록 민청학련 2』(학민사, 2004).
민청학련운동계승사업회 편, 『1974년 4월: 실록 민청학련 4』(학민사, 2005).
윤보선, 「역사적인 신축년을 보내면서」, 『최고회의보』 3호(1961).
윤보선, 『(윤보선회고록)외로운 선택의 나날』(동아일보사, 2012).
해위윤보선기념사업회, 『해위 윤보선 자료집』(해위윤보선기념사업회, 2011).

강원용, 「강원용 목사의 체험 한국 현대사 4」, 『신동아』 3월호(2004).
『경향신문』, 『동아일보』, 『조선일보』.

Amembassy SEOUL to Department of State, The 1967 Elections: The Campaign Begins(1966.7.16.), Political affairs and relations: elections, 1966/ Brown, Winthrop G, Confidential U.S. State Department Central Foreign Policy Files: Korea, 1964~1966, POL 14 KOR S, RG 59, NARA(국회도서관 해외 소재 한국 관련 자료).

Memorandum of Conversation(1962.10.31.), Political affairs and relations: prominent persons, 1962/ Berger, Samuel D, Confidential U.S. State Department Central Foreign Policy Files: Korea, 1962~1963, RG 84, NARA.

political development, Political affairs and relations: political parties, 1972/ Porter, William, Confidential U.S. State Department Central Foreign Policy Files: Korea, 1970~1973, POL 12-3 KOR S, RG 59, NARA.

ROK election campaign on Mar. 20~26, Political affairs and relations: elections, 1971/ Porter, William, Confidential U.S. State Department

Central Foreign Policy Files, POL 14 KOR S, RG 59, NARA.
Sent to: SECSTATE WASHINGTON(1962.3.19.), Political affairs and relations: prominent persons, 1962/ Berger, Samuel D, Confidential U.S. State Department Central Foreign Policy Files: Korea, 1962~1963, RG 84, NARA.
Summary of Conversation with Korean Ex-President Yun Po-sun, Korea July-Dec. 1962, Entry A1 3113, RG 59, NARA.

2차 자료
갈봉근, 『유신헌법해설』(한국헌법학회 출판부, 1975).
갈봉근, 『통일주체국민회의론』(한국헌법학회 출판부, 1978).
강원용, 『역사의 언덕에서 3』(한길사, 2003).
김대영, 「반유시 재야운동」, 『유신과 반유신』(민주화운동기념사업회, 2005).
김세원 증언·한상구 구성, 「4월혁명 이후 전위조직과 통일운동」, 『역사비평』 겨울호(1991).
김정주, 「1970년대 경제적 동원기제의 형성과 기원」, 『역사비평』 겨울호(2007).
문장식, 『한국 민주화와 인권운동』(쿰란출판사, 2001).
민주화운동기념사업회, 『한국민주화운동사 2』(돌베개, 2009).
서중석, 「3선개헌반대, 민청학련투쟁, 반유신투쟁」, 『역사비평』 여름호(1988).
홍석률, 「유신체제의 형성」, 『유신과 반유신』(선인, 2005).
황병주, 「1960년대 비판적 지식인 사회의 민중인식」, 『기억과전망』 21(2009).

8장

한국기독교와 민청학련 사건

손승호

1. 서론

전국민주청년학생총연맹(약칭 민청학련) 사건은 관계자들이 불온한 세력의 조종을 받아 국가를 전복하고 공산정권을 수립하려고 시도했다는 혐의로 구속된 사건을 말한다. 유신정부는 사건 관계자 1,024명을 수사 대상에 올렸고 이 중 253명을 군법회의에 송치했다. 한국기독교교회협의회(NCCK, National Council of Churches in Korea, 약칭 교회협)는 민청학련을 대하는 유신정부의 태도가 마치 "생사를 건 일전을 치르는 사람" 같았다고 언급했다. 그만큼 민청학련 사건은 정부가 유신체제와 긴급조치에 저항하는 세력을 탄압하기 위해 총력을 기울인 사건이며 그 자체로 1970년대 학생운동의 분수령을 이룬 사건이기도 했다.[1] 민청학련의 중요성은 1980년대 국가정보기관의 인식에서도 그대로 드러난다.

---

1 한국기독교교회협의회 인권위원회, 『1970년대 민주화운동 I』(한국기독교교회협의회, 1987a), 85쪽.

민청학련 사건은 정부 전복 목적하에 공산계 불법단체인 인혁당 재건위조직과 재일 조총련계 및 일본 공산당 국내 좌파혁신계 인물들의 주동으로 학원을 이용, 북괴의 폭력혁명 노선에 따른 정부타도와 인민정권 수립을 획책한 건국 이후 최초의 반국가적 대역 기도였다. 동 사건은 학원소요가 종교계와 연계, 발생한 최초의 케이스이며 종교계의 적극적인 저항 양상이 노정되는 계기가 되었고 학원 내에서도 이후 불순화된 서클 중심의 주도세력이 형성, 지하화 양상을 보이게 되었다.[2]

민청학련 사건에 대한 조작된 인식은 여전히 유지하고 있지만 사건의 중요성에 대해서는 제대로 파악한 셈이다. 요컨대 민청학련 사건은 대학의 학생운동권과 종교계의 연대가 등장하는 첫 사례로, 종교계의 저항이 격렬해지는 계기가 되었다는 이야기이다. 민청학련 사건에 기독교와 천주교의 참여가 두드러지며, 탄압에 저항하는 과정에서 천주교의 정의구현전국사제단이 발족했고, 기독교의 교회협 인권위원회도 설립에 박차를 가하게 되었기 때문에 이러한 안기부의 인식은 사실에 부합한다.

물론 기독교의 입장에서 보았을 때 이러한 연대는 어느 순간 갑자기 발생한 것은 아니다. 1960년대에 세계적으로 널리 확산되었던 '하나님의 선교' 신학 등 진보적 사회참여 신학이 한국에 유입되고, 한국의 기독교인들이 군사독재, 급격한 산업화 등이 야기하는 사회 모순을 심각하게 고민하면서 1960년대 중반부터 저항적 성격의 기독교 사회운동이 등장하고 있었다. 일례로 1968년 연세대 도시문제연구소 설립으로

---

2 국가정보원과거사건진실규명을통한발전위원회, 『과거와 대화 미래의 성찰: 학원·간첩편(IV)』(국가정보원, 2007b), 16쪽.

기독교 빈민운동이 시작되었으며 같은 해 공장 전도에 치중되어 있던 도시산업 전도가 도시산업 선교로 변화하면서 민주노조 설립 운동으로 노선을 변경했다. 이러한 흐름에 맞추어 1969년 기독청년단체의 통합체로 출범한 한국기독학생회총연맹(KSCF, Korea Student Christian Federation, 약칭 총연맹)은 통합을 계기로 학생사회개발단 운동을 시작하며 기독학생운동의 사명을 '시혜적 성격을 벗어나 사회모순과 갈등 해결'하는 것으로 선언했다. 그리고 이런 변화들에 이념적 근거를 제공한 기독교 지식인들의 조직인 한국기독자교수협의회가 앞선 1966년에 조직되어 활발히 활동하고 있었다.

1960년대 후반 한국기독교 내에 사회참여를 지향하는 세력, 이른바 에큐메니칼 진영이 형성된 것은 다양한 선행연구에서 공통적으로 지적되는 일이다. 특히 1968년 웁살라에서 개최된 세계교회협의회 제4차 총회에서 본격적으로 대두된 '인간화' 담론은 한국교회에 적극적으로 수용되었다. '인간화'는 기독교 선교의 장소가 비기독교 국가나 지역이 아니라 인간을 비인간적으로 대하는 곳이라는 뜻을 가지고 있었고, 사회적 약자와 소수자의 인권 보장이 선교의 우선순위에 첫 번째 기준이 되어야 함을 제시하는 개념이었다. '인간화'는 세계 도처에서 경제적 착취, 정치적 억압, 인간 소외에 대하여 저항하는 기독교의 다양한 활동을 신학적으로 정당화했고 한국도 마찬가지였던 것이다.

이런 상황 속에서 1970년 발생한 전태일의 분신은 사회참여를 시작하고 있는 진보적 기독교 활동가들에게 폭발적인 동력을 제공했다. 이러한 시대적 상황을 『조선일보』는 다음과 같이 평가하며 기독청년들의 활동을 기대했다.

50년대의 종교계를 분열과 대립의 시대로, 60년대의 그것은 화해의 시대로 구분할 수 있다면 70년은 종교인의 사회에로의 개안이라는 점에서 의의를 지닌다. 물론 사회를 향한 종교인의 자각과 참여는 60년대 말부터 이미 논의되었으나 그것이 하나의 행동으로서 구체화한 첫 징후는 70년에 기록될 가장 큰 성과 가운데 하나다. […] 크리스천 아카데미의 연례 대화 모임, YMCA, YWCA 등의 대사회 활동 등이 금년에도 계속되었고, 염광회, 신풍회 등이 창립, 활동을 벌였으며, 연대 신대의 공개신학강좌(11월 16일)는「신학과 정치」를 주제로 설정「강자로부터의 결별」을 다짐하기도 했다. […] 분신자살한 전태일 군의 장례를 거부한 교회와 이를 계기로 농성을 벌인 교회, 그리고 아예 침묵으로 일관한 교회가 공존하고 있는 한국 종교계에서 그래도 기대되는 것은 기독청년의 각성과 참여가 될 것이다.[3]

여기에 그리 알려지지 않은 단체의 이름이 등장한다. 염광회(鹽光會)다. 염광회는 겉으로는 1966년 부정선거를 감시하기 위해 발족한 기독교 단체로 보이지만 이를 실제로 조직한 사람은 윤보선이었다. 염광회는 1966년 6월 9일 윤보선이 자택으로 정일형, 전성천, 송원영, 김준섭 등의 기독교인들을 초청하여 간담회를 열고 발기하여 1967년 2월 16일 창립한, 비교적 이른 시기부터 민주주의를 수호하기 위한 활동에 매진한 단체이다. 이 짧은 글에서 1960년대를 소상히 설명할 기회는 없을 것이다. 그러나 1974년의 민청학련 사건에 기독학생운동가와 기독교 지식인, 기독교 사회운동가, 그리고 저명한 정치인인 윤보선이 함께 연루될 수 있었던 이유가 1960년대에 이미 싹트고 있었음은 전제되어야 할 것이다.

이 글은 민청학련의 조직에 기독교가 어떤 참여와 공헌을 했는지, 그

---

[3] 「문화계 결산 70(8)「사회」에로의 개안」,「조선일보」, 1970년 12월 11일자.

리고 사건화 이후 어떤 대응을 했는지 개괄하는 것을 목표로 한다. 민청학련에 참여한 기독교의 사상적 배경이나, 역사적 흐름 등 거시적 이야기는 여기에서는 다루지 않는다. 기독교의 참여와 공헌에 대해서는 새로운 주장을 제기하기보다 기존의 연구와 증언에서 입장이 불일치하는 몇 가지 사안을 검토하는 것을 통해 그 사실관계를 짚어보고자 한다. 그리고 사건화 이후의 대응을 국내 교회의 구명 활동, 저항을 위한 종교적 공간의 마련, 세계교회의 지원으로 나누어 간략히 정리하고자 한다.

2. 민청학련 조직과 기독교의 참여

1) 기독청년들의 참여

민청학련 사건에 기독청년들이 조직적으로 그리고 주도적으로 참여했는지에 대해서 서로 다른 입장이 존재한다. 당시 진보적 성향의 기독청년조직은 단연 총연맹이라 할 수 있다. 대체로 총연맹 측의 입장은 '민청학련 사건에서 총연맹이 주도적인 역할을 했으며 그로 인해 최대의 피해를 입은 조직'이라 말하고 있다. 예를 들어 정상복은 민청학련의 조직이 총연맹을 중심으로 진행되었다고 주장했다.[4] 총연맹 50주년기

---

4 "이 민청학련 사건이라고 하는 것은 그 실체가 서울대학교의 사회과학계열의 학생들과 KSCF(총연맹) 두 세력들이 함께 일으킨 사건이라고 할 수 있습니다. […] 그런데 당시에 KSCF는 전국적인 조직을 갖고 있었기 때문에 KSCF를 중심으로 전국 조직을 하는 것은 당연한 귀결이었습니다." 신현철, 「정상복 목사와의 인터뷰」, 한국기독학생회총연맹 50주년 기념사업회, 『한국기독학생회총연맹 50년사』(다락원, 1998), 279쪽에서 재인용.

념사업회는 총연맹이 학원 내 학생운동의 움직임과 유기적으로 연계관계를 지니고 있었으며 4월 3일을 기해 "일제히 반유신 민주화 요구 투쟁을 벌이기로 계획을 세우고 이에 총연맹 사무국과 모든 학생들이 이에 참여하는 조직적 활동"을 활발하게 진행했다고 보았다.[5]

반면 민청학련계승사업회는 총연맹이 최대의 피해자라는 점에는 동의하지만 조직적이고 주도적으로 민청학련 사건에 관계했다고 보지 않는다. 실제로도 총연맹이 공식적으로 민청학련에 대해 논의하거나 참여를 결정한 바는 없다. 이철은 다양한 부류의 인물들이 참여했기 때문에 "민청학련사건은 '누가 주도했다거나 일방적으로 리드했다'라는 설명이 불가능"하다는 전제를 하고 있지만 "반유신 투쟁의 의지를 전국적으로 확산·결집해내는 데 주동적인 역할을 한 사람은 서중석, 유인태, 정윤광, 제정구 등"이며 "전국 각 대학의 연결선 확보작업은 유인태가 주로 진행하며 새로운 사람들과 관계를 형성"했다고 진술했다.[6]

그러나 이는 모순된 진술이라기보다 저마다 최선을 다해 특정 역사적 사건에 참여한 인사들이 각자의 기억을 증언할 때 흔히 발생하는 차이가 아닐까 한다.[7] 민주화운동기념사업회는 기독교 학생 조직을 제외하면 체계적인 전국 단위 대학생 연대 조직이 없었던 1970년대 전반 "민청학련은 대학가의 이념 서클 간의 인적 연계를 하나로 연결하여 전국

---

5   한국기독학생회총연맹 50주년 기념사업회(1998), 위의 책, 277-278쪽.
6   이철, 「민청학련사건에서 사형수가 되기까지」, 민청학련운동계승사업회 편, 『1974년 4월: 실록·민청학련 1』(학민사, 2003), 91-92쪽.
7   다만 이런 현상에 대해 역사 기술에서 기독청년 그룹의 참여가 누락되어 있다는 불만이 있다. "일반적으로 민청학련 이야기 할 때 4·3 전후로 어느 대학이 어떻게 준비하고 참여했는지는 나온다. k가 연행되었는데 k는 무엇을 준비했는가. 그것이 없다. 기독학생은 당한 거다. 이렇게 할 수 있다. 그 후에 전남대를 중심으로 활동을 했는데 그쪽 그룹들이 기독학생운동을 폄하했다." 나상기의 발언, 「민청학련사건 좌담회 속기록」(2015.8.26.).

적 조직을 구성"했다고 보지만 총연맹이 당시 전국적으로 가장 많은 대학을 연결할 수 있는 연합 조직으로 민청학련의 결정 과정에 중요한 역할을 했음을 인정하고 있다. 그리고 "70·71학번들 가운데 다수의 기독학생들이 유신 반대 투쟁에 적극적으로 참여하면서 반유신 학생운동의 중요한 축으로 부상"했다고 부연했다.[8] 이는 양자의 진술을 모두 수용하면서 역사의 총체적인 사실을 그려나가는 작업일 것이나 실질적인 서술에서는 대학가의 움직임은 소개하면서도 총연맹이 무엇을 했는지에 대해서는 별다른 언급이 없다는 점은 아쉽다.

군사독재기 민주화운동은 대체로 비밀리에 기획·실행되었기 때문에 역사적으로 온전히 정리되기 전까지는 개인이 전체의 그림 속에서 어떤 위치에 있었는지 파악하기 쉽지 않다. 더구나 당시 청년운동가 사이의 불문율 중 하나는 서로를 보호하기 위해서라도 정확한 정보를 전달하지 않는다는 것이었기 때문에 많은 경우 정보의 연결고리가 끊기는 경우가 발생할 수밖에 없었다.[9] 실제로 민청학련 사건만 놓고 보더라도 총연맹 내부 인사들 사이에서조차 확실한 교감이 있었던 것은 아니다. 자금을 제공한 혐의로 구속되었던 안재웅은 다음과 같이 증언한 바 있다.

8　민주화운동기념사업회 연구소, 『한국민주화운동사 2: 유신체제기』(돌베개, 2009), 127-128쪽.
9　"그동안의 경험을 통해 사전에 협의하거나 알고 있으면 서로 사건에 연루되기 때문에 학생들은 자율적으로 준비를 했고, 지도자인 간사들은 모른 척하면서 지냈다. 운동자금이 필요할 때도 학생들은 등록금이 없으니 좀 도와달라고 했고, 간사들은 대충 짐작만 하고 등록금을 도와주는 것으로 지원을 했던 것이다. [⋯] 나는 학생들이 반정부 데모를 한다는 것은 짐작했지만, 누구부터도 자세한 내용을 들은 바 없었고, 들으려고 하지도 않았다. 알고 있으면 불지 않을 수 없기 때문이다. 이것은 학생운동을 하는 사람이거나 몇 번 수사기관에 연행되어 조사를 받아본 사람의 기본 원칙이다." 정상복, 「고문으로 조작된 KSCF 운동」, 민청학련운동계승사업회(2003), 앞의 책, 195-201쪽.

나하고 교감이 없었다. 그때 그 사람(서경석을 말함-인용자 주)은 군인이었다. 그분은 그분대로 관여를 했다. 우리가 이렇다 저렇다 할 필요는 없다. K(총연맹을 말함-인용자)가 민청학련에 관련된 것은 나는 공식적으로 몰랐다. 다른 그룹들이 열심히 한 것은 분명하다. 돈이 필요해서 우리가 돈을 마련해준 것도 사실이다. 일이 벌어진다는 것을 알았지만 묻지 않았다.[10]

나아가 총연맹 인사들은 4·3 전국시위에 대한 정보를 거의 제공받지 못했던 것으로 보인다. 서울대학교 출신이 아닌 상당수의 총연맹 측 인사는 3~4월에 시위가 있을 것임을 알고 있었지만 그 시점이 4월 3일이라고 인지하지는 못했다. 서울대와 총연맹 양쪽 모두 소속되어 있던 황인성의 경우에는 오히려 총연맹이 관계되지 않도록 세심히 신경 썼다.

저는 그때 가능하면 K와는 끊어야 한다는 생각이 굉장히 강했어요. K를 물고 들어가면 절대로 안 된다. 이건 어떻든 오픈 공간이고, K는 지속성이 굉장히 중요한 건데, 데모에 걸리면 되냐 이런 생각을 했고요.[11]

서울대학교를 졸업하고 해군의 장교로 복무 중이던 서경석도 기독학생 조직을 기반으로 활동하면서 서중석과 4·3 전국시위를 협의했지만 총연맹과는 별도 연락을 하지 않았다. 기독교 쪽과의 연락을 맡았던 서울대의 나병식(총연맹 학사단원)과 서중석 역시 마찬가지였다.[12] 게다가 전국적으로 조직되어 있었다는 총연맹의 조직망이 이 사건에서 어떻게 작용했는지에 대한 진술도 현재까지는 발견되지 않는다. 그러다 보니

---

10 안재웅의 발언, 「민청학련사건 좌담회 속기록」(2015. 8. 26.).
11 민청학련계승사업회, 『민청학련』(메디치, 2018), 441쪽.
12 민청학련계승사업회(2018), 위의 책, 440-443쪽.

총연맹이 민청학련 사건에서 어떤 위치를 차지하는가에 대해서는 서로 다른 입장이 나올 수밖에 없다.[13]

여기에 또 한 가지 의구심이 생긴다. '75년 동계대학 및 총회 보고서'에 따르면 1974년을 기준으로 총연맹의 회원은 89개 대학, 149개 고등학교, 5개 교회로 전국적으로 대학과 교회 청년부만 94개에 달한다. 거기에 학생 리더십의 구속으로 연맹 활동이 주춤했고 행정력의 공백으로 지역 활동의 중앙 보고가 제대로 이루어지지 않았음에도 서울, 부산, 경북, 광주, 인천 지구 단위의 다양한 연합 활동이 있었음을 확인할 수 있다.[14] 만약 민청학련 결성에 총연맹의 전국적 조직망이 동원되었다면 어째서 민청학련 전체의 구속자는 전국적으로 분포하고 있는 반면 총연맹의 구속자들은 서울에 집중되어 있는지 별도의 설명이 필요할 것이다. 이런 점에 대하여 나상기는 자기가 보기에는 "총연맹과 민청학련은 사실로는 연결할 수 없다"라고 말했다. 그리고 민청학련과 기독청년운동이 사실관계만을 따지면 자금을 제공한 것 이외에는 관련이 없는 것처럼 보이지만 내용상으로는 연결되고 있다며 민청학련 사건을 반유신 투쟁의 흐름으로 정리해야 둘 사이의 관계가 잘 보인다는 취지의 의견을 제시했다.[15]

---

13 게다가 서울대학교 계열과 기독교 계열의 민주화운동 참여자들에게는 자신들이 중심이었다는 의식이 존재한다. "국가정보원 과거사건 진실규명을 통한 발전위원회"는 민청학련의 핵심 관계자들이 인혁당과 관계가 없다는 판단의 근거로 "주도권은 서울·서울대·서울대 문리대에 있다는 엘리트 의식"을 언급하고 있다. 반면 기독교의 인사들은 유신체제에 대한 첫 저항이 모두 기독교를 통해 시도되었다는 자긍심을 가지고 있다. 이런 양측의 기본적 입장이 증언과 역사 해석에도 영향을 미치고 있는 것으로 보인다. 국가정보원과거사건진실규명을통한발전위원회, 『과거와 대화 미래의 성찰: 주요 의혹사건편 上권(Ⅱ)』(국가정보원, 2007자), 185쪽.
14 한국기독학생총연맹, 「인권: 1975년도 KSCF 동계대학 및 정기총회」, 5쪽, 14-15쪽.
15 나상기의 발언, 「민청학련사건 좌담회 속기록」(2015.8.26.).

그러나 전술한 대로 총연맹의 기독학생들은 높은 사회의식을 바탕으로 이미 민주화 투쟁에 뛰어들 준비가 되어 있었고 또 실제로 활동에 나섰다. 따라서 총연맹의 민청학련 참여는 기구 단위의 참여가 아니라 회원 개인의 네트워크를 통한 개별적 참여로 보는 것이 현재로서는 타당해 보인다. 물론 이 경우에도 이들을 민청학련의 참여로 이끈 네트워크가 당시 대학 이념 서클들 간에 형성되어 있었던 인적 유대관계인지 총연맹이 가진 조직망인지는 단정하여 말하기 어렵다. 또한 이들의 동력이 주로 신앙에서 비롯된 것인지 이념에서 비롯된 것인지도 명확하게 말하게 어렵다.

기구 단위의 참여인가 개인적 참여인가, 참여의 동기가 기독교에서 제공되었는가 대학가에서 제공되었는가를 떠나 분명하게 말할 수 있는 것은 총연맹은 민청학련 사건의 결과로 심각한 타격을 입었다는 점이다. 총연맹의 학생 간부 전원을 포함한 학생 20명, 실무자 3명, 지도교수 2명, 이사 1명 등 25명이 투옥되었다.[16] 이에 1974년 12월 26일부터 29일까지 "인권"을 주제로 열린 '1975년도 총연맹 동계대학 및 정기총회'에 인사를 맡은 회장대리 송방호는 "말깨나 하는 놈 재판소 가고 다 가고 다 들어가고 남은 등신들이 그러니까 치닥거리랍시고 하자니 그 어려움이야 들어가 고생한 분들의 고생이야 말해 무엇할까만 남은

---

16 총연맹이 밝힌 바에 따르면 총연맹 관련 기소자는 총 26인으로 명단은 다음과 같다. "이직형(총무대리), 안재웅(간사), 정상복(간사), 나상기(1973년 회장), 서경석(전 회원), 황인성(1973년 학사단장), 이광일(1972년 서기), 정문화(전 회원), 김요순(전 회원), 나병식(학사단원), 서창석(연맹회장), 최민화(서울지구회장), 김경남(회원), 장영달(서울지구임원), 신대균(서울지구임원), 이원희(서울지구임원), 정명기(1972년 수석부회장), 권진관(회원), 구창완(회원), 윤관덕(회원), 김형기(전 회원), 이재웅(전 회원), 박형규(제일교회 목사), 김찬국(교수협 교수), 김동길(교수협 교수), 이종구," 한국기독학생총연맹(1974), 앞의 글, 18-19쪽. 그런데 이종구는 자신은 총연맹과 관련이 없다고 밝힌 바 있다.

분들의 고생 또한 참혹"하다는 말로 1974년을 한탄했다.[17]

2) 민청학련에 제공된 기독교의 자금

나상기가 지적하듯이 기독교와 민청학련의 가장 가시적인 관계는 자금 제공이다. 윤보선이 기독교 네트워크를 통해 민청학련에 자금을 제공했다는 사실은 이미 널리 알려져 있다. 그리고 민청학련의 자금 일부가 윤보선에게서 나왔다는 사실은 민청학련에 관계된 학생들을 보호하는 데 결정적인 역할을 한 것으로 평가되고 있다.

> 내가 윤보선 씨한테서 자금이 나왔다고 하니까 그 사람들이 더 놀라는 것이었다. 그때 6국장 하던 사람이 이용택이었는데 그 사람이 놀라서 청와대에 쫓아가고 야단법석이었다. 윤보선 씨한테 가서 물으니 윤보선 씨가 자기가 주었다고 하여 여정남이를 빼고 나머지 학생들이 모두 살아난 것이다. 나는 이런 힘이 하나님의 선교라고 본다. 이상하게 내가 다른 곳이 아니고 윤보선 씨한테서 돈을 받았기 때문에 고리가 끊어졌지, 아니면 전부 이북에서 돈을 보내서 한 것으로 되었을 것이다. […] 윤보선, 박형규, 지학순 등이 자금 조달로 되니까 구제를 받게 되었던 것이다.[18]

기독교 측의 자금은 알려진 것보다 더 많이 흘러들어갔다. 서경석은 서중석의 부탁을 받고 교회협 총무인 김관석에게 돈을 얻어 주고는 했는데 다행히 서중석이 수사 과정에서 비밀을 잘 지켜주어 무사히 넘어

---

17 한국기독학생총연맹(1974), 앞의 글, 3쪽.
18 김관석목사고희기념문집출판위원회, 『이 땅에 평화를』(김관석목사고희기념문집출판위원회, 1991), 357쪽.

갔다고 회고했다.[19] 정상복 역시 고려대학교 기독학생회의 지도교수인 김용준으로부터 자금을 받았으며 보안사가 이를 의심하고 수사했지만 겨우 무마되었다고 증언하면서[20] 함석헌에게서도 돈이 나왔을 것으로 보았고 자신은 박혜숙과 권진관에게 자금을 제공했다고 했다.[21] 이러한 증언들을 미루어 보았을 때 기독교 측의 자금은 알려진 것보다 더 다양한 루트를 통해 더 큰 규모로 제공되었다. 그러나 이러한 자금의 총액과 정확한 전달 과정을 추적하기는 쉽지 않다.

윤보선의 자금 제공 과정을 좀 더 살펴보면 시작은 나병식이 박형규에게 민청학련과 관련된 진행 상황을 간략하게 이야기하고 자금을 요청한 것이었다.[22] 나병식은 정상복과 안재웅에게도 30만 원의 자금을 요청했는데 정상복은 김용준에게 이를 부탁하여 얼마인지 모르지만 제법 큰돈을 건네받았고, 안재웅은 박형규를 찾아가 운동권 학생들이 훈련할 공간이 필요하다며 자금을 요청했다. 박형규는 나병식과 안재웅이 같은 건으로 자금을 요청한 것인 줄 모른 채 미연합장로교회에 돈을 빌리려 했으나 거절당했고[23] 차선책으로 윤보선에게 연락했다. 윤보선의 집 앞에 이른 아침 도착한 박형규는 배달되어 있던 신문에 메모를 남기는 방식으로 100만 원 정도의 자금을 요청했다. 박형규 입장에서는 나병식의 요청과 안재웅의 요청이 서로 다른 건이었기 때문에 모두에게 제공할 정도의 자금을 얻고자 했던 것 같다. 윤보선은 공덕귀에게 돈봉투를

---

19 서경석, 「민청학련과 KSCF운동」, 민청학련운동계승사업회 편, 『1974년 4월: 실록 민청학련 4』(학민사, 2005), 96쪽.
20 정상복, 「고문으로 조작된 KSCF 운동」, 민청학련운동계승사업회(2003), 앞의 책, 204쪽.
21 정상복의 발언, 「민청학련사건 좌담회 속기록」(2015.8.26.).
22 신홍범 정리, 『박형규 회고록: 나의 믿음은 길 위에 있다』(창비, 2010), 241쪽.
23 "(역사와 증언)안재웅 이사장-3부: 민청학련 사건에 연루되다"(www.youtube.com/watch?v=adhurkIf8-A, 2021년 10월 15일 검색).

주며 박형규에게 전달하라고 했고 공덕귀는 이우정에게 이를 전달했다. 이우정으로부터 돈을 건네받은 박형규는 이를 안재웅에게 주었고 안재웅은 다시 정상복에게, 그리고 정상복이 나병식에게 주었다. 이것이 당시 수사기관의 조사결과이며 대체로 당시 관계자들의 진술도 일치한다.

하지만 일부 불일치하는 진술도 있다. 가장 대표적인 것은 금액이다. 윤보선이 민청학련에 자금을 제공했다는 사실은 분명하지만 정확히 얼마가 오고 갔는지는 진술이 엇갈린다. 당시 수사결과는 윤보선이 40만 원의 자금을 제공했다고 보고했다.[24] 그러나 윤보선은 자신의 공소사실에서 "학생들에게 자금을 지원했다는 부분은 액수만 틀렸을 뿐 사실"이라며 박형규에게 100만 원을 제공했다고 회고했다.[25] 박형규는 윤보선에게서 받은 돈이 45만 원이며 안재웅을 통해 나병식에게 전달했다고 했다.[26] 그런데 안재웅이 박형규에게서 받은 돈은 30만 원이었고 이 돈은 정상복을 거치며 35만 원이 되어 나병식에게 전달되었다. 그런데 나병식은 정상복에게서 받은 35만 원의 출처에 박형규가 관계되어 있다는 사실을 몰랐기 때문에 안재웅과 정상복에게 요청한 자금은 받았지만 박형규에게 요청한 자금은 받지 못했다고 생각했다.[27] 복잡하다. 각자의 기억에 따라 윤보선에게서 나온 돈이 전달자에게 주어졌을 때의 금액을 표로 정리하면 〈표 1〉과 같다.

일단 윤보선이 제공했다고 주장하는 금액과 박형규가 받았다는 금액 차이가 크다. 당시 55만원이 얼마인지 정확하게 환산하기는 힘들지만

---

24 「민청학련 국가변란기도사건 수사결과 보고」(1974.5.16.); 국가정보원과거사건진실규명을통한발전위원회(2007a), 앞의 책, 173쪽.
25 윤보선, "민주주의를 위해서라면 내 목숨을 가져가라", 민청학련운동계승사업회(2003), 앞의 책, 44쪽.
26 신홍범 정리(2010), 앞의 책, 244쪽.
27 민청학련계승사업회(2018), 앞의 책, 463쪽.

표 1 각 관계자가 기억하는, 윤보선의 민청학련 지원 자금액

관계자	윤보선	공덕귀	이우정	박형규	안재웅	정상복	나병식	공소장
금액	100만 원	모름	모름	45만 원	30만 원	35만 원	35만 원	40만 원

1970년의 상용근로자의 월평균 임금은 17,831원으로[28] 100만 원이면 약 4년 6개월, 55만 원이면 약 2년 5개월의 수입에 해당한다. 상당히 큰 금액으로 얼핏 생각하면 착각하기 힘든 규모이다. 하지만 회고가 가지는 기억의 휘발 문제도 있을 뿐 아니라 박형규가 윤보선에게 자금 지원을 받은 것이 이 사안만이 아니라는 점, 박형규가 메모를 통해 요청했던 금액이 100만 원이라는 점 등을 생각하면 여러 기억이 혼재되는 가운데 충분히 있을 수 있는 불일치로 보인다.

물론 박형규가 받았다는 45만 원도 기억에 오류가 있을 가능성은 있다. 박형규는 안재웅을 통해 나병식에게 돈을 전달했다고 기억한다. 그러나 애초에 나병식의 요청과 안재웅의 요청을 별개의 것으로 알고 있었던 박형규가 왜 안재웅이 요청한 금액인 30만 원을 주면서 나병식에게 전달하려고 했는지 이해하기 어렵다. 오히려 나병식이 요청한 지원에 별도로 응했을 가능성이 높다. 박형규의 판결문을 보면 박형규가 민청학련에 지원한 금액은 총 55만 원으로 안재웅에게 35만원, '공소외 서명선에게 금 20만 원을 교부하여 나병식에게 전달'한 것으로 되어 있다.[29] 안재웅에게 35만 원을 준 것으로 된 점은 아마 김용준이 정상복에게 제공한 돈이 포함된 것을 정상복이 끝까지 말하지 않았기 때문에

---

28 대한민국 정책브리핑 누리집, 「한국 GDP 규모 60년간 523배 증가」(www.korea.kr/news/policyNewsView.do?newsId=80084162, 2021년 10월 15일 검색).

29 「윤보선과 박형규에 대한 비상보통군법회의 제3심판부 판결문」, 민청학련운동계승사업회, 『민청학련운동 자료집 비상보통군법회의 판결문집』(민청학련운동계승사업회, 1997), 743쪽.

최종적으로 박형규가 안재웅에게 35만 원을 제공한 것으로 정리된 것으로 보인다. 이런 정황들을 종합했을 때 박형규가 민청학련에 전달한 금액은 최대 50만 원이며 윤보선이 박형규를 통해 민청학련에 제공한 자금은 40만 원에서 50만 원 사이로 보인다.

3. 사건화 이후 기독교의 대응

1) 구속자 구명 활동

1974년 3월 말부터 민청학련 관련자에 대한 연행이 시작되었고 4월 3일 긴급조치 4호가 발표되었다. 이어 4월 4일 민관식 문교부장관이 KBS 대담에 출연하여 '민청학련은 정권전복과 국가변란을 기도하는 북한의 대남전략에 완전히 부합되는 책동이며 반국가적인 지하단체의 조종을 받고 있다는 확증을 잡았다'고 발표했다.[30] 또한 계속해서 민청학련의 활동이 고등학교까지 번지면 폐교도 불사하겠다고 강경한 입장을 밝혔다.[31] 4월 25일에는 신직수 중앙정보부장이 민청학련은 "공산계 불순단체인 인민혁명당과 재일 조총련 조종을 받은 일본공산당원, 국내 좌파혁신계 등이 관련된 단체로서 정부 전복 및 국가변란을 기도"했다고 중간 수사결과를 발표했다.[32] 정부의 계획이 얼개를 드러낸 것이다.

기독교의 구속자 구명 활동은 크게 변호인단 선임 같은 법률 지원 활

---

30 「4·19 기점 전복 기도」, 『조선일보』, 1974년 4월 5일자.
31 「민청학련, 고교까지 침투 불순 활동 계획되면 폐교도 불사」, 『경향신문』, 1974년 4월 6일자.
32 「신정보부장, 정부전복·국가변란 기도」, 『매일경제』, 1974년 4월 25일자.

동과 성명서와 탄원서 등의 발표를 통한 여론전으로 정리할 수 있다. 교회협은 앞선 1월에 있었던 긴급조치 철회를 요구한 성직자들의 구속 사태로 조직된 구속성직자대책위원회를 4월 24일 구속기독자대책위원회로 변경했다. 총연맹의 총무, 간사, 회원들은 성직자가 아니었기 때문에 이들까지 대상으로 포함하는 위원회가 필요했기 때문이다. 이어 4월 29일 총연맹과 연석대책회의를 가졌다.[33] 총연맹은 5월 4일 긴급 이사회를 소집하고 교회협의 대책위원회에 대표위원 약간 명을 파송하고 임시 직원 채용, 구속 직원 가족에게 봉급과 봉급의 30~50%의 위로금 지급 등을 결의했다.[34] 5월 18일 또 확대대책회의가 있었으며 5월 23~24일에는 대책을 논의하기 위한 선교정책협의회가 개최되었다. 당시의 사회 분위기가 극도로 경직되어 있었던 관계로 교회협은 선교정책협의회 장소를 구하는 것에도 어려움을 겪었으며 겨우 주인의 도움으로 도봉산장을 장소로 빌릴 수 있었다.[35]

이후 기독교계는 교회협을 중심으로 구속자 구명과 법률 지원에 적극적으로 나섰다. 교회협 구속기독자대책위원회는 6월 14일 총연맹 관련 구속자들을 위한 변호인단 선임을 추진했다. 그 결과 6월 14일과 23일에 한승헌, 이세중, 강신옥, 조준희, 홍성우 변호사가 변호인단으로 선임되었다. 이들 중 강신옥 변호사는 변론 내용으로 인해 구속되면서 도리어 교회협의 구명 활동 대상이 되기도 했다.

6월 18일 교회협은 성명서를 발표하고 '민청학련 사건에 관련하여 교회 안과 밖의 심각한 오해와 의문이 격증하고 있다며 기독청년, 학생들은 배우고 경험한 대로 또한 하나님과 양심의 명령에 따라 사회정의의

---

33 한국기독교교회협의회 인권위원회(1987a), 앞의 책, 376쪽.
34 한국기독학생회총연맹, 「한국기독학생회총연맹 긴급이사회 회의록」(1974. 5. 4.).
35 김흥수, 『자유를 위한 투쟁: 김관석 목사 평전』(대한기독교서회, 2017), 174쪽.

실현과 민주주의의 수호 및 신장을 위하여 헌신적인 노력을 했다고 믿는다'고 말했다. 또한 "기독교인들은 근본적으로 유물론을 극복한 사람들이며, 공산주의자와는 상종할 수도 없으며, 반공은 곧 기독교 생존의 문제이자 사활의 길임을 자각"한다고 주장했다.[36] 말하자면 기독교인은 공산주의자가 될 수 없다는 주장을 통해 공산주의와의 연결만큼은 끊고자 했던 것이다. 이 성명서를 시작으로 교회협은 선교위원회, 구속기독자대책위원회, 인권위원회 등을 통해 8월 31일 '(강신옥변호사를 위한) 진정서', 9월 9일 '(구속자 석방 요청) 담화문', 10월 26일 '(유신헌법 개정 요구) 선언문', 12월 15일 '74년 인권선언문', 12월 23일 '(NCC 선교위원회) 성명서' 등을 발표하면서 지속적으로 민청학련 사건 관계자들의 석방을 요구하는 성명을 이어나갔다.

구속된 학생들이 소속된 교회와 교단들 역시 구명을 위한 활동에 나섰다. 총연맹은 크게 대한예수교장로회 통합(이하 예장), 한국기독교장로회(이하 기장), 기독교대한감리회(이하 감리회) 소속 교회의 학생들이 많이 참여하고 있었고 교회로는 예장의 새문안교회와 기장의 서울제일교회가 큰 비중을 차지하고 있었다. 따라서 예장, 기장의 여성단체와 노회, 총회 등이 적극적으로 구명 활동에 나섰다. 5월 11일 기장 여신도회, 5월 13일 예장 7개 노회장, 5월 15일 재일 대한기독교회가 탄원서를 제출했고 6월 18일에는 기장 총회가 총회장의 이름으로 성명서를 발표하고 '정치적 도구로 사용되는 반공이 아니라 자유민주 한국을 지키기 위한 근원적인 반공'을 역설했다.[37]

또한 예장, 기장, 감리회의 교단본부는 총회가 개최되는 9월과 10월

---

36 한국기독교교회협의회, 「성명서」(1974.6.18.).
37 한국기독교교회협의회 인권위원회(1987a), 앞의 책, 383-384쪽.

에 각각 시국선언문을 발표하고 기독교의 사회참여가 정당한 선교 행위임을 주장했다. 이런 총회 단위의 선언문 발표는 이후 노회와 교구 등 공적인 교회 조직은 물론 비공식적인 기독교계 모임들의 선언 발표로 이어져갔다. 하지만 가장 적극적이었던 것은 아무래도 새문안교회의 교단인 예장과 서울제일교회의 교단인 기장이었다. 두 교단은 1974년 연말부터 1975년 2월까지 지속적으로 '구속자의 석방, 인혁당 사건의 고문 사실을 고발하고 추방당한 오글(George E. Ogle) 선교사의 재내한, 기독교의 예언자적 사명의 정당성'을 주장하는 성명서를 연이어 발표했다.

2) 저항을 위한 종교적 공간의 마련

기독교계는 구속자를 위한 다양한 기도회를 개최했다. 기도회는 종교 예식으로 정부의 집회 금지 조치를 피할 수 있는 유용한 방편이었다. 예를 들어 예장은 1974년 9월 8~12일 '국가수호 특별기도회'를 개최하고 구속자들의 석방, 자유민주주의 수호 등 10개 기도 제목을 놓고 철야로 기도했다.[38] 시위와 집회를 엄격하게 통제하는 유신체제하에서 비종교적 집회라면 이런 주제로 무사히 진행하기 어려웠을 것이다. 총연맹(KSCF)의 경우에도 반년 가까이 침묵을 지키다가 10월 11일 구속자를 위한 기도회를 개최하고 "KSCF 십자가 선언"을 발표하면서 다시 민주화를 위한 투쟁의 대열에 합류했다.[39]

---

[38] 한국기독교교회협의회 인권위원회(1987a), 앞의 책, 384쪽.
[39] 이때 발표된 십자가 선언을 '제1십자가선언'이라고도 부른다. 총연맹은 이어 11월 1일과 19일에 중단되었던 신문고 행사를 재개했는데 여기에서 '제2십자가선언', '제3십자가선언'을 발표했기 때문이다. 제1십자가선언이 활동의 재개를 선언하는 성격이 강하다고 한다면 이후의 두 선언은 유신정권에 대한 미국의 지지로 보일 수도 있는 포드 대통령의 방한 반대에 목표가 있었다.

하지만 이런 기도회 중 역사적 의미가 가장 큰 것은 목요기도회라 할 수 있다. 목요기도회는 1973년 남산부활절연합예배 사건의 1차 공판을 앞두고 공판 참관자들이 경동교회에 모여 함께 기도를 드린 것에 연원을 두고 있다. 하지만 공식적인 목요기도회의 시작은 '1974년 7월 18일 화요일 오후 2시에 허병섭·김상근·이해동·문동환을 중심으로 구속자 가족 22명이 기독교회관 2층 소회의실에서 민청학련 관련 구속자 및 기타 긴급조치 위반자들을 위한 기도회를 개최'한 것이었다. 이후 기도회가 매주 목요일 오전 10시로 정례화되었기 때문에 목요기도회로 자연스럽게 불리게 되었다. 이 정례적인 기도회를 통해 구속자의 가족들은 서로의 존재를 확인하고 연대할 수 있었으며, 9월 회장에 공덕귀, 총무에 김한림을 추대하면서 구속자가족협의회를 만들었다.[40]

목요기도회가 구속자 가족들에게 제공한 안전한 만남의 공간이 얼마나 중요한 일이었는지는 구속자가족협의회 조직 전후에 발표된 성명서를 비교해보면 확연하게 알 수 있다. 민청학련 관련 구속자 가족들은 1974년 6월 26일 '박정희 대통령께 드리는 진정서'를 발표했고 11월 21일에는 '둘째 번 결의문'을 발표했다. 그런데 '진정서'의 키워드가 "대통령의 선처"라 한다면 '결의문'의 키워드는 "유신독재 철폐"였다. 6월에 대통령에게 '구속자가 가족의 품에 돌아올 수 있게 해달라'고 간청하던 구속자 가족들은 7월에 시작된 목요기도회에서 정기적으로 만나 정보와 의견을 교환하면서 자신들의 가족이 옳은 일을 하고 있다는 확신을 가질 수 있었다. 그리고 9월에 구속자가족협의회를 조직했다. 나아가 11월에는 "우리는 이제 자식이 외치다가 들어간 유신독재 철폐를 부르짖어야 하겠습니다. 이것이 진정으로 아들이 그토록 사랑하던, 남편

---

[40] 손승호, 『유신체제와 한국기독교 인권운동』(한국기독교역사연구소, 2017), 109쪽.

이 그토록 사랑하던 조국을 위하는 길이고 자식을 구하는 지름길입니다"라는 당당한 어조의 결의를 할 수 있게 되었다.[41]

또한 목요기도회는 민청학련의 배후로 조작된 인혁당 사건의 사형을 규탄하고 고문 조작이 폭로되는 장이 되기도 했다. 1975년 4월 9일 인혁당 관계자에 대해 전격적으로 사형이 집행되자 4월 10일의 목요기도회에서는 사형집행을 규탄했다. 오글은 인혁당 사건으로 사형을 구형받은 이들의 아내들의 부탁을 받고 나름대로 인혁당 사건에 대해 알아보았으며 그 결과 "박정희 군사정부는 국민에 대한 그들의 통제를 더욱 옥죄기 위해 반공주의적 공포를 남한 사람들에게 불어넣기"를 원하고 있으며 이 여덟 명의 사람들은 "정부의 기소 내용을 유지할 수 있는 증거도 없"이 "도살장으로 끌려가는 무고한 양"임을 확인했다. 그래서 그는 이 사실을 목요기도회를 통해 발표하기로 결심했다.[42]

> 구속된 기독교인들의 가족과 친구들이 매주 서울 기독교회관에서 모여서 목요기도회를 개최했다. […] 1974년 10월 9일 목요일, 묵상을 하고 기도를 인도하는 것이 내 차례였다. 나는 기독교 구속자들뿐만 아니라 유죄판결을 받은 비기독교인 여덟 명에 대해서 말하고 기도하기로 결심했다.

이 폭로의 결과 오글은 12월 14일 강제출국을 당했다. 목요기도회는 구속자의 가족들과 젊은 성직자들이 중심이 된 자생적 기도회에서 출발해 민청학련 사건을 계기로 공식화되면서 기독교계 민주화·인권운동의

---

41 구속자가족 일동, 「(구속자가족들의) 둘째번 결의문」(1974.11.21.), 한국기독교교회협의회 인권위원회, 『1970년대 민주화운동 Ⅱ』(한국기독교교회협의회, 1987b), 1391쪽에서 재인용.
42 조지 E. 오글, 「우리의 마음도 여러분들과 함께 울고 있습니다」, 짐 스탠츨 편, 『시대를 지킨 양심』(민주화운동기념사업회, 2007), 56-57쪽.

상징적인 집회로 자리 잡았다.

3) 세계교회의 지원

기독교의 민주화·인권운동의 특징 중 하나는 세계적인 종교 네트워크의 가동이다. 민청학련 사건에서도 이런 국제 네트워크는 충실히 작동했다. 가장 먼저 반응한 것은 국제사면위원회였다. 1974년 6월 15일 국제사면위원회 스웨덴 지부가 박정희에게 서신을 발송한 것을 시작으로 미국, 스위스, 서독, 네덜란드의 지부와 런던에 소재한 본부에서 각각 탄원서 발송, 조사단의 파견, 정치범 석방 요구 등을 진행했다.

교회협과 관계를 맺고 있는 세계교회협의회(WCC, World Council of Churches)와 총연맹의 국제 연대 기구인 세계기독학생연맹(WSCF, World Student Christian Federation, 약칭 학생연맹) 역시 이 사건에 깊은 관심을 보였다. 세계교회협의회는 8월 11~18일에 베를린에서 중앙위원회를 열고 한국과 필리핀의 인권 상황에 깊은 우려를 나타내며 '양국 정부가 자유와 정의 축소, 억압, 권력의 오용 등을 초래했다고 비난하고 양국의 종교적·비종교적 집단과 시민들이 보여준 용기에 고무'되었음을 밝히면서 다음과 같이 결의했다.

1. 인권을 침해하여 억류된 모든 사람을 석방시킬 것을 한국과 필리핀 정부에 호소한다. 2. 두 나라의 발전에 관한 모든 유용한 정보와 두 나라에 있는 기독교인의 실례를 WCC(세계교회협의회) 산하 교회들로 널리 퍼뜨린다. 3. 양국 교회 지도자들과 협의하기 위해 양국에 대표단을 보내며 양국 각료들에게 적절한 진정을 한다. 4. 전국적 혹은 지역 단위 교회 연합체 및 양국에 있는 회원 교회들과 의논하여 필요한 시기에, 필요에 따라 더 이상의 행동을

취하도록 교회 국제문제위원회(CCIA)에 요청한다. 5. 인권을 부정당해온 모든 시민들, 특히 복음에의 참여 때문에 행동해온 기독교도들과의 연대 및 그들에 대한 지원을 재확인하고, 지속적인 지원, 연대 및 기도를 서약한다.[43]

9월 19~21일에는 세계교회협의회 의장단의 일원인 다케다 기요코(武田淸子), 아시아기독교협의회 총무 얍 킴 하오(Yap Kim Hao), 미국교회협의회의 톰슨(William Thompson) 등으로 구성된 조사단이 내한하여 사건의 진상을 조사하는 한편 구속자 가족과 면담하고 9월 22일 동경에서 '형량이 지나치게 과중하며 정부는 교회에 대한 박해를 중단해야 한다'는 조사결과를 발표했다.[44] 이 조사단에는 세계교회협의회의 직원으로 활동하던 박상증이 동행했다.

10월 15~21일에는 학생연맹의 조사단이 내한했다. 학생연맹 오포리아 에크와로(James Opporia-Ekwaro) 간사와 호주기독학생연맹 총무 율(Sandy Yule), 아시아가톨릭학생회 대표 시라이시(Osamu Shiraishi), 미국기독학생회 대표 슐츠(Gunther H. Schulz), 독일기독학생회 대표 페어캄프(Tom Veerkamp) 등이 포함된 조사단은 준비 기간을 넉넉하게 잡고 내한했기 때문에 세계교회협의회의 조사단보다 훨씬 다양한 사람들을 만날 수 있었다.[45] 이들은 19일 조사결과를 발표하면서 "① 그동안의 외신 보도가 정확했음을 확인했고, ② 기독학생회원과 기독교인들의 활동은 순수한 기독교 정신에 따랐고, ③ 정부 당국자들이 종교 자유에 대해 오해를 하고 있다고 결론"을 내렸다.[46]

---

43 「(WCC 중앙위원회)결의문」, 한국기독교교회협의회 인권위원회(1987a), 앞의 책, 445쪽에서 재인용.
44 한국기독교교회협의회 인권위원회(1987a), 앞의 책, 445-447쪽.
45 안재웅, 『역사가 내미는 손 잡고』(대한기독교서회, 2021), 124-125쪽.
46 한국기독학생총연맹(1974), 앞의 글, 16쪽.

또한 총연맹에는 학생연맹의 가입되어 있는 회원국가들의 청년기관과 교회에서 계속해서 연대의 표시와 성금이 도착했다. 5월 2일 호주, 7월 10일 미국세계선교회와 미연합장로회, 7월 11일 미국 하버드대학교, 7월 29일 미국, 8월 14일 캐나다 연합교회, 8월 26일 미연합감리회, 9월 8일 말레이시아 등에서 편지와 성금이 도착했다. 이러한 세계교회의 관심은 매우 뜨거워서 각국에서 한국정부에 대한 여론을 악화하는 데 영향을 미쳤다.

세계교회협의회로부터 온 한국 소식을 그 나라 교회로부터 접한 세계 각국의 학생들은 그 나라 대사관에 막 전화를 해요. 학생들이 직접 전화를 하고, 우리한테도 해외에서 낯선 사람들한테서 편지가 얼마나 많이 왔는지 몰라요. 한번은 미국 캔자스 어느 지역의 사람이 엽서를 보냈는데, '코리아 정상복' 이렇게 보냈어요, 주소 없이. 그런데 이게 우리 집으로 배달이 됐다니까요. 그럴 정도로 세계의 관심이 뜨거웠어요.[47]

민청학련 사건은 세계교회의 지원 속에 유신정부의 폭력성을 국제사회에 알리는 여러 사례 중 하나의 중요한 사례가 되었다. 특히 미국과 서독, 호주, 일본 등 유신정부가 우호적인 관계를 유지해야 하는 국가의 시민 사이에 한국 정부의 행위를 비판하는 여론이 조성되는 것은 정부로서도 매우 부담되는 일이었다. 세계교회의 지원이 구속자의 석방에 어느 정도의 실질적 영향을 미쳤는지를 밝히는 것은 여전히 어려운 일이지만 적어도 유신정부에게 무시 못 할 압박감을 주었음은 분명해 보인다.

---

[47] 민청학련계승사업회 지음(2018), 앞의 책, 535쪽에서 재인용.

4. 결론: 기독교 민주화운동에서 민청학련 사건의 의의

민청학련 사건은 기독교 쪽에서는 총연맹의 회원과 실무자, 이사진, 지도교수에 해당하는 25인이 연루되면서 유신정부에 대한 기독교의 저항을 가속화한 사건으로 이해되고 있다. 이 사건을 계기로 교회협의 인권위원회 발족이 더욱 빨라졌으며, 목요기도회가 공식화되었다. 그리고 세계 기독교계가 이 사건에 깊은 관심을 나타내면서 한국정부에 부정적인 국제사회 여론 형성에 영향을 미쳤을 뿐 아니라 한국기독교와 세계교회 사이의 연대도 더욱 활발해졌다.

현재 민청학련 사건에 참여했던 기독교 인사들은 대체로 민청학련 사건에서 차지하는 기독교의 비중이 충분히 평가받지 못한다는 불만을 가지고 있다. 이런 불만이 타당한 것인지 알기 위해서는 더 많은 연구가 필요하다. 각 참여자들이 실제로 어떤 일들을 했는지를 파악할 수 있어야 하는데 아직까지 이를 파악할 만한 자료가 없기 때문이다. 현재 관련 자료와 증언의 수집이 계속 진행되고 있기에 수년 안으로 이런 연구가 가능해지리라 기대한다. 민청학련의 조직에 많은 기독교 청년이 참여한 것이 전국 네트워크를 갖춘 총연맹의 조직적 참여인지에 대해서도 그때 가서 다시 평가해볼 수 있을 것이다. 현재까지의 정황을 놓고 보았을 때는 다수의 회원이 적극적으로 민청학련 조직에 참여했지만 이것을 총연맹의 조직적 참여로 판단하기에는 다소 무리가 있어 보인다.

민청학련에 제공된 기독교의 자금은 윤보선이라는 단일한 출처에서 나온 것은 아니다. 교회협, 총연맹, 그리고 기독교 지식인의 후원 역시 일부 있었다. 하지만 가장 큰 규모의 후원은 윤보선에게서 나왔으며 이 규모는 증언자에 따라 최대 100만 원에서 최소 30만 원으로 제시되어 왔으나 박형규의 기억인 45만 원에서 다소간의 증감이 있는 수준일 것으로 추측된다. 윤보선의 기억인 100만 원을 기준으로 삼게 될 경우 최소한 공덕귀, 이우정, 박형규 중 누군가 혹은 복수의 인물이 자금 문제에서 정직하지 못한 행위를 했다는 의심을 품게 된다. 이것은 오늘 우리가 살고 있는 민주화된 사회를 일구어내는 데 기여한 인사를 향한 모욕이 될 수도 있기에 더욱 조심스럽다.

사건화 이후 기독교의 대응에 대해서는 국내 교회의 구명 활동, 목요기도회의 운영, 세계교회의 지원으로 나누어 살펴보았다. 교회협 중심으로 진행된 법률 구조 활동은 사실상 실효성은 없었다. 유신정부는 그들이 원하는 대로 형량을 선고했으며 심지어 인혁당 관계자 8인에게는 법살을 자행했다. 하지만 군사법정에 서야 하는 개인에게 변호인이라는 존재가 주는 심리적 안정감은 매우 중요한 것이었다. 또한 기독교 기관들이 발표한 성명서가 유신정부의 태도를 변화하는 데까지 영향을 미치지는 못했다 하더라도 유신정부에게 종교계가 이 문제에 대해 주시하고 있다고 지속적으로 경고의 메시지를 보내고 구속자 그 가족들에게 혼자가 아니라는 위로를 주었던 것 역시 평가되어야 한다. 나아가 종교 예식의 형태를 빌린 시국 집회인 목요기도회는 이런 구속자 가족들이 한데 모여 서로를 확인하고 그들 스스로 군사독재기 내내 정부에 가장 치열하게 저항하는 세력으로 성장할 수 있는 장을 마련했다. 그리고 이런 국내 교회의 움직임에 호응한 세계교회와 시민사회의 지원은 유신정부가 민주화를 열망하는 인사들을 그들 마음대로 탄압할 수 없게 억제했다.

참고문헌

1차 자료 · 준1차 자료

민청학련운동계승사업회, 『민청학련운동 자료집 비상보통군법회의 판결문집』(민청학련운동계승사업회, 1997).
「민청학련사건 좌담회 속기록」, 사단법인 한국기독교민주화운동 소장(2015.8.26.).
민청학련운동계승사업회 편, 『1974년 4월: 실록 민청학련 1』(학민사, 2003).
민청학련운동계승사업회 편, 『1974년 4월: 실록 민청학련 4』(학민사, 2005).
신홍범 정리, 『박형규 회고록: 나의 믿음은 길 위에 있다』(창비, 2010).
KSCF, 「75년 동계대학 및 총회 보고서」(1974).
한국기독교교회협의회, 「성명서」(1974.6.18.).
한국기독학생회총연맹, 「한국기독학생회총연맹 긴급이사회 회의록」(1974.5.4.).

『경향신문』, 『매일경제』, 『조선일보』.

2차 자료

국가정보원과거사건진실규명을통한발전위원회, 『과거와 대화 미래의 성찰: 주요 의혹사건편 上권(Ⅱ)』(국가정보원, 2007a).
국가정보원과거사건진실규명을통한발전위원회, 『과거와 대화 미래의 성찰: 학원·간첩편(Ⅳ)』(국가정보원, 2007b).
김관석목사고희기념문집출판위원회, 『이 땅에 평화를』(김관석목사고희기념문집출판위원회, 1991).
김흥수, 『자유를 위한 투쟁: 김관석 목사 평전』(대한기독교서회, 2017).
민주화운동기념사업회 연구소 편, 『한국민주화운동사 2: 유신체제기』(돌베개, 2009).
민청학련계승사업회, 『민청학련』(메디치, 2018).
스탠츨, 짐 편, 『시대를 지킨 양심』(민주화운동기념사업회, 2007).
한국기독교교회협의회 인권위원회, 『1970년대 민주화운동』 Ⅰ·Ⅱ(한국기독교교회협의회, 1987a·b).
한국기독학생회총연맹 50주년 기념사업회, 『한국기독학생회총연맹 50년사』(다락원, 1998).

기타

대한민국 정책브리핑 누리집, 「한국 GDP 규모 60년간 523배 증가」(www.korea. kr/news/policyNewsView.do?newsId=80084162).

〈(역사와 증언 안재웅 이사장)3부 민청학련 사건에 연루되다〉(www.youtube. com/watch?v=adhurkIf8-A).

부록

회고, 1970년대 민주화운동과 유신체제의 붕괴

김정남

1. 긴급조치 시대

　우리는 정치권력이 그 시대를 규율하기 위해 중점적으로 적용했던 법률에 따라, 1970년대 유신정권의 시대를 일컬어 '긴급조치 시대(약칭 긴조시대)'라고 불렀다. 또한 우리는 전두환 5공 군부의 시대를 '국보시대'라고 불렀으며, 노태우 정부 시대를 '집시시대(집회와 시위에 관한 법률)'라고 했다. 긴급조치 1호는 1974년 1월 발동되었는데, 뒤에 나오는 긴급조치가 앞에 있었던 긴급조치를 해제하면서 긴급조치는 9호까지, 박정희가 사망한 1979년 10월 26일까지 존속되었다. 1호에서 9호까지 이어지는 긴급조치의 핵심 내용은 유신헌법에 대한 부정, 반대, 왜곡, 비방의 금지, 그리고 이러한 금지행위에 대한 보도금지였다. 이를 위반 시에는 영장 없이 체포·구금할 수 있었으며, 그 형량을 최고 사형까지 처할 수 있었다.

2. 유신정권의 탄생 직후

1971년 4월 27일, 3선 개헌 후 치러진 대통령 선거에서 힘들게 당선된 박정희는 1971년 10월 8일 서울 일원에 위수령(衛戍令)을 발동하고 각 대학에 휴교령을 내렸다. 그해 12월 6일에는 국가비상사태를 선포하고, 12월 27일에는 국가보위에 관한 특별조치법을 제정했다. 1972년 7월에는 7·4남북공동성명, 8월 3일에는 긴급재정명령, 1972년 10월 17일에는 자신의 임기를 무제한으로 보장하기 위한 또 하나의 쿠데타라 할 이른바 '10월 유신'을 선포하여 유신체제를 본격화했다. 1973년 8월에는 김대중 납치 사건이 일어났고, 10월 2일에는 서울대학교 문리대생들이 유신 철폐와 반독재 투쟁을 전개했고, 10월 18일에는 서울대 법과대학 최종길 교수가 중앙정보부에서 수사 중 고문치사를 당하는 사건이 발생했다. 1973년 12월에는 장준하, 백기완 등 재야인사들이 '개헌 청원 백만인 서명운동'을 발표했고, 이에 대한 국민적 호응이 일어나자 1974년 1월 8일, 긴급조치 1호가 발동되었다.

3. 긴급조치 4호, 민청학련 사건

1974년 4월 3일, 긴급조치 4호의 발동과 함께 1,204명이 검거되었고 이 중 180여 명이 구속기소되었는데, 이들의 혐의 내용은 '국가 변란 목적의 반국가 단체'를 조직하여 국가 변란을 획책했다는 것이었다. 더욱이 인민혁명당(약칭 인혁당)이라는 가공의 용공단체를 조작하여 전국민주청년학생총연맹(약칭 민청학련)의 배후로 몰아, 군법회의에서 민청학련 사건으로 6명, 인혁당 사건으로 7명에게 사형선고를 했다. 이후

1975년에 민청학련 사건의 여정남과 인혁당 관계자 7명의 교수형이 집행되었다. 사법사상 암흑의 날이었다.

윤보선은 민청학련 사건으로 연루되어 군법회의에서 받은 재판의 최후 진술에서 다음과 같이 말했다.

내 나이 77세, 대통령까지 지낸 내가 일생에 처음 내란죄로 재판을 받게 되니 감회가 깊다. 나는 나의 죄를 감해달라기보다는 애국학생들에게 공산당이라는, 사실이 아닌 죄목을 씌우지 말 것을 부탁하고 싶다. […] 나를 사형장에 끌고 가는 것은 당신들 마음대로 할 수 있는지 모르지만, 민주주의를 해야 한다는 내 소신은 결코 뺏지 못할 것이다.

인혁당 사건 구명 운동은 교회를 중심으로 눈물겹게 진행되었다. 천주교정의구현전국사제단과 한국에 선교사로 나와 있던 오글(George E. Ogle) 목사, 시노트(James P. Sinnott) 신부, 최분도(Benedict Zweber) 신부 등이 이들을 돕다가 강제추방되었다. 특히 김수환 추기경과 윤보선 등이 구명 운동에 동참했으나, 그들의 생명을 구하는 데는 실패했다.

4. 신·구 교회의 역사 참여

1971년 10월 5일, 천주교 원주교구에서 부정부패 추방 시위가 일어났다. 그해 12월 25일, 김수환 추기경이 성탄 메시지에서 "정부 당국은 과연 국가보위특별조치법이 필요불가결의 것이라고 양심적으로 확신하고 있습니까, 이 법이 북괴의 남침을 막기 위해서입니까, 아니면 국민의 양심적인 외침을 막기 위해서입니까"라고 질타했다. 이에 방송이 중단되는 사태가 발생했다.

1973년에는 남산야외음악당 부활절 예배 사건 후, 박형규 목사, 권호경·김동완 전도사 등이 구속되는 사태가 발생했으며, 긴급조치 4호 위반으로 한국기독학생회총연맹(KSCF, Korea Student Christian Federation, 약칭 총연맹) 관련자와 수도권 특수 지역 선교위원회 관련 성직자들이 구속되었다. 이에 한국기독교교회협의회(NCCK, National Council of Churches in Korea, 약칭 교회협)를 중심으로, 구속자 가족 돕기와 기도회 등이 열리기 시작했다. 특히 종로 5가 기독교회관이 민주화의 중심지 역할을 하기 시작했다.

1974년 7월 6일, 지학순 주교가 귀국 중 체포·구금됨으로써, 천주교 교회에서도 인권·민주 회복 운동이 점화되었다. 1974년 9월 26일, 천주교정의구현전국사제단이 발족하여 본격적인 민주화운동이 전개되었고, 특히 명동성당은 민주화의 성지로 부각되기 시작했다.

5. 구속자가족협의회 출범

민청학련 사건으로 다수의 학생들이 검거·구속되면서, 이들에 대한 접견 등 옥바라지와 변호인 선임 등의 어려움을 겪었다. 더욱이 구속된 사람들에 대한 공안 당국의 음해와 모략, 구속자 가족들에 대한 감시와 탄압이 가중되었다. 서강대학교 김윤의 어머니 김한림 여사, 박형규 목사의 부인 조정희 여사, 김지하 시인의 어머니 정금성 여사 등이 중심이 되어 구속자 가족들의 고통을 함께 나누는 구속자가족협의회를 1974년 9월에 결성했다. 공덕귀를 회장으로, 연세대학교 김학민의 아버지 김윤식 전 의원을 부회장으로 선임했으며, 김한림 여사를 총무로 추대했다. 구속자가족협의회는 구속된 학생들에 대한 구명 운동과 집단적인 재판 방청, 시위, 기도회에 참석했으며, 때로는 독자적인 성명서 발표도 서슴지 않았다. 그뿐만 아니라 구속자가족협의회는 1975년에 민주회복국민회의를 결성하여 활동했고, 1977년 3월 22일에는 민주구국헌장 서명운동에 참여하는 등 1970년대 민주화운동에 기여한 바 컸다.

6. 민족회복국민회의의 발족과 활동

1960년대 말, 3선개헌 반대 투쟁을 위한 재야 민주화 단체로 민족수호국민협의회가 있었다. 천관우, 이병린 등이 중심이 된 이 단체는 당국의 혹심한 탄압으로 더 이상의 활동이 봉쇄되었다. 민주화 투쟁을 주도·조율할 중심적인 지도부 형성이 절실히 요청되고 있었다. 1974년 11월 27일, 기독교회관 2층 소회의실에서 법조계, 문인, 학계, 언론계, 종교계 인사 71명의 이름으로 민족회복국민선언대회를 열었고, 12월 25일에는 창립대회를 열었다. 상임대표위원에 윤형중 신부, 대표위원에 이병린·이태영·양일동·김철·김영삼·김정한·천관우·강원용·함석헌, 사무총장에 홍성우 변호사, 대변인에 함세웅 신부를 선출했다. 민족회복국민회의가 민주 회복 운동의 상징적인 중심체로 서면서 서울과 지방에 민주 회복 운동 조직이 자생적으로 탄생, 1975년 3월 초에는 7개의 시·도지부, 20여 개의 시·군·구지가 결성되어, 민주 회복 운동을 선도했다.

민주회복국민회의는 당시 유신정권이 획책하던 유신헌법에 대한 신임을 묻는 국민투표에 대한 거부 투쟁, 양심선언 운동을 민주화 투쟁의 주요한 투쟁 수단으로 할 것을 공개적으로 제안했고, 국민교육헌장 철폐 운동 등을 선도했다.

민주회복국민회의의 활동을 계기로, 민주 투쟁의 중심이 야당에서 재야로 옮겨 왔고, 민주회복국민회의에 대한 탄압이 심해지면서 재야 민주화 투쟁의 명맥이 인권운동협의회(1976), 민주구국헌장(1977), 민주주의와 민족통일을 위한 국민연합(1978) 등으로 이어져 내려왔다.

7. 원주선언, 3·1 민주구국선언, 민주구국헌장

1974년 11월 18일, 자유실천문인협의회의 101인 선언이 발표되었다. 그보다 앞서 10월 24일에는 『동아일보』 기자들의 자유언론실천선언, 1975년의 조선일보 기자들의 자유언론 투쟁으로, 동아·조선 언론자유투쟁위원회가 발족되는 등 민주화 투쟁이 계속되었다. 법조계도 자연스럽게 인권변론 변호사 그룹이 형성되었다.

1975년 3월 13일에는, 민청학련 사건으로 구속되었다가 2월 15일에 석방된 김지하가 석방 23일 만에 반공법위반 사건으로 재구속되었다. 그해 8월 4일, 양심선언을 발표하는 등 목숨을 건 투쟁이 계속되었다.

1975년 1월 23일, 원주에서는 신·구 교회의 일치 주간을 맞아, 신·구교 성직자들이 모여 이른바 원주선언에 서명했다. 해외에서 발표된 이 원주선언에는 "안보를 위하여 민주주의를 사실상 포기하여야 한다는 주장은 절도를 피하기 위하여 가진 재산을 모두 불태워야 한다는 주장과 같다. [...] 월남의 티우와 논놀이 보여주고 있는 것은 배는 난파되어도 선장들의 구명보트는 안전했다는 것이다"라는 표현이 있다.

1975년 3월 1일, 3·1민주구국선언이 발표되었다. 선언문에 서명한 사람은 윤보선, 함석헌, 정일형, 김대중, 윤반웅, 안병무, 이문영, 서남동, 문동환, 이정우 등 10명이었지만, 이를 계기로 유신정권은 원주선언 관계자 등 신·구 교회 다수의 인사를 연루시켜 대형 사건으로 발표했다.

이 사건의 재판이 종료될 시점인 1977년 3월 22일, 윤보선, 정구영, 윤형중, 천관우, 정일형, 양일동, 함석헌, 지학순, 박형규, 조화순의 이름으로 민주구국헌장을 발표했다. 헌장의 5항은 "민주주의와 민족의 자주와 통일을 위하여 싸우는 것은 오늘날 각계각층의 모든 민중에게 있어서 최대의 책무이다. […] 우리는 이 문서를 우리 자신이 범국민적인 민주주의연합을 이룩하기 위하여 노력하겠다는 약속으로 삼는다." 이 헌장 운동이 해외 민주화세력을 하나로 묶는 역할을 했다.

8. 유신체제의 몰락

1978년 12월 12일 국회의원 선거에서, 야당이 여당보다 전체 득표율에서 1.1%p 앞서는 결과가 나오면서, 유신체제는 붕괴의 길을 걷는다. 1979년 5월 30일 전당대회에서 유신정권의 집중적인 방해와 탄압을 이겨내고 총재에 당선된 김영삼은 당선되자마자 "공화당 정권은 이미 총선에서 국민으로부터 불신임당했기 때문에, 더 이상 존립할 능력도, 명분도 없다. 이 나라의 장래를 위하여 조속한 시일 안에 정권을 평화적으로 이양할 준비를 하라"라고 강경 투쟁을 선언한다.

유신정권은 1979년 8월, 와이에이치(YH) 사건, 9월부터 진행된 김영삼 총재에 대한 총재직 직무정지가처분 공작, 10월의 김영삼에 대한 국회의원직 제명을 획책한다. 제명 사유는 김영삼 총재가 『뉴욕타임스(The New York Times)』와의 회견에서 "미국은 끊임없이 국민으로부터 유리되고 있는 유신정권과 민주주의를 열망하는 다수의 국민, 이 둘 가운데 어느 쪽을 선택할 것인지 분명히 할 때가 왔다"라고 말한 것 때문이다. 즉, 사대주의라는 것이다.

이처럼 강경 일변도로 진행된 국민과 야당에 대한 유신정권의 탄압은 민주 진영을 더욱 결속시켰다. 김영삼에 대한 의원직 제명은 국민적 봉기의 전초 형태로 부산과 마산에서 국민 항쟁을 불러왔다. 공교롭게도 김재규가 거사를 결심한 계기도 부마민중항쟁이었다. 결국 김영삼에 대한 탄압은 김재규가 궁정동 만찬장에서 박정희를 향해 총을 쏜 빌미가 되었다.

찾아보기

ㄱ

갈봉근 255
강신명 26, 28, 34, 280
강신옥 241
강원용 28, 277
개헌 서명운동 236
개헌 청원 123, 124
개헌 청원 백만인 서명운동 260
검은 10월단 사건 262
경락연구회 265
계엄령 232
계훈제 260, 282
고문 75, 238, 239, 240, 245
공덕귀 27, 57, 286
공산주의 19, 35, 39, 43, 45, 49, 54, 239, 242, 245
공산주의자 80, 239, 240
공안정보기관 234
공적정의 50, 51
공천 153
공천주체 169
공화당 29, 97, 98, 100, 102, 103, 138, 277
광주 대단지 사건 249
구명 활동 310, 320
구속기독자대책위원회 311
구속자가족협의회 58, 88, 72, 314
구속적부심사제 21
구조권력 203

국가 구원 84
국가보안법 126
국가보위법 103
국가보위에 관한 특별조치법 232
국가비상사태 232
국가주의 45
국내 권력관계 189
국민당 19, 20, 277
국민참여경선제 166
국민투표 107, 117, 119, 120, 124, 132, 235
국제관계 201
국제 권력관계 189
국제적 연대 운동 244
국회 해산 232
권력 87, 197
권리 84
권호경 23
기독교 민주당 280
기독교 민주주의 48, 50, 52, 53, 84
기독교적 인간관 38
긴급조치 64, 67, 95, 126~128, 131, 133, 135, 233, 235~238, 241, 242, 244, 245, 260
김관석 264
김대중 20, 30, 97, 99, 100, 132, 134, 140, 235, 236, 251
김동길 248, 261
김동완 23
김득수 279
김병곤 241
김상돈 20, 277
김선태 20

찾아보기 | 331

김세원 265
김수한 276
김수환 282
김영삼 20, 30, 98, 99, 132, 139, 141, 142, 207, 280
김용원 242
김일성 254
김재규 194, 221
김재준 25, 26, 28, 34
김정강 267
김정남 284
김정례 287
김정준 26
김종필 104, 107, 110, 114, 115, 125, 147, 253
김준섭 27, 278
김지하 42, 241, 261
김질락 266
김홍일 282
김효순 241
김희율 279

ㄴ

나병식 241, 259, 261, 307
나상기 23
남민전 266
남북대화 207
남산 부활절 연합예배 사건 23, 25, 260
내란예비음모죄 23
네체시타 146, 147
노동쟁의 243
농지개혁 272

닉슨 독트린 253

ㄷ

당무회의 166
당정협의회 161
대남적화 통일 전략 239
대일 굴욕외교반대범국민투쟁위원회 276
대중정당 154
대통령의 임기 96
대통령 특별선언 234
대학자주선언 232
대한예수교장로회 통합 44
도예종 240, 242, 266
드골헌법 112~115

ㅁ

명동 사건 68
목요기도회 66, 83, 319
문동환 34
문세광 257
문익환 34
문장식 27, 278
민우지 사건 262
민족자주통일협의회 266
민주공화주의 93
민주구국선언 126, 135
민주구국헌장 34
민주당 271
민주민족청년동맹 266
민주수호국민협의회 25, 26, 30, 281
민주주의 17, 19, 21, 32, 46
민주주의국민연합 34

민주주의와 민족통일을 위한 국민연합 34, 284
민주주의운동 89
민주통일당 179
민주화운동 36, 57, 86, 232, 234, 243~245
민주 회복 123
민주회복구속자협의회 133
민주회복국민회의 32, 131, 132, 283
민중 85
민중당 268
민중·민족·민주 선언 233, 266
민중의 의식화 232
민중 저항 243
민청학련 17, 31, 95, 129, 130, 233, 238, 239, 241~244, 246, 250, 300

ㅂ

박기출 20, 277
박석률 266
박재우 20
박재일 261
박정희 24, 31, 35, 36, 40, 52, 53, 60, 64, 97, 99, 102, 106, 110~112, 114, 115, 136, 143, 145, 188, 193
박형규 23, 34, 241, 246, 262, 307
반독재운동세력 237
반유신 시위 244
반유신 운동 244
반유신 항쟁 233
반정당적 정서 153
반정부세력 246
반정부 시위 236
반정치적 정향 153
백기완 237, 260, 261
백낙준 27
백낙청 261
백조회 279
법률 지원 311
법치국가 50
베트남 전쟁 253
보수주의 53
보호국가 50
복음주의 44
부마항쟁 194, 246
비상계엄 234
비상국무회의 107, 109, 117, 120
비상군법회의 237, 238, 240
비상대권 102
비상보통군법회의 237, 241
비상사태 104

ㅅ

사법부 파동 232
사법살인 235, 242
사회당 266
사회민주주의 19
사회보장제도 51
사회복음주의 46
사회주의 49
삼권분립 105, 106, 146
3선 개헌 57, 119, 157, 249
3선개헌반대범국민투쟁위원회 253
3선 개헌 반대운동 234
3·1민주구국선언 33, 38, 134, 283

상이군인신생회 38
새문안교회 25, 28
생산권력 203
서경석 261
서도원 240, 242, 265
서준영 279
서중석 261
선거공영제 164
세계교회협의회 24, 80, 261, 316
세계기독학생연맹 81, 316
송상진 242
송원영 278
수사상황발표문 240
수사지침 239
수사초점 239
수정자본주의 38
신민당 20, 29, 32, 97~99, 101, 135, 138, 140, 145, 155, 277
신부적 국가관 18, 42, 45~47, 53, 54
신부적(神賦的) 국가관 18
신부적 인간론 18, 31
신부적 인간화 41, 53
신부적 인권관 35
신영복 267
신태악 277
신한당 27, 276
12·12선거 139, 141
10·26사건 188, 189, 199, 221
10·2투쟁 260

ㅇ
아시아기독교협의회 23
안병직 267

안양로 261
안재웅 302, 307
양일동 283
어용 재판 233
언론자유수호선언 231
여정남 241, 242, 265
염광회 26, 27, 29, 278
영도자 121, 146
예춘호 282
5·16쿠데타 188, 234, 252
5·18광주항쟁 246
우동읍 265
우홍선 242
위수령 232
유근일 261
유사 유신체제 152
유신 반대운동 236, 237
유신정부 76, 77, 88
유신정우회 159, 250
유신 철폐 77
유신체제 18, 19, 32, 102, 106, 107, 122, 129, 136, 142, 189, 193, 204, 232, 235, 243, 250
유신헌법 21, 22, 92, 93, 96, 103, 106, 110, 113, 114, 116, 122, 131, 143, 146, 147, 236, 242
유신헌법 개정 운동 237
6월항쟁 246
유인태 240, 241, 261, 262
유정회 235
유진산 277
유진오 282
6·3사태 260

윤반웅 280
의회민주주의 94, 99
이강철 241
이문규 266
이병린 281
이상재 45
이수병 242, 265
이인 282
이종란 23
이진영 268
이철 240, 241, 262
이철승 20
이태영 280
이태준 26
이현배 241, 261
이후락 254
이희승 282
인간화 19, 31, 39, 51, 53, 54
인권 52
인권 규범 218
인권위원회 297
인민혁명당(약칭 인혁당) 65, 235, 238, 240~242, 245, 248
인민혁명운동 238
임시정부 272
임호순 279

ㅈ
자본주의 192
자유 84, 87
자유당 278
자유민주주의 94, 95, 144, 193
자유방임 49, 53

자유방임주의적 민주주의 19
자유주의 37, 39, 48, 54, 251
자율화 선언 231
자주국방 192
장기표 261
장도영 272
장면 정권 271
장일순 261
장준하 20, 237, 260, 261
재일 조총련 239, 240
저항의식 232
전국민주청년학생총연맹(약칭 민청학련) 64, 233, 237, 238, 296
전당대회 175
전두환 194, 287
전병생 42
전성천 27, 278
전체주의 45
전태일 25, 85, 192, 243, 249
전태일 분신 투쟁 244
절차적 민주주의 152
정구영 282
정당정치 155
정명기 23
정문화 259
정사영 279
정상복 307
정윤광 261
정의구현전국사제단 292
정일형 27, 278
정치 활동 정화법 272
정헌주 104, 146
제10대 총선 138, 158

제정구　261
조선예수교연합공의회　46, 47
조영래　261
종교계　245
종교인　246
종신집권　234, 235
중대선거　101
중선거구제　154
중앙정보부　74, 79, 115, 238, 249
지학순　241, 248, 261

ㅊ

차성환　266
천관우　25, 281
1971년 대통령 선거　96, 100
1973년 한국 그리스도인 선언　61
천부적(天賦的) 인권　37
천부적 인권관　19
초헌법적 조치　182
최규하　135, 137, 143
7·4남북공동성명　253

ㅋ

카터 대통령　33, 36, 43, 286
크리스찬 아카데미　28, 42, 70

ㅌ

통일민주청년동맹　266
통일주체국민회의　112, 114, 118, 120, 121, 124, 158, 235, 249

ㅍ

파벌정치　155
풍년사업　253

ㅎ

하나회　199
하재완　242
한경직　26, 27, 34, 280
한국기독교교회협의회(약칭 교회협)　23, 296, 297
한국기독학생회총연맹(약칭 총연맹)　65, 73, 300, 298
한국양심범가족협의회　79
한국적 민주주의　193, 207
한덕순　279
한미관계　189, 192, 221
한일협정 반대 투쟁　249, 271
한일협정 비준 반대 성명서　26
한일회담 반대운동　234
한태연　256
함석헌　20, 25~27, 34, 261
항명파동　255
핵무기　194, 208, 213
헌법개정청원운동본부　124, 282
화염병　268
황인성　23, 259, 261
후견주의　174

기타

YWCA 위장 결혼식 사건　286